国家社科基金项目"文化交流视野中的琼学研究"阶段性成果

海南省社科项目"琼学源流"最终成果

三亚学院优秀出版著作资助

琼学源流

三亚学院琼学研究中心 著

中国社会科学出版社

图书在版编目（CIP）数据

琼学源流 / 三亚学院琼学研究中心著. —北京：中国社会
科学出版社，2015.11
ISBN 978-7-5161-7133-2

Ⅰ.①琼… Ⅱ.①三… Ⅲ.①文化史—研究—海南省
Ⅳ.①K296.6

中国版本图书馆 CIP 数据核字（2015）第 283341 号

出 版 人　赵剑英
责任编辑　韩国茹
责任校对　刘　娟
责任印制　张雪娇

出　　版　中国社会科学出版社
社　　址　北京鼓楼西大街甲 158 号
邮　　编　100720
网　　址　http：// www. csspw. cn
发 行 部　010 - 84083685
门 市 部　010 - 84029450
经　　销　新华书店及其他书店

印　　刷　北京君升印刷有限公司
装　　订　廊坊市广阳区广增装订厂
版　　次　2015 年 11 月第 1 版
印　　次　2015 年 11 月第 1 次印刷

开　　本　710×1000　1/16
印　　张　18.25
插　　页　2
字　　数　300 千字
定　　价　68.00 元

目 录

科学理解与传承发展地域文化

——以琼学为例（代序）

　　源远流长、博大精深的中华文化，是由若干特色各异的地域文化共同构成的。地域文化是中华文化的重要组成部分，以自身特色丰富与拓展着中华文化。研究、挖掘地域文化的深刻内涵和思想精华，可以为培育和弘扬中华民族精神提供丰富素材，是促进文化繁荣、社会和谐、民族团结的重要举措。

地域文化的内涵

　　地域文化作为具有地域特征的文化形态，既有地理环境意义上的自然属性，也有历史传统意义上的人文属性，包括特定区域的典章制度、民风民俗、传统习惯、生态环境等，可以从自然地域、族群地域、经济地域、政治地域及历史变迁等方面加以把握。

　　文化在广义上指的是人类在社会历史发展过程中所创造的物质财富和精神财富的总和，在狭义上则指包括宗教信仰、风俗习惯、道德情操、学术思想、文学艺术、科学技术、社会制度等在内的人类所创造的精神财富。地域文化也有广义和狭义的区分。例如，"海南文化"是一个涵盖面非常广的概念，不仅包括流行于海南地区的哲学、伦理、政治、法律、文学、艺术、宗教和制度等，而且包括海南的民风民俗、民族心理等所谓"俗文化"，还包括海南饮食文化、服饰文化、建筑文化、历史遗存、江山胜境、海南特产等物质文化的内容。相对狭义的"海南文化"可以称为"琼学"，是指在海南历史发展中诞生并对海南地区产生广泛影响的、以哲学为核心的学术思想。作为学术观念形态的琼学，是中华传统文化在海南的本土化和具体表现形式，在海南经济社会发展的历史中逐步形成、积淀和发展，并对当前的海南建设具有重要影响，是海南文化的精神内核，具有鲜明的地域特征和深厚的历史底蕴。

地域文化的特征

在中华民族数千年的历史发展中，不同的地理环境和时空孕育了各具特色的地域文化。这些地域文化既有差别，又具有一些共同特征。

对中华文化具有从属性。我国所有的地域文化，都以作为主体的中华文化为思想理论基础，都是中华文化的子文化或分支文化，因而都带有中华文化的普遍性特征。无论徽学、湘学还是琼学，都尊崇儒家的孝、悌、忠、信、礼、义、廉、耻等思想观念，都坚持究天人之际、明修身之道、讲义利之辨、求天下为公的儒家道德理想。地域文化只是在此基础上，将中华文化的普遍性与本区域的特殊地理环境和历史际遇相结合，突出了其中某些方面的内容；或者对中华文化作出了与其他区域不同的理解而显示出本地域的特色。

形成过程具有长期性。地域文化需要一定的时间持续沉淀，才能形成区别于主体文化与其他地域文化的独特性。地域文化形成过程的长期性，一个典型例子就是琼学的形成。琼学的形成史，既是一部中原文化进入海南实现本土化的历史，也是一部本土文化吸收同化并反哺中原文化的历史。中原文化进入海南，可以分为零星阶段、自发阶段、自觉阶段等。在汉晋的零星阶段，大陆各地的汉族间或进入海南，使海南人对先进的中原文化有了一定了解。在唐宋的自发阶段，统治者并未有意识地推动中原文化在海南传播，但从内地贬谪和流放到海南的官员开展了一系列文化活动，使中原文化对海南的影响不断加深，在客观上促进了海南文化的发展。海南历史上第一位中举的士人，就是苏轼被贬海南期间的学生。在明代的自觉阶段，统治者开始重视海南的开发，致使海南文教盛行、学校众多、文化昌盛，造就了琼学的历史辉煌。

不同地域文化之间和而不同。长期以来，组成中华文化的各种地域文化和谐相处、共存共荣，既共同推动了中华文化的繁荣，又保持了自己的特质和个性。它们不会因为具体表现形态的差异而歧视或企图消灭其他地域文化，相反，它们不仅能够容纳而且能够不断吸取其他地域文化的有益因素来发展自己。地域文化的发展史，呈现出本地文化薪火相传、其他地域文化不断被引进传播的良好格局。不同地域文化相互融合、共同发展，是地域文化发展的基本规律。比如，海南的妈祖文化虽由福建传入，却在海南人民心中占有重要位置，成为两地共有的一种文化现象。

地域文化的传承与发展

一方水土孕育一方文化，一方文化又影响一方经济、造就一方人才。地域文化不但可以为当地经济社会发展提供精神动力和文化支撑，而且能够带来巨大的社会效益和经济效益。因此，自觉传承与发展优秀地域文化具有重要意义。

积极培育地域文化自信。有效传承与发展地域文化，需要深入理解地域文化的内涵和特质，积极培育地域文化自信。在中华民族漫长的历史发展进程中，海南由于地处偏远、交通不便、孤悬海外，长期被统治者视为鞭长莫及的"化外之地"，海南文化的一些优秀因子也湮没在人们的偏见和漠视之中。即使在今天，许多人对海南的理解也仅停留于旖旎风光与民俗风情，而对作为中华主流传统文化的儒学在海南的流播、影响和丰厚积淀以至形成独具风骨的琼学知之甚少。当然，由于以往相关研究的匮乏，这些思想文化也未能充分散发独特的魅力与光芒。随着海南建设的全面深入，琼学研究已经成为学者特别是海南哲学社会科学工作者的显学。"美丽海南"不能缺少琼学的魅力，"绿色崛起"也不能缺少琼学的传承。

大力保护与光大地域文化遗产。有效传承与发展地域文化，离不开对地域文化遗产的发掘、保护和弘扬。为此，应建设文化资料库和数据库，深化对地域优秀传统文化的挖掘、研究，做好文化遗产的保护、开发、展示，鼓励各地对古村落、古街区、古祠堂、古民居、古井古桥、名人故居、古寺庙等进行保护性开发。例如，位于海南省三亚市西部的崖城镇，先后贬逐到这里的历朝官员有40多人，仅皇子、宰相和内阁大臣就多达14人，其所接收的贬逐官员之多、官阶之高、名气之重，在我国历史上十分罕见。这些被贬谪的官宦往往具有较高的文化品格，在失去了身居庙堂的话语权后，受儒家"进退不失"传统的影响，往往把保持与展示儒家文化当作自己的精神依托，在偏远的海南岛上传道、授业、解惑。此外，海口的"五公祠"、三亚崖城的"盛德堂"、三亚鉴真遗迹、道教内丹派南宗创始人白玉蟾遗址等，都是不可复制的珍贵文化遗产，应进一步做好保护和开发工作。

努力实现地域文化传承与创新的有机结合。即使是优秀的传统文化，也要适应时代发展的需要，实现现代性的转化。地域文化的现代性转化与创新，需要具有强烈责任感的专家学者和文化工作者来推动。大学是一个国家的精神高地，是文化发展的前沿阵地，应以人才培养、科技创新、社会进步、文化繁荣为己任，为地域文化的传承与发展做出积极贡献。基于这种认识，三亚学院成立了"琼学研究中心"，秉承充实民族血脉、建设精神家园的学术精神，积极响应中央提出的"提高国家文化软实力，发挥文化引领风尚、教育人民、服务社会、推动发展的作用"的号召，自觉担当起琼学传承与创新的历史使命，努力打造地域文化研究创新基地。相信在学者们的共同努力下，琼学一定能够进一步发扬光大，成为当代海南文化建设生机勃勃的组成部分，为海南"绿色崛起"添砖加瓦。

陆丹　黄守红
2013 年 4 月于三亚学院

（本文发表于《人民日报》2013 年 4 月 25 日理论版）

第一章　琼学概述

第一节　琼学的内涵与外延

2011 年 4 月，胡锦涛同志在清华大学百年校庆讲话中首次明确提出：高等教育是"优秀文化传承的重要载体"和"思想文化创新的重要源泉"。全面提高高等教育质量，必须大力推进文化传承创新。国内学者将它理解为"大学的第四使命"，即当代大学的使命应当包括人才培养、科学研究、服务社会和文化传承创新。党的十八大报告强调："建设优秀传统文化传承体系，弘扬中华优秀传统文化。"高校作为文化教育机构，具有与生俱来的传承和创新文化的能力与使命。

高校的文化传承和创新，既符合高等教育的本质属性，也符合大学建设规律和人才的培养规律，为中国高校的科学发展指明了方向。高校必须通过传承、研究、创新文化引领社会的发展。近年来，越来越多的高校已经意识到要担当这种社会责任，利用自身包容的学术环境、思维活跃的师生、专业的研究工具来进行文化传承与创新。尤其是作为高等教育重要组成部分的地方院校，与地方经济社会的发展有着天然的融合，已悄然成为开展文化传承与创新的主力军。

当前国内各省高校都非常重视本地传统文化的学理研究，比如福建成立了闽学研究会，由福建省社会科学院组织各高校及相关学者进行研究；又如湖南省编纂系列丛书《湖湘文库》700 册，湘潭大学成立"湘学研究所"，创办了研究专刊《湘学》；江西省南昌大学成立了"赣学研究院"，并创办了研究刊物《赣学》；安徽大学成立了"徽学研究中心"，还创办大型学术丛刊《徽学》；四川西华大学建立了"蜀学研究中心"，创办大型学术丛刊《蜀学》；山西省成立了"晋学研究中心"；云南省也由云南大学成立了"滇学研究中心"。其他如"吴学""婺学""江右学""唐学""关学""洛学""朔学""楚学""浙学"等亦有相关研究机构进行专业研究。

上述地域传统文化研究的一大特点，就是除了对本地域历史文献进行收集整理之外，还着重对于历史文献尤其是对于先贤学者的著作和思想进行文本解读，挖掘传统典籍中蕴含的地域文化及优秀资源，从中阐发义理，理解该地域文化的精神内核，以此来激发人们的文化自豪感和历史责任感，助力当前地方经济社会发展，补益地方和谐社会创建。

海南在漫长的历史进程中，因为地处偏远、交通不便而被统治者视为鞭长莫及的"化外之地"，海南传统文化的优秀因子也湮没在历史的嘈杂中。当前海南作为新兴的旅游大省，在很多人的眼里，似乎只有旖旎风光与民俗风情，而对于作为中华传统主流文化的儒学在海岛的流播和影响却知之甚少，有人甚至用"文化沙漠"来形容海南，似乎海南一直都是未经儒学开化的蛮荒之地，这是一种严重的误解。事实上，海南有着丰富而深厚的文化传统，有着独具特色的思想体系，但是由于相关研究的匮乏与肤浅，这些文化思想未能散发其独特的魅力与应有的光芒。自唐宋至明清，海南学者士人为我们留下了宝贵的精神遗产和思想著述，这些著述迄今为止，虽然在文献整理方面取得了不小的成绩，但仍鲜有人对其做专业的、系统的学术思想研究，这是历史的遗憾。随着美丽海南的全面发展，研究海南传统文化的学术思想已经成为学者们紧迫而重要的任务，也是海南高校对海南文化传承创新的神圣使命。

海南高校也出现了不少对海南传统文化研究的机构和成果，呈现出文化传承创新的良好势头。2007 年由海南省社科联与海南大学共同启动的"海南省历史文化研究基地"就是其中的重头戏，海南师范大学也成立了南海区域文化研究中心，此外还有海南省民族研究所等专业研究机构。这些研究机构取得了不少研究成果，出版了诸如《海南历史文化大系》《海南先贤诗文丛刊》等重要的系列丛书，在社会上产生了重要影响。

当前对海南文化的研究，大致可以分为几类：一是泛海南历史文化研究，包括海南历史文化名人、海南历史文化典籍整理、海南文化史等研究，此类研究在人物活动考察、文献资料收集方面取得了令人骄傲的成绩。二是海南物质文化研究，包括海南文化圣地研究、语言研究、建筑研究、服饰研究、饮食文化研究、民俗研究等。三是民族文化研究，例如黎族文化研究、回族文化研究以及其他各少数民族文化研究，此类研究亦能突出海南少数民族的区域特色。

上述关于海南传统文化的研究，规模不可谓不大，时间不可谓不长，学者们不可谓不用心，但依然难以打消人们对海南缺少文化底蕴的疑虑，这是为什么？

其实，我们对于海南传统文化的研究，其实应该包含两个阶段：一是传统文化的事实研究；二是传统文化的学理研究，二者缺一不可。这两个阶段的关系，类似于感性认识和理性认识的关系。事实研究是对海南传统文化的感性认识，能够认识海南传统文化的外在现象，其实质是一种外在文化；而学理研究是对海南传统文化的理性认识，要求认识海南传统文化的内在本质，其实质是一种内在文化。在事实研究阶段，学者们大量收集和整理海南历史文化资料，厘清海南文化发展过程，描述海南文化历史状况与当前的现状；而学理研究阶段，就要求学者们能够从繁杂的文化现象中，概括出海南传统文化发生的必然性及其发展的规律性，提炼出能够体现海南历史本质的核心文化精神，总结出海南传统文化现代性转化的必由之路。换言之，海南传统文化发生的必然性和发展的规律性是什么？其精神内核是什么？这种精神内核是怎样启迪与激励海南士人经邦济世的？它对海南历史的发展甚至中国历史的发展产生了何种影响？它在现代性转化过程中有着怎样的规律？对当代海南经济社会发展会有怎样的（正面或负面）影响？我们只有从学理的角度回答了这些问题，才能真正做到对海南传统文化的传承和创新，才有可能打消人们对于海南传统文化的疑虑。

可以说，当前海南高校对海南传统文化的研究，多处于事实研究阶段，其意义在于为传统文化研究收集和整理了丰富而可靠的历史文献资料，其缺陷在于对海南历史文化尚未上升到学理层面研究：收集史料却没有归纳其中的客观规律，整理典籍却没有阐发其中的文化精神，描述现象却没有提炼其中的内在本质，这与海南高校传承和创新文化的历史使命还有一些差距。因此，我们必须将海南传统文化研究提升到学理性研究的层次和阶段——琼学研究。

"海南文化"这一概念涵盖面非常广，它不仅包括哲学、政治、法律、文学、艺术、宗教、伦理等精神文化的内容，而且包括民风、民俗、民族心理等"俗文化"，甚至还包括饮食文化、服饰文化、建筑文化、江山胜境、历史遗存、海南地区的土特产等物质文化的内容。而"琼学"，则既不是一个具体的狭窄的学派，也不是泛化的"海南文化"，它是指在海南历史中产生和传承并对本地区发生了影响的以哲学为核心的学术思想。作为学术观念形态的琼学，是中华传统文化在海南的本土化和具体表现形式，它在海南历史中逐步形成、积淀和发展，并对当前的新海南建设仍具重要影响，是海南文化的精神内核，是中国传统学术的重要组成部分，具有鲜明的地域文化特征和比较深厚的历史传统，作为一门思想性、学理性较强的学科，其研究对象明确，学术内容丰富。海南高校必须理解和传承这种学术观念形态的琼学，才能够深刻认识海南传统文化的内涵，才能为海南传统文化确立一种精神和灵魂。

琼学研究注重对传统典籍的义理研究，注重对个案文本的考证和解读，注重对典籍与文本中蕴含的地域文化优秀资源的挖掘。例如，我们都知道丘濬是"理学经济名家"，但作为理学家和经济学家，丘濬是怎样究天人之际、倡体用之合、明修身之道、崇义利之辨、尊华夷之别、求天下为公的？我们只有通过对其经典原著的不断解读，总结和提炼出其字里行间的义理精神，才能得出明确而中肯的答案，而这种义理精神一旦被提炼出来，则对于传承和弘扬发展海南传统文化具有重大意义，进而言传统文化现代化也才有据可依。

总而言之，琼学研究是在海南历史文化原有研究的基础上进行的学理性研究。这是关于海南高校传承和创新海南文化的一种新思路、一个新方向。

第二节　琼学的地域文化基础

一　海南历史中的地理因素

（1）早期人类时期的海南。海南，位于中国的最南端，主体部分海南岛与雷州半岛隔海相望，岛上长夏无冬、雨量充足、生物资源丰富，是一个十分适合人类生存和繁衍的地方。因此，早在10000年以前，岛上就有了古人类的踪迹，他们居住在现在三亚市落笔峰的一个洞穴里，后人称之为"落笔洞人"或者"三亚人"。这些古人类属于旧石器晚期或新石器早期，大致和大名鼎鼎的"河姆渡人"属于同一时期甚至还要略早。这就说明在当时，海南岛是非常适合人类居住的，当时还处在第四纪冰期末期，各地的气温都要比现在低很多，海南这种温暖湿润的天气就显得更难能可贵。

（2）封建大一统时期的海南。由于海岛具有很强的封闭性，再加上宽达18海里的琼州海峡的隔断，生产力低下的古代人类想要渡过这条天堑是很不容易的，因此岛上居民长期处于一种独立发展的状态。甚至就算到了生产力有了很大提高的封建大一统的秦汉时期，海南仍然不为世人所熟知，是一块"化外之地"。

战国时期，关于海南的描述就已经出现在《山海经》里面："聂耳之国……为人两手聂其耳，县居海水中。"袁珂注："居海水中者，言聂耳国所居乃孤悬于海中孤岛也。"[①] 从这则记载我们就可以看出在战国时期，岛上居民与内陆居民有过一些联系，但是由于大海的阻隔，这种联系还是相当少的，可以说很多都是捕风捉影，《山海经》甚至将岛上居民列为"怪物"记载于书中。比如对于"穿胸国"的记载，说这个国家的人胸前都有一个洞，而且是那种前胸贯穿到后背的大洞。而接下来的描述则更为荒诞，说这里当官的不用坐轿，都是叫仆人们用一大木棍穿过胸膛抬着走的。由此可见，这个时期的中原人民对于海南岛及岛上居民的了解是相当少的。

秦朝在几次南征中对海南岛有了一定的认识，尤其是在公元前21年，秦政府平定百越后设置了岭南三郡，而其中的象郡开始"遥领"海南岛，使之"为象郡之外徼"，这标志着中央王朝的视野第一次延伸到了海南岛。由于琼州海峡的阻隔，当时的秦军并没有登上海南岛，始皇帝的王朝也只是"遥领"海南岛，行使名义上的统治权，岛上的居民仍然延续着自己的社会生活方式。

公元前111年，伏波将军路博德受汉武帝之命，率大军平定了南越国，公元前110年，西汉政府在海南设立儋耳、珠崖两郡。这是海南历史上第一次明确地有了郡县制度，同时也标志着海南岛正式纳入了西汉中央

---

① 袁珂：《山海经校注》，巴蜀书社1992年版，第284页。

王朝的统治，意义非常重大。《汉书·地理志》这样记载："自合浦、徐闻南入海，得大洲，东西南北方千里，武帝元封元年立儋耳、珠崖郡。"①随着两郡的建立，从内地赴任两郡的官员，以及他们的家人、随从和护卫的军队，带领着大批的汉族移民开始进入海南。中原移民的进入，既带来了先进的文化和生产力，同时也带来了一系列的民族冲突。随着冲突的不断加剧，远离中央集权统治的海南岛反抗不断，而当时的中央政府也鞭长莫及，只能一再收缩在岛上的范围。到了汉昭帝时期，不断退缩的汉朝政府撤销儋耳郡，将其辖区并入珠崖郡。而到了汉元帝时期，朝廷干脆把最后的珠崖郡也撤销了。至此汉朝在海南岛上推行了 65 年的郡县制度宣告结束，海南岛又走上了以原住民自主发展、汉代朝廷管理名存实亡的时期。汉政权被迫放弃其在海南岛的统治是由多方面原因引起的，其中最重要的因素就是地理位置的偏远、瘴气盛行的恶劣环境不利于用兵，以及"土民屡反"的性格，使得海南被排斥于"王化"之外。从另一个方面来讲，两郡的撤销、官方通道的关闭，反过来也阻碍了海南的进一步发展。

东汉时期，另一任著名的伏波将军马援受光武帝之命，再次平定岭南，恢复了汉王朝对海南的统治。此后，又几经反复，在隋唐时期稳定了下来，尤其是在唐朝，政府对于海南的管理有了明显的加强，这首先表现在行政机构的设置上，仅在海南岛上就设立了五个州、二十余县。同时唐政府大量增加了岛上士兵的数量，唐"五州各有戍兵……以四将统之"。"五州戍卒五千"②，大量官员和驻军的入琼，使得汉族突破了以前岛西北狭窄的生存空间，向南逐渐延伸，开始形成后世的"汉外黎内"的人口环岛分布。同时，随着陆上丝绸之路受到多重因素的阻碍逐渐地衰落，海路开始兴起。而在这条被唐人称为"广州通海夷道"的航线上，海南岛则是它的必经之路。海南岛地理位置的重要性就得到了很大的提高。这条航线的兴起，一方面，使得更多的大陆人进入海南，带来了先进的文化和生产技术；另一方面，贸易的往来也极大地促进了海南经济、文化等各方面的发展，巩固了中央政府在海南岛上的统治。从此，海南与大陆开始紧密联系到了一起。

① （汉）班固：《汉书·地理志》，中华书局 1999 年版，第 1331 页。
② （清）焦映汉：《康熙琼州府志》卷五，海南出版社 2003 年版，第 326 页。

总的来说，由于海南地处偏远、远离大陆，古代的海南长期远远落后于大陆，政治上则属于边缘的边缘，历来就不受重视，甚至被轻视，以至于可有可无。这种远离中原大陆的地理位置，极大地阻碍了海南各个方面的发展。

二　海南文化中的地理因素

1. 海洋对海南文化的影响

海南四周环海，岛上的居民需要经常与大海打交道，尤其是居住在环岛平原地带的人们，大海可以说是他们生活中的一部分。自然而然，大海也就影响到当地人的日常生活、风俗习惯乃至文化。

（1）海神信仰文化。大海茫茫无边际，充满了未知感，现代研究证明人类总是会对未知的感到担心、畏惧甚至恐慌。在古人看来，大海就是一个到处都是未知和恐怖的地方。而为了生计，岛上居民却又不得不出海作业，为了战胜恐惧，人们就找到了一个心灵寄托——海神，通过祭拜海神来取得海神的庇佑。在海南海神文化信仰中，海龙王崇拜和妈祖崇拜是两种最主要的信仰。

海南信奉的龙王是道教中的南海龙王广利王敖钦。由于地理环境的影响，岛上居民供奉海龙王的目的和大陆大部分地方不一样，不是为了祈求降雨，而是祈求龙王的庇护和保佑，使他们能够从海上安全归来。出海的渔民就像是一片无根的浮萍，无依无靠，随时都有可能被海浪卷走，因此他们更需要一个内心的信仰。在此意识影响之下，龙王庙作为一种特定的祭祀场所广泛存在于海南渔乡之间，每年都会组织一系列的祭祀活动，以祈求龙王的保佑。同时，对龙王的崇拜还反映到了日常生活之中，形成了舞龙的习俗以及许多以"龙"命名的河流、道路、村寨以及其他一些地名。

除了信仰海龙王外，海南又从大陆引进了一位新的海神——妈祖。相对于那些威严的龙王怒则风波大作、舟船尽覆水的形象，性情温顺、热心助人的妈祖，更加符合大家心中海神的形象，她和蔼可亲、急人所急，着红装飞翔于海上，每当风高浪险时便屡屡显灵，救黎民于危难之中。正是有着这种需求，妈祖就这样从一位心地善良、乐于助人的民间女子，逐渐完成了向可敬可亲、护国佑民、慈悲博爱的海上女神的转变，成为历代渔民、船工和海商共同信奉的海神，影响遍及包括海南岛在内的广大的东南沿海各地，其影响甚至超过了海龙王。因此每到妈祖娘娘的诞辰和忌日，海南岛上均有大型的活动（游神和演戏等），逐渐形成了现在的省级非物质文化遗产名录——海口天妃祀奉。

（2）海南的农业和商业文化。正所谓"靠山吃山，靠海吃海"，海南人民在长期与大海的交往中，形成了"以海为田，以海为商"的农商文化。海南岛四周大河与海接触的地区形成了很多的滩涂，当地人民在长期的生产实践过程中发现这些滩涂改造后可以加以利用。因此，围垦滩涂这种生产方式，成为了海南人民取得耕地的重要手段之一。像万泉河和南渡河等三角洲地区就成为了海南人围垦的主要对象，而这些地区也成为海南重要的粮食产区。

在古代，盐是一种具有极高价值的商品。由于独特的地理环境，如四周环海、高温等因素，海南形成了许多优良的天然盐场，晒盐也成了古代海南的一项支柱产业，盐业文化也随之形成。早在唐代，海南就有了儋州、琼山、振州等几大盐场，随着时间的推移，海盐场也越来越多，我国著名的盐场莺歌海盐场就位于海南乐东。

唐朝政府加大了对海南的控制力度，那时广州成为了海上丝绸之路在东方最重要的港口，而海南也逐渐成为海上丝绸之路一个重要的中转站，尤其是中唐以后，陆上丝路受阻，大批的商人开始转向海上，这条航道变得更加的繁忙。

海上丝绸之路的兴盛，带动了海南经济和文化的发展。作为国内的最后一站，大批商船在海南停靠、补给和休整。海上丝路的兴盛也给海南带来了新一轮移民潮。大量中原移民的涌入，给海南带来了先进的生产技术、工具和文化，推动了海南经济社会的发展。

2. 海岛对文化的影响

"正如高山、大河等地形似其屏障和阻碍因素成为文化传播中的分界一样，大海的阻碍作用更甚。"[①]　海南岛作为一个被海洋包围的海岛，长期处于一种自我封闭的发展状态，缺少与外来文化的交流。因此当时的海南文化，尤其是从沿海内迁到海南岛中部山区的黎族文化，具有封闭和保

---

① 王康弘、耿侃：《文化信息的空间扩散分析》，《人文地理》1998 年第 3 期。

守的一面，保留了许多习俗和原生态文化。

（1）"质朴、诚信的文化内质"。黎族人的诚信、质朴是广为人所称赞。"生黎质性朴悍"是汉人对黎族人最直观的看法。然而在"质性朴悍"的同时，我们还应该看到他们慎许可，重契约，犹有太古淳朴之遗风，从史料的记载中我们就可以看出黎族是一个很讲信誉、注重约定的民族。为什么其他地方的人就没有这种"太古淳朴之遗风"，而黎人有呢？这可能要归功于海南岛这个相对隔绝的环境，使得他们免受外界不良思想的侵扰。同时与人诚信的民风还体现在黎族人的贸易活动中，"与贸易，不欺，亦不受人欺，与人信则如至亲，借贷不吝"①。黎族人民不但自己重诚信，而且这种重诚信的习俗还深深影响了迁居海南的众多汉族人。因此，宋朝宰相李光在被贬海南后就写下了"刺竹芭蕉乱结村，人家犹有古气存"的诗句，赞扬当地的淳朴民风。

（2）"文身文化"。文身是海南黎族的一个传统习俗，晋人张华在他的《博物志》里就写道："雕题、黑齿、穿胸、儋耳、大足、岐首。"这里的雕题也就是"文身"。《礼记·王制》汉代郑玄注："雕文，谓刻其肤。"海南黎族为什么要"文身"，有两种主要的说法。一是"避蛟龙之害"说，即《汉书》里面记载的"文身断发，以避蛟龙之害"。应劭进一步注解道："常在水中，故断其发，文其身，以像龙子，故不见伤害也。"② 也就是说文身像蛟龙的形象，可以避免像毒蛇、蛟龙、鼋鳄等水生动物的侵害。二是黎族的图腾说。"文身断发，被创流血，至难矣，然越为之，以求荣也。"③ 这种说法认为，黎族古代的文身都是源于一种将龙蛇一类水族作为自己部落图腾的遗俗，黎族的孩子成年时都要进行这样一个仪式，以祈求图腾的庇护。

（3）海南的女性文化。和中国南方其他少数民族一样，海南黎族原来并没有中原大陆那种"男尊女卑"的男权主义。由于远离中国政治中心和文化中心，也由于受黎族文化中遗留的母系社会痕迹的影响，海南女性的原始权力更加丰富和充分，海南女性也更自由。因此我们可以看到，

---

① （清）萧应植纂修：乾隆《琼州府志》卷三，海南出版社 2003 年版，第 828 页。

② （汉）班固：《汉书·地理志》，中华书局 1999 年版，第 329 页。

③ 同上。

海南妇女不裹脚、不穿裤（穿短裙），婚前不守闺阁，婚后也不是母性化地做家务带小孩，而是可以游走街市，甚至在清代焦和生《连云书屋存稿》中可以看到挑材卖芋复担油，百十成群近女流。我们还可以看到，儋州汉族女性也沿袭了黎族女性的"夜游"习俗。学者把这种特殊的社会现象称为"女劳男逸"，这里的女性不仅能主内而且还能主外，甚至可以成为掌有实权的女首领、女酋长。如隋唐时的冼夫人就是一个很典型的例子。

海南的汉族女性，一方面深受黎族文化的熏陶，另一方面又较少受到大陆礼仪文化的约束，具有较强的自主性，比中原大陆女性更加接近人性自然。唐宋以后，随着大量汉族移民的到来、中原儒家文化的进入以及科举制度的影响，黎族的这种女性习俗开始有了改变，逐渐向"女耕男儒"转变。

（4）其他的习俗文化。另外，海南还保留有大陆地区早就消失了的秦代度量制度"（琼州）数尚六"①；以及在地广人稀、林木茂密的特殊地理环境下产生的"刀耕火种"的生产方式，一直到新中国成立后才渐渐消失；其他的像"钻木取火""鸡卜"等古老习俗，也长期存在于海南黎族人民的生活中。

以上这些都充分说明了在海南岛这种相对封闭的环境下，文化更加容易被保留下来，即使这些文化在大陆早就已经消失，但是仍然可以在海南岛较好地延续下去。这就为后来的学者研究古代的习俗、文化以及它们的演变提供了有利条件，甚至可以说海南岛是一个活的历史文化博物馆。

3. 地理位置对文化的影响

海南位于中国的最南端，孤悬海外、远离大陆，不受中央集权统治者和文人的重视，一直是边缘地带，未能得到中原文化的滋养。这个局面到了唐朝有了一定的改变，首先是从唐开始出现了大批流放到海南的官员，他们带来了先进的中原文化；同时由于海南地处海上交通要道，可以更方便地吸收境外文化。

（1）贬官文化。流刑自古有之，像我国历史上著名的爱国诗人屈原就被流放到了汨罗，写出了流芳百世的《离骚》。自唐代开始，随着经济

---

① （清）屈大均：《广东新语》卷十一，《文语·土语》，人民文学出版社1991年版。

文化中心的南移以及中原文化圈的扩大，秦汉时期还是"蛮夷之地"的南方地区已经得到了很大的发展，流放到这些地方已经体现不了流刑的严酷性。于是，地处最南端、一向被视为教化未开的蛮荒之地——海南岛成了惩处"逆臣"、流放政敌的绝佳之地。"据诸史统计，历代流放海南尚书以上职官者有 50 多人，宰相 21 人，以下者难以历数。"① 对海南社会发展影响最大的有两位，一位是第一个被流放到海南的宰相级高官——韦执谊，另外一位则是大名鼎鼎的苏东坡。韦执谊被贬崖州后把他所熟悉的农业知识传授给当地百姓，让他们掌握耕种的季节，同时大兴水利，修建了规模巨大的岩塘水陂，将以前什么都不能种的旱地"打铁坡"变成了良田，当地居民对他甚为尊敬，纷纷称他为"韦崖州"。

　　而放逐到儋耳的苏东坡则对海南社会文化的发展产生了更为深远的影响。东坡居士热衷于兴办学堂，推广中原文化，据《琼台纪实史》记载，宋苏文忠公之谪居儋耳，讲学明道，教化日兴，琼州人文之盛，实自公启之。海南历史上的第一位举人姜唐佐（宋崇宁二年，1102），第一位进士儋人符确（大观三年，1109）都是他的学生。甚至有学者认为："苏东坡对海南文化的影响似乎远远超过孔子。"② 由此可见海南人对苏东坡的推崇。自东坡之后，历代来到海南的贬官为海南的启蒙教育前仆后继，他们和当地官员一起兴学育才，推动了海南文化教育的发展，为明代海南的才贤大起、"人文之盛"打下了基础。明代海南出举人近 600 人，进士 60 多人，文渊大学士 1 人，达到了历史上的高峰。清代明谊就写道："琼郡风俗敦朴，在粤东第一……在京师，尤闻琼郡人文蔚起，代有伟人。"③ 正是在这些官员的影响下，中原大陆文化才逐渐成为海南岛文化的主体，儒家文化才获得了正统的地位。

　　（2）境外文化。作为中国最南端的领土，长期未能得到中原文化的熏陶，儒家文化在此并不像内陆那样根深蒂固。同样，由于远离中央集权的统治，海南文化有了更大的包容性，对于岛外文化的进入不是很排斥，使得各种文化甚至是境外文化都得以保存下来。同时，因为海南地处海上

---

① 司徒尚纪：《海南文化的特质和历史地位》，《琼州学院学报》2014 年第 1 期。
② 王国宪总纂：《民国儋县志》卷首，《重修〈儋县志〉序》，海南出版社 2003 年版，第 5 页。
③ （清）明谊修，张岳崧纂：《道光琼州府志》卷首，《续修〈琼州府志〉序》，海南出版社 2006 年版。

交通要道，来往的各国商人也将他们民族的文化带到了海南。甚至在有的时候海南可以说是海外文化进入中国的第一站，具体表现为海南最先吸收某个海外文化，然后向大陆进行反馈和传播，包括汉代和元代棉花的传入，宋元占城稻的传入，明末清初番薯的传入等。地中海独特的骑楼建筑经东南亚先传入海口，形成了海口现在著名的骑楼街，然后再传入广州等城市。从这个层面上来说，海南也并不是一味地汲取大陆文化，在有些时候它也对大陆文化进行反哺，在一定程度上可以说是促进了大陆文化的发展。

4. 热带气候对文化的影响

（1）居住方式。海南是热带季风气候，炎热多雨，加之海南岛上雨林中多毒蛇、毒虫，古代生活在海南岛上的黎人就形成了与众不同的居住方式，李昉《太平御览》中这样描述，有夷人，无城郭，殊异居，号曰生黎，巢居洞深。所谓的"巢居"就是将房屋修建于木竹之上，就像鸟类筑巢一样，这样既避免了地上的潮气和蛇虫的侵袭，也相应地减少了大雨对房屋的侵袭。这也就是我们现在所俗称的"干栏式建筑"，是古代百越民族很常见的居住方式。甚至有时候为了更好地通风散热，黎族人在建造房屋的时候会故意在四周甚至是屋顶留一些窟窿，这在其他地方是不可想象的。正是自然地理与气候诸因素的综合影响，促成了黎族人独特的居住方式。

到了清代，极具传统特色的船形屋开始出现，屋顶一般都是做成拱形或者半圆，从外面看上去跟船很像，所以人们称之为船形屋。船形屋"居室形似覆舟，编毛为之，或被以葵或藤叶，随所便也，门倚脊而揭开，穴其旁以为牖，屋内架木为栏，横铺竹木，上居男妇，下畜鸡豚"①。这种独特的船形结构，正是海南黎族人民在与岛上湿热气候和恶劣环境长期斗争中而形成的劳动结晶。

（2）穿着方式。海南湿热的气候，使当地人在穿着上也很有特色。整体来说注重"轻""薄"，以利于散热取凉。据史书记载，海南人喜穿"贯头衣"，跟现在常见的 T 恤衣有点类似。西汉初年，当大陆的汉人第一次登上海南岛的时候，就惊奇地发现当地人"民皆服布如单被，穿中

----

① 汉霞：《从海南地理看黎族风俗文化》，《理论界》2005 年第 1 期。

央为贯头"。大概的意思就是男子的衣服较简单,上身以短衣为主,下身围遮体布。因为海南炎热,在劳动的时候,男性经常需要打赤膊,穿着衣服反不利于散热。因此,要想更好的劳动,就需要穿着简单,尽量把衣服减到最少。而黎族的妇女一般都是穿筒裙,筒裙有长有短,通常筒裙会被绣上各种图案,然后再染上自己喜欢的颜色,甚至有时还镶嵌一些饰物。总的来说,这种打扮使得黎族妇女更加楚楚动人。

(3)"断发""徒跣"的习俗。黎族来到海南后保留了他们"断发"的习俗,"断发"也就是剪发、留短发。这种做法和中原传统文化认为身体发肤受之父母,不敢毁伤的思想相违背。因此,汉人对于这种黎族"断发"的习俗很不理解,认为他们没有教化而视其为异类。汉时对此做出了一个比较合理的解释"文身断发,以避蛟龙之害"[1]。还有,"常在水中,故断其发",认为是经常在水中所以断发。这种解释,有点牵强,因为北方临大河、大海居住的人也"常在水中",为什么他们就没有断发呢?所以,黎族"断发"可能还是气候的原因,尤其是在海南这种湿热的气候中生活,短发更有利于热量和汗液的排出。

"徒跣"就是光着脚走路,这一风俗也与海南气候炎热有关,与中原穿鞋的习惯有很大的区别。

海南由于地理上的原因,在很长一段历史时期内没能得到较好的发展,长期落后于大陆。这并不奇怪,因为同为岛屿的现代强国英国在大航海和海洋经济出现以前,同样落后于同时期的大陆。如今,一个属于海洋的时代已经来临,在经济全球化的今天,海洋的重要性也越来越重要。海南要抓住这一有利时机,充分发挥自己的区位优势,利用各种有利条件,推动海南经济、文化以及其他各个方面事业的发展。

第三节　琼学形成与发展的阶段性

"文化"作为人类创造的物质成果和精神成果,也是人类历史凝结成的生存方式,而"地域"也不仅仅是自然地理,还包括人文区域和行政区域等内容,人的文化活动使得空间性的"地域"被赋予了历史意义。

---

[1]　(汉)班固:《汉书·地理志》,中华书局1999年版,第1329页。

因而，"地域文化"是一个历史的变化发展的范畴，当我们研究某种地域文化时，必须纵观该文化区域"人文化成"的完整过程，才能从中领悟和提炼出它的内在本质，才能科学预言它的未来发展趋势。

我们审视海南文化，可以得出这样的结论：海南文化可以分为形成、交融与发展三个层次，其形成主要包括早期黎族文化的形成以及中原文化进入海南并成为海南主流文化的历史进程；其融合主要表现为黎族文化、儒家文化、佛教文化、道教文化、伊斯兰教文化、妈祖文化、南洋文化、华侨文化、西方文化的相互激荡与交流；其发展则除了历史的发展外，还表现为当代经济社会发展过程中海南文化的建设与推进。但是，我们很难将这三个层次截然分开，它们总是交织在一起，在形成中交融，在交融中发展。

一　海南文化中原化的三个历史阶段

海南文化的形成史，既是一部中原文化进入海南实现本土化的历史，也是一部本土文化吸收同化中原文化并反哺中原文化的历史，更是一部多元文化体系相互渗透融合的历史。

经考据，早在一万年前，海南就出现了最早的黎族先民，他们在这个赖以生存的海岛上创造了早期的原始文化，开辟了海南历史文化的先河。千万年时间的积累，黎族先民形成了独特的生活、生产方式与社会组织形式，形成了独具魅力的黎族文化。今天，我们在对它赞叹钦佩之余，必须清醒地看到，由于海岛早期的闭塞、经济社会的相对落后，这种本土文化只是以物质文化作为主要的表现形式，缺乏文化传承所需的文字体系和理性系统，因而它只能是一种表层文化，在之后文化迁徙和交流的历史过程中，一方面它不可避免地遗失着（大部分被遗失）；另一方面也被更为先进和强势的中原文化边缘化，没能成为海南主流文化。

西汉元丰元年（前110年），武帝在海南建置珠崖、儋耳二郡，揭开了汉族文化进入海南的历史新篇章。此后，海南文化中原化进入了历史进程。历史上中原文化进入海南，可以分为零星进入、自发进入和自觉进入三个阶段，每一个阶段有其对应的历史时期，其造成的影响和效果也各不相同。

1. 零星阶段

中原文化最初的进入是零星的。政权统治者（也是文化统治者）本想在这一时期就以自觉的方式进入，但他们身处中原，高居庙堂，不懂得"人文化成"的文化交流的客观规律，简单粗暴的做法并未使中原文化成功进入海南，以至于只能流于零星。在汉武帝设郡县之后，大部分前来海南的郡县官吏对黎族人民进行残酷统治，对黎族文化极不尊重，引起了黎族人民的强烈反抗，初入海南的中原文化与黎族本土文化陷入激烈对抗之中。汉昭帝始元五年（前82年），不得不下诏罢儋耳郡，将其并入珠崖郡；汉元帝初元三年（前46年）又罢珠崖郡，此后580年里，海南一直是统治者眼中的化外之地。

不过，民间文化交流却已经开始。晋汉以来，大陆各地的汉族不断进入海岛，苏轼在《伏波将军庙碑记》中记载，自汉末至五代，中原避乱之人，多家于此；丘濬在《南溟奇甸赋》中也说魏晋以来，中原多故，衣冠之族，或宦或商，或迁或戍，纷纷日来，聚庐托处，他们带来的先进的中原文化，逐渐与本土黎族文化相互容忍、沟通、接受。梁朝时，统治者在海南重置珠崖郡，自此中原文化对海南的影响日渐加深。

西汉元封元年（前110年），汉朝大军自合浦、徐闻南部渡过琼州海峡来到海南岛。汉武帝在此设立儋耳、珠崖郡，下统十六县。以官员及其家属、士兵和商人为主体的中原人大量移民海南，与海南本土人民进行文化交流。汉晋时期儋耳、珠崖郡建置几经更迁，有史可考的几任郡太守有：孙幸、孙豹、僮尹、聂友、陆凯。他们对海南地区政治文化的发展，对加强中原与海南的联系和交流发挥了一定的作用。而虞翻、刘熙这样的大经学家、思想家南迁交阯，教学授徒更是直接促进了整个交阯地区中原文化的传播和发展。张禄、薛琮等人踏足珠崖，大量兵士、商人自中原远道来琼，以及众多中原罪人杂居其间也在一定程度上促进了汉黎融合，改化了海南地区的民风民俗，促进了中原礼义文化的传播。

曾被周恩来、江泽民、吴晗等人高度赞扬的冼夫人，虽侍三朝，但一心为国，致力于民族团结，她与丈夫冯宝一起奏请隋文帝批准在儋耳旧址上设置崖州，结束了汉元帝罢郡六百多年来海南不直接归属中央的历史。自此以后，海南地区的郡县设置不论如何变更，都基本保持着和中央政权的直接关联。冼夫人及其后人（如受过中原儒释道文化熏陶的冯氏后人冯智戴等）将中原地区先进的农耕技术、中原的思想文化和习俗传播于海南，促进了中原大陆与海南地区的统一和交流。

2. 自发阶段

"自发"一词，主要指人们未认识、未掌握客观规律时的一种活动。在活动过程中，为客观必然过程所支配，往往不能预见其活动的后果。唐宋时期，统治者并未实施有意识地将中原文化大举传入海南的措施，而是通过贬谪和流放戴罪之臣到海南，使得中原文化随之进入海南并在此开花结果。

流放（或叫贬谪），作为对罪臣的惩罚手段，自古就有。战国时期的屈原、西汉时期的贾谊，就被流放到远离当时文化中心的湖南，随着历史的发展，湖南以"屈贾伤心地"而感到自豪，并将二人视为湖湘文化的重要源头。在唐代，罪臣们被流放到距离文化中心更远的海南，这些被贬谪的官宦往往具有较强文化背景和文化品格，他们失去了在庙堂的话语权后，就把传承文化当作自己的人生抱负与精神依托，在偏远的海岛上传道授业解惑，客观上极大地促进了海南文化的发展。这些被流放者本身的政治文化光环，对于海岛居民颇具吸引力，加之千百年来中原文化零星进入的历史基础，海岛居民对于中原文化心存向往，他们努力学习被流放者所带来的先进中原文化并且取得成效。统治者无意识的流放行为，竟成为当时中原文化进入海南的重要方式。

位于三亚市西部 40 多公里处的崖城镇，先后贬逐到这里的朝廷官员有 40 多人，仅皇子、宰相和内阁大臣就多达 14 人。著名的有唐高祖第十九子李灵夔、唐相韦执谊、李德裕、宋相卢多逊、赵鼎、丁谓和名臣胡铨，元代参政王仕熙等。其所接受的贬逐官员之多，官阶之高，名气之重，在中国历史上十分罕见。难怪有人说："朝廷宰相只作彼州司户参军，它州何可及也？"

王义方是唐代被贬海南的第一人。他到达贬居地吉安以后，在当地招收学生，按照儒家"志于道，据于德，依于仁，游于艺"的要求，举办祭祀先师先圣的活动，为学生讲授经书，讲解尊卑之礼仪，传授各种技艺。当地人非常尊敬这位被贬文人，纷纷将子弟送入他的门下学习。王义方在三年贬谪时间里，使吉安从一个文化落后的地区成为一个礼仪之乡，为海南文化发展做出了不可磨灭的贡献，称为海南教育第一人亦不为过。

李德裕是唐代最著名的贬臣，他精于学术，两度为相，被贬崖州后，他在当地积极兴办学校，亲自讲学明道，育民以德，并在当地著书立说，对海南文化发展产生了重大影响。海南"五公祠"中，李德裕名列首位。

　　唐代其他贬臣如韦执谊、吴贤秀等人，无不身体力行地修建学校，兴办教育，开化当地文风。

　　宋代，海岛与中原联系更为紧密，大量汉族迁入与黎族杂居，彼此友好往来，经贸活动频繁，文化交流密切，海南经济社会进一步发展，以至于海南区域从沿海到山区形成了汉族、"熟黎""生黎"三个分布层次，其中"熟黎"的出现，充分体现了中原文化对海南的渗透与改造。

　　北宋宰相卢多逊曾辅助过的宋太祖、宋太宗平定内乱，统一疆土，并主持编修《旧五代史》《开宝通典》等国家典籍。受皇室权力斗争株连，一家亲族被流配崖州，居住在水南村，并在水南村谢世。卢多逊在水南村三年间，与士民密切相处，感情深厚。他写下了脍炙人口、流传百世的诗篇《水南村》。卢多逊在水南村敷扬儒学教化，传播中原文化，繁衍子孙后代，为开化海南做出了可贵的贡献。

　　宋代最著名的贬臣莫过于苏东坡，东坡先生一生颠沛流离，晚年又因党争之祸，一贬再贬，从英州、惠州直贬至海南岛儋州。但东坡先生并未因此而顾影自怜或一蹶不振，他作诗明志曰："莫嫌琼雷隔云海，圣恩尚许遥相望。平生学道真实意，岂与穷达俱存亡。天其以我为箕子，要使此意留要荒。他年谁作舆地志，海南万里真吾乡。"[①] 箕子胥余是殷末著名贤臣，因其品行高尚，被孔子誉为殷之"三仁"之一，因纣王无道，受到政治迫害。周武王灭纣后封箕子于朝鲜，箕子入朝鲜半岛不仅传去了先进的汉文化，先进的农耕、养蚕、织作技术，还制定了礼仪律法条文，改变了当地荒蛮状态，以至于朝鲜被中原誉为"君子之国"。苏东坡以箕子自喻，怀抱着文人固有的文化使命感。在居儋州三年里，他开辟的"儋州学府"成为当时海南四方瞩目的讲学之地，他一手栽培出来的学生如王霄、姜唐佐、黎子云、荷林等人，都成了饱学鸿儒。《琼台纪事录》中评价说："儋耳为汉武帝元鼎六年置郡，阅汉魏六朝至唐及五代，文化未开，北宋苏文忠公来琼，居儋四年，以诗书礼乐之教转移其风俗，变化其人心。"使儋州地区"书声琅琅、弦歌四起"，成为海南文化的重要源头。宋代行科举制，从开国至绍圣年间计有一百多年，儋耳郡从未有人登第。

---

① （清）王文浩辑注：《苏轼诗集》，中华书局 2009 年版，第 2245 页。

苏轼在此执教，北归三年后，姜唐佐便中举；大观三年，儋人符确成了海南历史上第一进士。

宋代文化昌盛（宋代理学就是其重要代表），但军事政治孱弱，堂堂皇帝被掳去做人质而客死他乡，继任者则偏安一隅不思进取，这是当时以治国平天下为己任的儒者们的奇耻大辱，当他们激烈地表达自己的不满和愿望的时候，流放就成为他们的人生宿命。李纲、赵鼎、李光、胡铨等人就是其中代表。

南宋宰相赵鼎以拳拳爱国之心，受命与金和谈的过程中，在岁币、划界以及礼节诸多问题上与金方发生了激烈的争执，这使急于求和成功的宋高宗产生了强烈的不满，再加上秦桧大力排挤，赵鼎最终被流放三亚水南村。赵鼎以死明志，他给自己书写了墓志铭："身骑箕尾归天上，气作山河壮本朝。"① 不久，赵鼎绝食而死，天下为之悲痛。赵鼎卓越的政治才干、忠贞的爱国情怀以及悲壮的人生际遇一直感召着海南人民，不仅为他设置衣冠冢，每逢清明时节，当地百姓还纷纷到墓地缅怀"赵鼎公"。

李光敢于直谏，力求抗金，当着高宗和秦桧的面痛斥秦桧苟且偷安，遭到秦桧贬谪流放。秦桧任相18年，李光被贬谪18年。在唐宋时期被贬谪海南的五公（唐代李德裕，宋代李纲、赵鼎、胡铨和李光）中，李光贬谪海南的时间最长，达12年之久，直至秦桧死后，才得以北返，客死返途。李光非常关心当地的教育，他认为："学校，王政之本也。自唐（唐尧）舜（虞舜）三代之世，未尝无学，所以明人伦，崇教化，长育人材而化成天下也。"② 在昌化军，他看到"旧学卑陋"，十分慨叹，对迁建儋州郡学给予积极支持。新郡学落成之日，他不顾年迈多病，陪郡同往，且常与士子杖策相从。在《昌化军学记》中，李光以孔子要在东方的鲁国建立一个西周式的社会为喻，表现他支持郡学，传播中原文化，以振兴海南文化的愿望。

南宋绍兴八年十一月，秦桧使王伦入金讲和，金使随王伦归，高宗下诏欲和，胡铨坚决反对，上书近万言，慷慨激昂："臣备员枢属，义不与秦桧等共戴天。区区之心，愿断三人头，竿之高街，……不然，臣有赴东

---

① （元）脱脱、阿鲁图：《宋史》卷三百六十，中华书局1999年版，第8970页。

② 《四库全书》第1132册，商务印书馆2006年版，第772页。

海而死，宁能处小朝廷而苟活耶?"① 朝野为之震动。秦桧嫉恨，将其一贬再贬，最后流放到崖州水南村，谪居三亚长达八年，崖州志记载：胡铨谪居崖州水南村时，缘结乡民，兴建学堂，亲自执教，日以训传经书为事，为黎汉民族培养了大批学子。北归临别之时，胡铨为客居八载的裴氏大宅题匾"盛德堂"，并作文以铭志。近年，江西吉安胡铨的后人还有人来水南村寻访他们先祖流放时住过的盛德堂。

"五公祠"中的李德裕、李纲、赵鼎、胡铨、李光，不仅在流放期间兴办教育，培育生徒，开化民风，而且他们本身的爱国情操、道德行谊与高风亮节，就是对当地人最好的感召与教育。他们的到来，使海岛不仅有了抽象学习的内容，还有了具体真实的榜样，从而达到中原文化进入海南的最直接的效果。

3. 自觉阶段

中原文化进入海南的第三个阶段是明朝时期。之所以将它称为"自觉"阶段，绝不是笔者个人的臆想，而是有史为证。

其一，统治者改变了对海南的传统看法，并彻底否定了以往朝代将海南作为罪臣流放地的做法。《明太祖实录》中记载，吏部官员对太祖建议，将罪臣流放到儋耳、崖州等地，可是太祖明确反对："前代谓儋崖为化外，以处罪人，朕今天下一家，何用如此？若其风俗未淳，更宜择吏以化导之，岂宜以有罪人居耶？"② 这是何等自觉的眼光！这是中国历史上第一次真正将海南视为"一家"。不仅如此，明太祖还不断称赞海南，在《洪武二年十一月宣谕海南》中说："海南、海北之地，自汉以来列为郡县，习礼仪之教，有华夏之风。"又在《劳海南卫指挥》中说："南溟之浩瀚，中有奇甸，方数千里。"③ "南溟奇甸"因而得名。众所周知，一个区域经济社会文化的发展，除了其先天的自然地理条件外，更重要的是中央政府的高度重视与大力扶持。明朝执政者能够如此高度评价海南，不谓"自觉"而何？

其二，在行政上提高海南的地位，加强对海南的管理。明太祖洪武二

---

① （元）脱脱、阿鲁图：《宋史》卷三百七十四，中华书局 1999 年版，第 9170 页。

② 《明太祖实录》，上海书店 1982 年版，第 955 页。

③ 《四库全书》第 1227 册，商务印书馆 2006 年版，第 162 页。

年，海南从少数民族众多、文化水平较低的广西划出，改隶于经济社会文化发展较好的广东行省，这一举措被沿用到 1988 年海南建省。此后明朝政府不断加强对海南的治理，设置各种文化教育管理机构，推行各种有利于海南文化发展的举措，大大促进了中原文化在海南的发展。

正是由于执政者的自觉作为，中原文化终于大规模地、系统地进入海南，成为海南的主流文化。海南学子们努力学习中原文化，其中为数众多的学有所成者进入主流文化的话语圈内，弘扬和反哺了中原文化。海南文化因此而大放异彩，为中华文化的传承与发展做出了不可磨灭的贡献。

首先，明代海南文教盛行，学校众多，科举考试成绩显著。洪武十二年，明朝政府任命浙江余姚人赵谦为琼山教谕，赵谦慨然以兴起斯文为己任，在海南大力兴办学校，提高教育质量，不仅本地学子翕然风从，还吸引了安徽福建等外省学子前来就学。由此可见，海南当时的文化教育已经可与大陆相媲美了。据明代正德、万历年间的海南旧志记载，明代海南有儒学、社学、义学、书院、阴阳学、医学等各类学校近三百所，培养了大批掌握儒学、医学、天文历法等知识的人才。明代海南共有进士和举人近700 人，以平均人口数量计算，超过了不少文化大省。这说明，此时中原文化已经在海南普及并成为主流文化。

其次，明代海南文人昌盛，鼎臣继出。有了肥沃的文化土壤，自然也会在一定的条件下生长出文化的大树。明代成化二年秋，海南学子薛远、邢宥、丘濬同月分别晋升兵部尚书、都御史和侍讲学士，时人诗赞："三杰同于一月升，尚书学士与中丞"，人称"海外衣冠盛事"。此外，还出现了海瑞、王弘诲、廖纪、唐胄、钟芳、王佐等一大批优秀士子、大臣通吏，使遐荒绝域赢得"滨海邹鲁之地"的美誉。传统社会以文化素养来选取官吏，海南学子镂金错彩，天下望郡也罕见。

丘濬字仲深，号琼台，谥文庄，今海南省琼山市府城镇人。他是明代中叶著名的政治家、思想家、经济学家和文学家。历迁太子大保兼文渊阁大学士、少保兼武英殿大学士、户部尚书，参预国家机务。著有《大学衍义补》160 卷、《世史正纲》《家礼仪节》《伍伦全备忠孝记》《朱子学的》《丘文庄集》《琼台集》等，计有三万多卷。明代《本朝分省人物考》称丘濬著述甚富，世称博学，为我朝之冠。清代《四库全书》提要说丘濬冠绝一时，文章尔雅，有明一代，不得不置作者之列。丘濬不仅诗文名满天下，而且精通儒学义理，更重要的是他还是世界上首开经济思想的学者，率先进入近代经济学领域，将中国传统文化提升到一个新的高度。列宁称其为中国十五世纪经济思想的杰出代表人物，钱穆在其所编的《丘文庄公丛书》中赞誉丘濬不仅为琼岛一人物，乃中国史上之第一流人物也。

廖纪字廷陈，别号龙湾，祖籍广东琼台府万州陵水县（今海南省万宁市），明弘治三年（1490）中进士。屡次升迁，直至吏部尚书。廖纪勤于读书，精于思考，善于著述，主要传世学术著作为《大学管窥》和《中庸管窥》，以及所附《性学原》和《心学原》两篇文章。他与当时的旷世奇才、大思想家王守仁（王阳明）、人称"明朝第一才子"的杨慎、被视为"朱学巨擘"的罗钦顺等人交好，并一再向朝廷举荐他们。应该说，这些人之后在中国思想史上的光辉成就，与廖纪的赏识和举荐不无关系。这也是海南文化反哺中原文化的一个表现。罗钦顺称赞廖纪为人"沈静端庄，笃于操履。遇事必精虑，未尝轻发，既发亦不可回"，评论他读书治学"尤喜读书，微言奥义，多所自得"[1]；这是一个伟大思想家对另一个伟大思想家的中肯评价。

钟芳字仲实，号筼溪，原籍琼山县，出生于崖州高山所（即卢多逊、赵鼎、胡铨等人的谪居地水南村），是明代著名的学者、政治家，他上继文庄（丘濬），下启忠介（海瑞），具有承先启后的作用，被尊称为"岭南巨儒"。著有《春秋集要》《学易疑义》《筼溪先生诗文集》《皇极经世图》《钟筼溪家藏集》《续古今经要》《少学广义》《崖州志略》《养生经要》《读书札记》等著作。其哲学思想著作《春秋集要》《学易疑义》两书，提出"知行本自合一，知以利行，行以践知"的哲学观点，是当时考生的辅导书籍，王阳明都对其欣赏有加，曾约钟芳一起谈经论道。再一次佐证了海南文化对中华文化的启迪与发展。

至此，中原文化不仅完成了向海南传播的完整过程，而且造就了海南文化的历史辉煌。

---

① （明）罗钦顺：《整庵存稿》卷七，参见《四库全书》第 1261 册，商务印书馆 2006 年版，第 169 页。

从零星阶段的涓涓细流，到自发阶段的滔滔江水，再到自觉阶段的万流归宗，形成了海南文化中原化的壮丽的历史景象。伴随着文化传播与交流，海南地域文化展现出勃勃生机和独特魅力。

二　海南文化的交融

海南文化在经历了上述阶段后得以形成，而此时的中原文化早已定型甚至显露出暮气。相较于中原文化，海南文化明显更具活力，也没有传统文化的历史包袱。由于未经历史的沉淀，中原文化虽已成为海南主流文化，但海南人民并未因此而形成固定且僵化的思维定式、观念定式和价值取向。在现实生活中，中原文化与本土文化相互交流相互影响而趋于融合，产生了黎汉文化双向同化的独特历史现象，这一独特现象构成了海南文化的一个特色，也为海南文化在之后的文化融合埋下了伏笔。

事实上，中原文化除了儒学之外，也有其他如佛教、道教文化在海南产生广泛的影响。

唐天宝七年（748），鉴真率领一众人等第五次东渡。因遭遇台风，一路漂泊到达海南岛的振州（今三亚市）。振州官员闻讯纷至沓来，就连大海盗冯若芳也前来礼拜，大家轮流供养众僧，直至鉴真等人入住修好的大云寺，这一住就是一年多。在这一年多的时间里，鉴真带着弟子为大云寺手抄了大量的佛教经典，并以大云寺为讲坛，开坛讲经，传授佛教文化及其他先进的中原文化，为海南文化的发展做出了积极贡献，佛教文化也因此在海南落地生根。至今，三亚仍留有"晒经坡""大小洞天"等鉴真遗迹。在鉴真走后的近千年里，海南佛教一直都处于持续发展状态，使今日海南的佛教文化有了良好的发展基础和空间。

道教是中国土生土长的传统宗教，道教在海南最早见之于唐代，发展于宋、元时期。北宋真宗年间，海南奉诏在琼州、万安州等建有天庆观。至徽宗时，海南各州、县都设有道观，极为普及。也因此出现了道教南宗四世祖陈楠、五世祖白玉蟾等著名的海南道教文化传播者。

白玉蟾原名葛长庚，出生于原琼山县五原都显屋村（今海口市美安镇典读村）。出家为道士期间，师事陈楠九年，陈楠逝后，游历天下，后隐居著述，招收弟子，致力于传播丹道。他是道教南宗五祖、内丹派南宗真正创始人，"南宗"自他之后，始正式创建了内丹派南宗道教社团。他身通三教，学贯九流，融摄佛家与理学思想，纳《易》学以阐丹法，提出"圣即仙之道，心即佛之道"，著有《上清集》《玉隆集》《武夷集》《庐山集》等著作。现存《宋白真人玉蟾全集》共10卷，另附录、补遗1卷，共收诗词1200多首，约70多万字。以陈楠、白玉蟾等人为代表的道教文化对海南乡土文化的影响非常广泛，深深地融化在海南民俗文化之中。至今民间诸多节庆祭祀、民俗活动，无不蕴含着道教文化的气息。

在黎族文化和中原文化相互影响与交融的过程中，还出现了黎族文化与其他文化的交流与融合，黎族文化同样也受这些文化的影响，例如南洋文化与回族文化。早在远古时代，黎族文化就与南边的南洋文化发生了联系和交流，至今黎族物质文化与精神文化中，仍带有南洋文化的诸多痕迹；历史上回族文化也通过各种方式进入海南，有的海南回族被同化，有的逐渐消失，有的至今保存，在今天的海南三亚等地，居住着不少回族居民，他们仍然保持着传统的回族文化与生活方式，其中不少人还参与世界性的穆斯林朝圣活动。

居住在沿海的海南人，世世代代以耕海为生，随着闽潮人到来，也将海神文化带到了海岛，因而海南妈祖（天妃、天后）庙甚多。嘉靖《琼州府志》曰：今渡海往来者，官必告庙行礼，而民必祭卜方行。每逢妈祖诞日（一般为农历三月二十三日），岛上多有游神、演戏等活动，以纪念妈祖作为勇敢、正义、无畏的化身，有涉波履险、热爱公益、济世救民的美德，妈祖文化在海南得以衍生。

明崇祯三年（1630）葡萄牙传教士彼尼在琼山县城陈氏宗祠设立天主教堂，为天主教传入海南之始。此后，在定安、海口等地也有教堂之设。清初，西方教士纷纷进入岛上活动，到康熙二十六年（1687）海南教徒上升到5000多人，达到历史鼎盛时期。而基督教势力在鸦片战争以后迅速深入海南，光绪七年（1881）在琼山县城吴氏宗祠建立第一个布道所，不久传播岛内各地，西方基督教文化也在海岛产生了影响。

1695年10月，琼山人民迫于生计组织了一支出洋船队，"向洋开拓，去蕃谋生"。这支开始仅有两艘小帆船的船队，后来逐步扩大到72艘三桅大帆船，穿行于海南、越南、泰国和新加坡之间，历时100余年。1840年，第一次鸦片战争爆发，清王朝闭关锁国的大门被敲开。1858年海口被辟为对外通商口岸，它带来的直接影响是近代海南出洋人数剧增，海南也由此成为我国著名的侨乡之一。华侨文化在海南得以形成和延伸。近代海南不断从海外引入橡胶、咖啡、可可、油棕、海岛棉、木薯等新作物品种，并推广到大陆，这是海南华侨的一项重要贡献，也是华侨文化参与海南文化结出的丰硕之果。

综上所述，由于历史的原因，各种文化流在海南汇聚一起，相互激荡交融，使海南文化形成了以儒学为主体，包含佛教文化、道教文化、南洋文化、回族文化、妈祖文化、西方文化、华侨文化、黎族本土文化于一体的文化大熔炉。正是这样的历史背景和文化交流，造就了海南地域文化的最大特质——多元性与包容性。

三　海南文化的发展

当历史翻开近代新篇章的时候，中央政权"天朝大国"的美梦被西方的枪炮轰得粉碎。此时的中原大地，终于开始睁眼看世界。湖南人魏源在林则徐等人的帮助下，提出了"师夷长技以制夷"的口号，中原大地掀起了学习西方器物的洋务运动；中日甲午战争终结了洋务运动，却开启了中国学习西方政治改良的戊戌变法；当变法因阻力而失败之后，革命就被提上了历史议程。海南与中国近代革命紧密相连。

宋嘉树，原名韩教准，出生于海南文昌县。9岁时随哥哥到印度尼西亚的爪哇当学徒，1875年随宋姓堂舅赴美洲古巴，遂改姓宋。先后在北卡罗来纳州杜克大学圣三一学院、万德毕尔特大学神学院、田纳西州范德堡大学神学院学习，1886年回国在苏州、上海等地传教，并执教于教会学校，胡适即为其学生之一。

1894年夏，孙中山北上途经上海，与宋相识，两人对革命志同道合。宋嘉树倾其财力物力帮助孙中山革命。宋育有子女6人，依次为霭龄、庆龄、子文、美龄、子良、子安。宋庆龄后来成为孙中山夫人，中华人民共和国第一任副主席；宋美龄成为蒋介石夫人；宋子文成为蒋介石手下红人。

辛亥革命以失败告终，学者们意识到，学习西方人的器物、政治之所以不能成功，在于其背后的更深层的文化因素。从"中体西用"的文化讨论，到新文化运动的兴起，学者们在思考中国文化何去何从，就在这个时期，海南学者发声了。

　　陈序经，海南文昌人，是一位学贯中西的文化学家、历史学家、社会学家、民族学家、教育家，曾任中山大学等多所高校领导职务。1933 年 12 月 29 日，陈序经在广州中山大学做了题为"中国文化的出路"的演讲，他把关于中国文化的不同主张划为三派："复古派——主张保存中国固有文化的""折衷派——提倡调和办法中西合璧的""西洋派——主张全盘接受西洋文化的"，而他自己就主张"中国文化彻底的西化"，并提出"彻底全盘西化的理由"。这比胡适在《独立评论》发表文章早两年。陈序经的文化思想尽管有偏颇、过激之处，但从中国思想文化史的角度来看，亦不乏正面的学术价值与历史意义。它有利于打击传统儒学的意识形态霸权，促使国人认识自身文化缺陷，努力实现中国文化的创造性转化。陈序经的文化思想及主张已成为历史，但在中国文化现代化的进程中，认真解读陈序经的文化思想与主张，总结其经验和教训，或许能为今天的文化建设提供些许借鉴。

　　陈序经先后出版著作《疍民的研究》《文化学概论》《南洋与中国》《大学教育论文集》《社会学的起源》《越南问题》《东南亚古史研究》8 种（分别是《东南亚古史初论》《越南史料初辑》《林邑史初编》《扶南史初探》《猛族诸国考》《掸泰古史初稿》《藏缅古国初释》《马来南海古史初述》，这 8 本书 1992 年结集为《陈序经东南亚古史研究合集》）。陈序经是中国现代学术史上少有的大师级学者之一，尤其是他对历史和现实弊端的洞察，对国家民族的深沉的忧患意识，不仅是海南文化发展的具体体现，也是中国文化发展的杰出代表。

　　当前，海南文化仍在建设和发展之中，海南的各种文化流仍在交流与整合之中。海南文化是一个开放的体系，它对外来文化绝无本能的排斥，而是兼收并蓄，博采众长。面对当今世界全球化趋势和文化普世主义主张的出现，海南文化未来的发展应该从两方面着手：

　　一方面，应该更加注重挖掘和弘扬海南文化中原化过程中的闪光点，夯实海南文化的历史根基。对于历史上被流放者带来的先进文化、他们在海南所产生的思想、他们在海南的历史活动及其对海南文化的影响、海南文化对这些流放者的影响和帮助等内容要有进一步研究；对明清时期以及中国文化现代化进程中海南学者们的思想更要进行系统的研究。琼州代有才人出，他们对中国历史与文化做出了重大贡献，也为琼州后人树立了良好榜样。他们的思想、著述非常丰富，如果不对其做专业的、系统的学术思想研究，只是出于功利、流于形式地建立几个旅游点以供纪念，这其实是对先贤的不敬，因为作为思想家，最大的愿望就是人们能够理解、认同、弘扬和发展其思想。做不到这一点，这些景点终究还是缺少一些魅力。如果我们将他们的名字挂在口头，却将他们的著作束之高阁，这将是历史的遗憾，也是学界的失职。

另一方面，要继续发挥海南文化多元性和包容性的特质，使世界文化走进海南，使海南文化走向世界。如前文所述，海南文化没有沉重的历史包袱，具有独特的生机与活力，并且它本身就是一个文化大熔炉。在全球化和普世主义背景下，在建设海南"国际旅游岛"的历史机遇下，应该淋漓尽致地利用好这些优势，努力吸收外来文化，把海南建成为世界文化的汇聚地，让世界各民族文化在海南"百花齐放，百家争鸣"，然后吸引大批文化界学者前来研究、提炼。如果真能做到这样，海南将成为世界文化的桥头堡。

第二章　零星阶段

——琼学的萌芽

第一节　开琼两伏波

"将军"是军事统帅之称，春秋战国时期各国统领军队的卿、大夫即相当于将军。秦朝置将军，将其作为正式官职确定下来，但往往在战争结束之后就取消了任命。西汉初沿承秦制，设立了将军，但不常置。汉武帝时期，武帝励精图治，为平定边疆东征西讨、南征北伐，战事颇多，所以增设了大量的将军，包括位高权重的大将军、骠骑将军、卫将军和车骑将军，还有地位稍低的前、后、左、右、中将军。除了这些长期设置的将军封号外，武帝还常常会根据行军打仗的需要，临时设置一些将军，如伏波将军、楼船将军、贰师将军、强弩将军、戈船将军、下濑将军、拔胡将军、游击将军、横海将军、浚稽将军、因杅将军等。这些将军的命名都与其所擅长的技能相关，比如横海将军、楼船将军、伏波将军等都是赐予擅长南方水战的将军的封号。可见，伏波将军只是这众多封号将军中的一种，其寓意为降伏波涛。

"伏波将军"作为一种官职设置，就意味着不限定于某一人。实际上，历代确实有多人曾被授予"伏波将军"的封号。仅正史中所记载的南北朝时期可考名姓的伏波将军就有40多人。史上首位伏波将军便是西汉的路博德；其次也是最著名的一位即东汉时期的马援；之后有汉末建安时期的陈登、夏侯惇；曹魏立国后，则有满宠、甄像、孙礼、卢钦四位伏波将军。晋代有在任时间最长的伏波将军孙秀、炼丹术士葛洪和晋军都督陶侃的两位功绩平平的属将。史上最后一位伏波将军则是南陈的王飞禽。

　　继路博德和马援被拜为伏波将军以来，因二人卓著的功绩，伏波将军的名号也享誉南北、分量十足。然自陈登以后，伏波将军名号分量每况愈下。陈登任广陵太守，因吕布被杀，而被封伏波将军，但毕竟是文官任武职，伏波名实不相称；夏侯惇虽略有武功，却因后来升拜前将军而致使早前所任伏波黯然失色；曹魏四位伏波任期较短，功绩平平，多有其名而无其实。及至晋孙秀则因早年已官至前将军、骠骑将军，后因亡国支庶的身份，被贬为伏波将军。降迁至伏波本已令伏波名号受损，而其徒有伏波之名而无领军之实的状况又使伏波名号一损再损。葛洪因参与平定石冰之乱，小功而得伏波将军，本已有损伏波的名号，后竟弃印修丹更是将伏波名号贬得一文不值了。而后南北朝封赐伏波的泛滥之举，则使得伏波将军名号犹如街头白菜，人人唾手可得。而最后一任王飞禽以太监身份拜伏波将军，更致使伏波将军沦为了一个笑话。所以谈及伏波将军，后世皆不足称道，唯提路博德和马援。

开琼伏波路博德

　　路博德，生卒年不详，西汉武帝时期西河平州（今山西离石）人。

　　《史记·卫将军骠骑列传》中载："将军路博德，平州人。以右北平太守从骠骑将军有功，为符离侯。骠骑死后，博德以卫尉为伏波将军，伐破南越，益封。其后坐法失侯。为强弩都尉，屯居延，卒。"[①]

　　《汉书·卫青霍去病传》也有对路博德的载述[②]，大体与《史记》中一致。只是在言述路博德家乡时更确切，指出是西河平州；至于路博德被封的侯名，《汉书》记载为邳离侯。

　　《史记》《汉书》专论路博德的记载言简意赅，再结合其他篇幅的相关记载，则可以大致地勾勒出路博德的生平。

　　路博德早年任右北平太守，元狩四年（前 119 年）春，汉武帝派兵攻打匈奴时，路博德从属于骠骑将军霍去病帐下，击敌有功被封为符

---

① （汉）司马迁：《史记》卷一百一十一，中华书局 2006 年版，第 654 页。

② （汉）班固：《汉书》卷五十五，中华书局 2007 年版，第 560 页。

（邳）离侯。①

元鼎四年（前113年），汉武帝派使者出使南越国，由卫尉路博德屯兵桂阳作为后应。②

元鼎五年秋（前112年），南越国丞相吕嘉叛乱，汉武帝拜卫尉路博德为伏波将军出征南越。

元鼎六年冬（前111年），伏波将军挥师番禺，招降越人。

元封元年（前110年）征战海南岛，设儋耳、珠崖郡。后路博德因罪被削去侯爵，贬为强弩都尉。

太初三年（前102年），武帝派路博德筑于居延（今内蒙古境内），抵挡匈奴。③

太初四年（前101年），曾被派去涿邪山（今蒙古国境内）与因杅将军公孙敖会合，共击匈奴。④

天汉二年（前99年），汉武帝欲使强弩都尉路博德半道接应李陵的军队，但曾任伏波将军的路博德却心有不愿，而上书武帝。⑤后来李陵深入匈奴无所救援而被俘虏，也与路博德有一定关联。所以，武帝晚年懊悔之时曾说出"李陵无救"是"老将生奸诈"⑥，这个老将就是指路博德。

天汉四年（前97年），路博德领一万多步兵与贰师将军骑、步兵会

---

① （汉）司马迁：《史记》卷一百一十一，中华书局2006年版，第651页在对骠骑将军霍去病的记载中有提道："右北平太守路博德属骠骑将军，会与城，不失期，从至梼余山，斩首捕虏二千七百级，以千六百户封博德为符离侯。"（汉）班固：《汉书》卷五十五（中华书局2007年版）第558页中亦有相似记载。

② （汉）司马迁：《史记》卷一百一十三，中华书局2006年版，第663页载："元鼎四年，汉使安国少季往谕王、王太后以入朝，比内诸侯；令辩士谏大夫终军等宣其辞，勇士魏臣等辅其缺，卫尉路博德将兵屯桂阳，待使者。"（汉）班固：《汉书》卷九十五（中华书局2007年版）第956页有相似记载。

③ （汉）班固：《汉书》卷六，中华书局2007年版，第49页载："强弩都尉路博德筑居延。"

④ （汉）班固：《汉书》卷九十四上，中华书局2007年版，第931页载："汉又使因杅将军出西河，与强弩都尉会涿邪山，亡所得。"

⑤ （汉）班固：《汉书》卷五十四，中华书局2007年版，第547页载："博德故伏波将军，亦羞为陵后距，奏言：'方秋匈奴马肥，未可与战，臣愿留陵至春，俱将酒泉、张掖骑各五千人并击东西浚稽，可必禽也。'"

⑥ （汉）班固：《汉书》卷五十四，中华书局2007年版，第549页载："久之，上悔陵无救，曰：'陵当发出塞，乃诏强弩都尉令迎军。坐预诏之，得令老将生奸诈。'"

合共击匈奴。①

此后长待居延至死。

南越国（或南粤）（前203—前111年），秦末战乱之际，南海郡尉赵佗起兵兼并桂林郡和象郡后所建。赵佗本是秦朝恒山郡真定县（今河北省正定县）人，秦初平定南越、一统天下之时，曾立下汗马功劳。秦在南越地区设置了桂林、南海、象郡三个郡。任命任嚣为南海郡尉，赵佗则为南海郡龙川县的县令。秦二世末，烽烟四起，陈胜起义，项羽、刘邦相继起兵，南海尉任嚣病重将死，未经秦皇认可，即将南海尉传给亲信赵佗，并告之天下形势，重言相托，让赵佗依据有利的地理位置和军事守备聚兵自守、自立为国。任嚣死后，赵佗依其言，杀了秦朝设置的长吏，并封锁周边道路、聚兵自守。秦朝灭亡后，赵佗又兴兵兼并了桂林和象郡，建立南越国，定都番禺（今广东省广州市），自立为南越武王。南越国经赵佗创建后历传赵眜、赵婴齐、赵兴、赵建德五世。公元前111年为汉武帝所灭，共历93年。

南越国建于汉朝建立之前。刘邦一统天下之后，南越国王赵佗经由陆贾的劝说，曾前后两度臣服于汉朝。一为汉高祖时期；一为汉文帝时期。中间因吕后对越人的粗暴政策，这种臣属关系一度中断。大部分时候，南越国是作为汉朝的外藩属国而存在的。南越国与汉朝之间虽各有猜忌，但也一直相安而立。直至南越丞相吕嘉叛乱后，南越国才被汉武帝所灭。吕嘉之乱虽与吕嘉个人久居高位、野心膨胀有关，但也是南越国长期潜伏的政治隐患显性化的必然结果。

建元六年（前135年），闽越王向南越国发动战争，南越国第二代王赵眜求助于汉武帝，最终虽得以免除祸乱，但也因此不得不将其太子赵婴齐作为人质送入汉朝。从此，赵婴齐开始了他在汉武帝身边做宿卫的人生，直至其父赵眜去世，长达12年之久。赵婴齐在入汉之前，曾娶越女为妻，生下长子赵建德。在长安时，又娶邯郸樛家的女儿为妻，生下儿子赵兴。赵眜死后，赵婴齐回南越国继王位，在吕嘉等重臣的极力反对下，仍执意弃长立幼，立樛氏的儿子赵兴为太子。这便为南越国埋下了政治大

---

① （汉）班固：《汉书》卷六，中华书局2007年版，第50页载："强弩都尉路博德步兵万余人与贰师会。"又《汉书》卷九十四上，第931页载："强弩都尉路博德将万余人，与贰师会。"

患。吕嘉本为越人首领，赵佗建南越国后和辑百越、重用吕嘉，并鼓励汉越通婚。所以吕嘉虽为丞相，但某种程度上来说，他与赵佗共坐天下，他的儿子、女儿们多与赵佗的子孙通婚，结为一家。① 南越国几十年来其实一直是汉越共治，所以相安无事。及至赵婴齐祸端始出。赵婴齐常年在汉，不晓南越之事，回国继任王位本已地位堪忧。后又执意立汉人的儿子赵兴为太子，更使得汉越矛盾被激化。赵兴继位后，吕嘉在南越国的势力一度超过越王。② 太后樛氏作为汉人，为巩固自身地位，积极地寻求汉廷的支持。元鼎四年（前 113 年），汉武帝派使臣出使南越宣召越王与太后入朝觐见，同时派卫尉路博德屯兵桂阳作为接应。可以说，从此时开始，汉武帝征服南越的野心已初见端倪。但丞相吕嘉秉承赵佗的理念一直反对越王入朝，对待汉朝使者的态度也一直很冷淡。后来太后樛氏与汉朝使者安国少季的私情被曝光，国内百姓大多不再相信太后。③ 太后唯恐祸乱生起，最终想先下手为强，与汉朝使者一道，摆设鸿门宴宴请吕嘉。由于太后无力、汉使无能，没能制服吕嘉，反而激化了双方矛盾，致使吕嘉图谋叛乱。

汉武帝派韩千秋与樛乐带兵前往南越国，使得南越国内剑拔弩张的紧张局势瞬间爆发。吕嘉遂和他的弟弟一起杀了越王赵兴、太后和汉朝使者，立赵婴齐长子赵建德为王，并在韩千秋、樛乐的两千人马快到番禺时，用计大败汉朝军队。汉武帝闻之大惊，于是下令以十万大师前往征讨，由此正式掀开了汉武帝平南越的篇章。

元鼎五年（前 112 年）秋，汉武帝征南越，共派出四路"楼船铁马"。一路由伏波将军路博德领兵从桂阳（今湖南境内）出发，下汇水（又作"湟水"）；一路由楼船将军杨仆领兵从豫章（今江西境内）出发，下横浦；一路由投降汉朝被封侯

---

① （汉）司马迁：《史记》卷一百一十三，中华书局 2006 年版，第 663 页载："其相吕嘉年长矣，相三王，宗族官仕为长吏者七十余人，男尽尚王女，女尽嫁王子兄弟宗室，及苍梧秦王有连。"（汉）班固《汉书》卷九十五（中华书局 2007 年版）第 956 页有相似记载。

② （汉）司马迁：《史记》卷一百一十三，中华书局 2006 年版，第 663 页载："其相吕嘉……其居国中甚重，越人信之，多为耳目者，得众心愈于王。"（汉）班固：《汉书》卷九十五（中华书局 2007 年版）第 956 页有相似记载。

③ （汉）司马迁：《史记》卷一百一十三，中华书局 2006 年版，第 663 页载："王年少，太后中国人也，尝与安国少季通，其使复私焉。国人颇知之，多不附太后。"（汉）班固《汉书》卷九十五（中华书局 2007 年版）第 956 页有相似记载。

的越人戈船将军郑严、下厉将军田甲领兵出零陵（今湖南境内），下离水或抵苍梧；一路由驰义侯何遗领巴蜀地区夜郎国的罪人从贵州一带出发，下牂柯江。四路大军定在南越国都番禺会合。

四路大军中，严、甲、遗领军的两路兵马还没到南越时，杨仆、路博德的军队已经攻陷了番禺，后擒得贼首平定南越。所以浩浩荡荡的十万大军中，在平定南越时真正起到作用的只有杨仆和路博德的两路大军。其中楼船将军杨仆领兵迅猛，于元鼎六年（前 111 年）冬迅速攻陷了赵佗在湞水上修筑的险要关口寻陝（又作"陿"），攻破石门，缴获南越的船只和粮食，并带领数万人继续向前等候伏波将军路博德的军队。路博德军道远延期，待与杨仆军会合后一起往番禺前进。杨仆仍领军在前，到达番禺后驻守于城东南，夜幕降临时，杨仆军攻克番禺并纵火烧城。而路博德军在到达番禺后驻守于城西北。路博德并不急于攻城而是在此结营驻扎，派遣使者与城内越人沟通，招降越人并赐汉朝印章。杨、路两种截然不同的伐越手段以及路博德在桂阳屯兵在越人心中建立的威望，使得第二天清晨时，城中越人都降伏于路博德。路伏波可谓"兵不血刃而定全越"。而逃亡西去的贼首吕嘉、赵建德也在路博德的追查下，分别被南越郎官都稽和路博德的校尉司马苏弘所擒获。至此南越基本平定，汉武帝废除南越国，设立了南海、苍梧、郁林、合浦、交阯、九真、日南七郡。元封元年（前 110 年），汉朝大军自合浦、徐闻南部渡过琼州海峡，来到海南岛。汉武帝在此设立儋耳、珠崖郡，下统十六县，其中儋耳郡统辖 5 个县，珠崖郡统辖 11 个县。

关于汉武帝废南越国置郡的问题，大多人依据《史记》《汉书》记载①直接理解为元鼎六年（前 111 年），汉军攻克番禺灭南越国时，汉武帝就连设九郡。实际上，这些记载只是大概而论。而《汉书》中还有两条不可忽略的史料，《汉书·地理志》中记载："自合浦徐闻南入海，得大州，东西南北方千里，武帝元封元年略以为儋耳、珠崖郡。"②《汉书·

---

① （汉）司马迁：《史记》卷一百一十三，中华书局 2006 年版，第 665 页载："……南越已平矣。遂为九郡。"（汉）班固《汉书》卷九十五，中华书局 2007 年版，第 957 页载："……南粤已平。遂以其地为儋耳、珠崖、南海、苍梧、郁林、合浦、交阯、九真、日南九郡。"

② （汉）班固：《汉书》卷二十八下，中华书局 2007 年版，第 314 页。

贾捐之》中也载："初，武帝征南越，元封元年立儋耳、珠厓郡。"① 很明确地指出了儋耳、珠崖郡的设置时间是在汉武帝元封元年。至此，海南岛从以前只是南越国境内荒僻而少有人问津的遥远属地，变成了汉朝中央直属管辖的两个郡。② 这一变化意味着海南岛政治、经济等地位有所上升，汉王朝对海南的统治加强。海南地区也从以前的地方官员自治转变成由汉廷直接派遣汉朝官吏进行管理，自中原来上任的官吏也会带来相应的家属、随从。同时，汉朝还会派遣大量的汉军常驻于海南地区。而官吏与中央的交流及来琼官吏家属、士兵等与汉朝的各种联系都加深了中原人对海南的认识。加之，海南岛多异物，犀角、象牙、珍珠等物品都为汉朝人所珍爱，所以当时从中原来海南经商的人也越来越多。据《琼台外纪》记载："此善人，乃武帝置郡之初，已有三万之数。"③ 以官员及其家属、士兵和商人为主体的中原人大量地移民海南，实际上除了将海南推向更显眼的位置、提升海南的政治经济地位外，或多或少地也会与海南本土人发生文化交流。由于他们非文人的职业性质决定了他们很少会直接从事文化教育和思想理论交流活动，所以这一时期，中原与海南的文化交流并不是显性的和直接的。但是，他们的生活习惯和社会习俗等都是中原化的。这种带有中原色彩的文化必定会与海南本土的黎族文化有所冲突和融合。这也是中原文化与海南文化的第一次最直接的正面交锋，这次交锋中以冲突为主。而自汉武帝置郡后，西汉时期曾两度罢郡。其原因皆是因为汉人的残暴统治。在文化层面上，汉朝官吏罔顾黎民习俗，引起黎民强烈的反感和反抗，两者之间是相互排斥的。但冲突中也会有潜移默化的融合。所以这一时期中原文化对海南文化的影响只能是间接的、隐性的。

从路博德的一生来看，他因攻打匈奴有功被赐符（邡）离侯，因征伐南越而官拜伏波将军，可以说这段时期是他最辉煌的时候。其后犯法失侯，直

---

① （汉）班固：《汉书》卷六十四下，中华书局 2007 年版，第 647 页。

② 清乾隆三十九年，萧应植修《琼州府志》引前代史家观点称，海南"唐虞为南交，三代为扬越之南裔，秦为象郡之外徼"。又阎根齐在《海南岛何时纳入中国的版图》［《海南大学学报》（人文社会科学版）2009 年第 1 期，第 4 页］一文中指出："海南岛在汉代及其以前都是中国版图的一部分，不存在西汉武帝元封元年（前 110 年）始在海南设立儋耳、珠崖 2 郡，海南岛才正式划入中国版图的问题……汉代在海南岛的设郡，只是海南从由地方诸侯国管辖变为由汉朝中央政府直接管辖。"

③ （明）唐胄：《正德琼台志》卷三，海南出版社 2003 年版，第 63 页。

至死于居延，一直功绩平平。然而从整个汉朝来看，即使在他官运亨通时，其地位和功绩也并不是特别显著。实际上，在路博德跟随霍去病攻打匈奴的那场战役中，除了他被封侯外，其他被封侯的人很多，比如：封邢山为义阳侯，封复陆支为壮侯，封伊即靬为众利侯，校尉敢为关内侯等①，一场战役汉武帝就封了这么多侯，而汉武帝时期战事不断、征伐不停，其所封的侯更是不胜其数。像路博德这样因一功而获侯的武臣比较常见。

就路博德被赐伏波将军而言，汉武帝时期所设将军繁多，大将军、骠骑将军、卫将军、车骑将军和前、后、左、右、中将军属于将军中地位较高的，而且是常置的将军。如路博德所任的伏波将军只是武帝根据统兵征伐的需要临时设置的将军，征伐结束后即取消了任命。武帝时期征伐较多，这类杂号将军设置的数目也很多，与路博德军事活动直接相关的如楼船将军杨仆、因杆将军公孙敖、贰师将军李广利等。杂号将军的地位相对较低。

就路博德平南越的功绩来看，其在战事上的功绩远不如楼船将军杨仆。对南方百越的战争和对北方匈奴的战争不同，与北方匈奴作战以骑兵陆军为主，而与南方百越作战则以水师为主。汉武帝在攻伐南方百越之前就修昆明池紧锣密鼓地训练水师②，楼船将军杨仆即是一位统领水军的将军，因而在平定南越、剿灭东越、征伐朝鲜中都发挥了很大的作用。在平定南越的过程中，杨仆率领楼船水师，以破竹之势迅速抵达番禺，并猛攻番禺，致使南越城破而败。而路博德率领的陆军在一开始就慢半拍，到了番禺以后，也是安营扎寨，在征战南越的过程中并没有出太多力。然而在平南越的功绩上，世人却多赞颂路博德，其原因很多。正如太史公所说："楼船从欲，怠傲失惑；伏波困穷，智虑愈殖，因祸为福。成败之转，譬若纠墨。"③ 杨仆生性残暴，司马迁著《史记》、班固撰《汉书》将杨仆列入酷吏传中即可见一斑。杨仆在攻伐南越时，好功嗜杀，攻破番禺后纵火烧城已为残暴，而将投降者视为奴仆甚至尽数杀掉也让越人心有不服，而其挖坟开棺割下死人头颅作为战功的举动

---

① （汉）司马迁：《史记》卷一百一十一，中华书局 2006 年版，第 651 页。（汉）班固：《汉书》卷五十五（中华书局 2007 年版）第 558 页有相似记载。

② （汉）司马迁：《史记》卷三十，中华书局 2006 年版，第 187 页载："是时越欲与汉用船战逐，乃大修昆明池，列观环之。"

③ （汉）司马迁：《史记》卷一百一十三，中华书局 2006 年版，第 665 页。

更是引起南越百姓强烈不满。① 与之相反的是，路博德本在南越叛乱前就已经屯居在南越周边的桂阳，在管辖桂阳期间，与当地人相处友善，其威名早已远播南越，所以有"越素闻伏波名"②。在平定南越期间，伏波将军到达番禺城外后，不是急于攻城，而是在西北面安营扎寨，派遣使者与城内沟通招降越人。一边是烧杀掳掠，一边是和降赐印。越人自是选择后者，所以，第二天黎明，番禺城中的人都降伏于伏波将军路博德。以武压人莫若以德服人。路博德兵不血刃更胜一筹。再有，擒贼要擒王，番禺城破，伏波将军询问投降者，得知南越祸乱的两大主首的逃亡下落，并最终将其捕获。由此论功，博德自是高于杨仆。所以，汉武帝在敕责杨仆时曾说："将军之功，独有先破石门、寻陿，非有斩将骞旗之实，乌足以骄人哉！"③ 所以在平定南越的过程中，杨仆虽然战功更为显赫，但威名却不及路博德。

对于平南越中与海南岛相关的问题，《汉书·地理志》只记载"自合浦、徐闻南入海，得大州"④，主语却被省略了。汉武帝派出的四路大军中，真正平定南越的只有杨仆、路博德两路，而攻破番禺之后，杨、路大军要追捕乘船逃亡入海的吕嘉和赵建德则继续领兵西进。合浦（今广西南部）、徐闻（今广东南端）港正好在番禺城的西南边。所以自合浦、徐闻入海的自是杨、路大军。而海南本地也有传言说杨仆的水军一直追到了今海南儋州市的西海岸，并在此地登陆修筑了儋耳郡城。从合浦港一直南下正好抵达海南岛儋州市的西海岸，所以杨仆大军很可能是从合浦港南下的，以汉朝"高十余丈"⑤ 的楼船规模确实也有这个远渡的能力。而路博德的陆军则是从徐闻渡过琼州海峡抵达海南岛北部。而珠崖郡址正好在海南岛北部今海口市地区，很可能是路博德大军来琼之后所建立的。如果这种推测成立的话，那杨仆所建儋耳下辖5县，路博德所建珠崖郡下辖11

① （汉）班固：《汉书》卷九十，中华书局2007年版，第896页载汉武帝斥杨仆"建德、吕嘉逆罪不容于天下，将军拥精兵不穷追，超然以东越为援，是二过也"。
② （汉）司马迁：《史记》卷一百一十三，中华书局2006年版，第664页。（汉）班固：《汉书》卷九十五（中华书局2007年版）第957页有相似记载。
③ （汉）班固：《汉书》卷九十，中华书局2007年版，第896页。
④ （汉）班固：《汉书》卷二十八下，中华书局2007年版，第314页。
⑤ （汉）司马迁：《史记》卷三十，中华书局2006年版，第187页载："治楼船，高十余丈，旗帜加其上，甚壮。"

县，明显后者规模要大，影响要广。而且，儋州地区一直叛乱不断，几经平定后最终被并入了珠崖郡。传言路博德"饮马情耳，焚舟琼山"，力图结束战乱，保证海南地区的和平稳定。这也是海南人民更尊崇路博德的一个原因。

正是因为这次平南越，汉武帝才在海南设置了儋耳、珠崖二郡，掀开了中央王朝直辖统治海南的篇章。从此中原与海南地区在政治、经济、文化、社会上的交流才逐步增加。所以，不论伏波将军路博德在汉朝是什么地位，也不论路博德后期是不是犯法失侯，降越众多、声名赫赫的伏波将军路博德依旧被南越人民尤其是海南人民当作开琼第一人的英雄来看待。对伏波的赞颂和推崇从未间断，当地人多建伏波庙供奉他以表思念。而后世谪琼贬官对伏波的著说缅怀更加深了人们对路伏波的爱戴。

安琼伏波马援

汉武帝时期路博德首任伏波将军，而西汉两百多年间伏波将军就只有这一位。及至东汉初光武年间，才出现第二位伏波将军，也是最著名的一位：马援。

马援（前14—49），字文渊。扶风茂陵（今陕西兴平县）人。历经汉末四代皇帝和王莽新政，逝于东汉光武帝建武年间，主要活动于王莽末年及光武帝时期。《后汉书》为马援单独列传，对其生平活动有详细的记载。①

马援先祖本姓赵名奢，是战国时期赵国著名的将领，因功被赐号马服君，其后世子孙遂以马为姓。赵奢的儿子赵括即是历史上有名的纸上谈兵的人。马援曾祖父马通在汉武帝时期曾因功封侯，后因参与谋反事件而被惩处，到马援时，家境并不是特别显赫。即便如此，他的三个兄长在王莽政权中都是官俸二千石的官员。

马援父母早丧，少年即胸有大志，行事很有主见。任郡督邮时，因押送途中私放囚犯而逃亡到北地郡。后来赶上朝廷大赦天下，就留在当地放牧养畜。因四方宾客多主动来归附他，所以，很快马援已统领了数百户人家。他的田牧业因经营有方，家畜繁多，谷物丰饶。但他并没有满足于此，而是选择了施济给众人。他常常对他的宾客们说："丈夫为志，穷当益坚，

---

① （南朝宋）范晔：《后汉书》卷二十四，中华书局2007年版，第249—260页。

老当益壮。"①

　　王莽末年战乱之际，马援由王莽堂弟任卫将军的林广推荐，被王莽任命为新成大尹。王莽失败后，马援躲避到凉州（今甘肃境内）。刘秀称帝时，马援还留在西州（今陕西境内），被割据一方的隗嚣所重用任命为绥德将军，参与决策谋划。当时公孙述也已在蜀地称帝。一国之内有两帝，该何去何从？隗嚣派马援分别出使两国探听虚实。马援先去见过去就交好的公孙述，本以为可以握手欢谈，没想到公孙述一开始对马援却有所戒备，又摆起皇帝的谱，并在天下未定时就热衷衣冠仪仗等事。这让胸有大志的马援特别瞧不起，所以马援在回复隗嚣的时候说公孙述只是井底之蛙，妄自尊大，还是专注于东方的刘秀吧。建武四年（28）冬，隗嚣派马援出使洛阳。光武帝刘秀待人诚恳大度，常与马援朝夕相处谈论国事，又带马援四处巡视。马援离开时，还专门派官员持节相送。马援回见隗嚣时大赞刘秀博览经学、善辨政事、有勇有谋，言下之意甚至超过了高祖刘邦。马援在这次择君②过程中已然心归刘秀。后来马援带着家属跟随隗嚣送去洛阳作人质的儿子隗恂一起去了洛阳。后来隗嚣听从王元的计策意图独霸陇西，对抗汉庭。马援在修书数次劝说无果下，转而寄书游说隗嚣属将高峻、任禹、杨广等人，企图通过离间手段分化瓦解隗嚣集团。和平手段无果后，最终光武帝于建武八年（32）带兵亲征隗嚣。大军到达漆县（今陕西彬县），众将攻守犹豫不定时，正是马援聚米为山谷，指画形势，汉军才得以大破隗嚣军。

　　建武九年（33），光武帝任命马援为太中大夫，平定凉州。建武十一年（35）夏，又拜马援为陇西太守，讨伐羌敌。此战大获全胜，但马援也被箭镞穿破小腿，身受重伤。之后马援力排众议，深入剖析金城、破羌以西地域的地理位置和丰富资源，建言光武帝不可弃掉，而应派遣官吏、修缮城墙、开导水田、耕种放牧。建武十三年（37），武都参狼羌叛乱，马援带兵征讨获胜，由此陇右地区基本平定。在陇西期间，马援奏请光武帝援用西汉旧例铸造五铢钱，最终获准执行，有效地促进了当地及与周边的贸易流通。

---

　　①　（南朝宋）范晔：《后汉书》卷二十四，中华书局 2007 年版，第 249 页。
　　②　（南朝宋）范晔：《后汉书》卷二十四，中华书局 2007 年版，第 250 页载："援顿首辞谢，因曰：'当今之世，非独君择臣也，臣亦择君矣。'"所以说马援是一个很有见地的人，他并不愚忠，后来讨伐隗嚣并不能说是背叛旧主，其实是"择善而从"的举措。

建武十七年（41），维汜弟子李广妖言惑众，自称"南岳大师"，聚党结群，谋杀皖侯刘闵，占领皖城。马援带领一万多士兵平定皖地叛乱，击杀李广。

建武十六年（40），交阯征侧、征贰两姐妹发动叛乱，征侧自立为王。建武十八年（42），光武帝任命马援为伏波将军，与刘隆、段志一道平定叛乱。建武十八年（42）春，马援率领的汉军在浪泊与敌作战，大获全胜。建武十九年（43）正月，斩杀征侧、征贰，将其人头传送洛阳。马援因此被封为新息侯。之后马援继续清剿叛军余党、治理当地郡县，直至建武二十年（44）才班师回京。

回京不久，匈奴、乌桓侵扰汉朝边境，马援请求出战。建武二十一年（45）秋，马援率三千骑兵出高柳击伐乌桓，乌桓见马援军至，落荒而散。马援不战而定西北。

建武二十四年（48），武陵五溪蛮发动叛乱，武威将军刘尚击敌不成，全军覆没。已经62岁的马援主动请缨平定五溪蛮，真可谓"老当益壮"。建武二十五年（49），马援军到达临乡（今湖南境内），正好碰上五溪蛮攻打县城，马援迎头回击，大破敌军，迫使敌军逃散到竹林中。军队继续行进，到达下隽时，行军路线选择面临争议，最后采取了马援的计策。权贵子弟耿舒的计策没被采纳，由此也埋下了祸患。马援路线山高水险，前进困难，当时又正值暑热难耐，士兵多中暑死伤，马援也因病最终病死武陵。后又因耿舒谗言①及梁松报怨②，马援蒙受不白之冤，新息侯印绶被追收，遗体也被草草下葬，

---

① （南朝宋）范晔：《后汉书》卷二十四，中华书局 2007 年版，第 254—255 页。耿舒和他的兄长耿弇上书光武帝说马援如西域的胡商，停停走走，延误军机，致使士兵生病中暑。实际上正如朱勃为马援陈冤时所奏："夫战或以久而立功，或以速而致败，深入未必为得，不进未必为非。"马援缓进并不是刻意延误军机，实际上是符合当时征战需要的，一为山高水险，难以攻克；二为酷暑难耐，需要休养整顿。

② （南朝宋）范晔：《后汉书》卷二十四，中华书局 2007 年版，第 253—255 页。马援南征交阯时曾写《诫兄子严敦书》告诫侄子，这封信被杜季良的仇家利用上书光武帝，意外致使梁松被牵连；其次，马援出征乌桓前曾当众斥诫梁松不要居贵自矜、骄傲放纵，也令梁松不满；再有，马援生病时，贵为皇帝女婿的梁松前来看望行礼，马援因其是晚辈没做回应。所以梁松与马援积怨颇深，在光武帝派梁松去调查耿舒所奏之事时，便借机报复。

难以安葬祖坟。马援最终完成了他"男儿要当死于边野，以马革裹尸还葬"①的志愿，但一生纵马驰骋、功绩卓越、战死疆场的他最终却因武陵之祸和薏苡之谤②而蒙冤受辱，实在令人慨叹。

汉武帝时期平定南越后，在南越设交阯部，部长官为刺史（东汉时改名交州部，长官为州牧），管辖合浦、南海、郁林、苍梧、交阯、日南、九真、珠崖、儋耳九郡，郡长官为太守。九郡之下设县，县长官有县令和雒将、雒侯。刺史（或州牧）、太守和县令都是由汉庭直接派遣任命的中原官员；雒将、雒侯则是越地的特殊官职，多是该地原有的首领，汉置九郡后，仍允许其保留一定的统治权。

建武十六年（40），交阯发动叛乱的征侧、征贰两姐妹就是交阯郡麊泠县雒将的女儿。姐姐征侧特别雄壮英勇，嫁给诗索为妻。当时交阯郡太守是苏定。苏定素来残暴好杀，当地越人本就有所不满；而东汉时期改变了对越地的治理政策，增收赋税，进一步加重了这种不满；征侧丈夫诗索犯法，苏定将他绳之以法的举动更是直接激化了这一矛盾，致使征侧恼羞成怒，与她的妹妹征贰一起发动叛乱，攻克了交阯郡城。此后，九真、日南、合浦郡都有所响应，二征趁势攻略了六十多座城池，征侧自立为王，征贰为大将军。当时，交阯的刺史及其他郡的太守都无力平定，只能勉强自守。于是光武帝就命令长沙、合浦、交阯郡准备好车船，修整道路桥梁，打通阻塞的河道，储备足够的粮食随时待命。建武十八年（42），光武帝任命马援为伏波将军，以扶乐侯刘隆为副将，与楼船将军段志一起，率领长沙、桂阳、零陵、苍梧一万多兵士讨伐二征。军队到达合浦郡时，楼船将军段志重病身亡，他的军队统归马援调遣。马援军沿海行进、遇山修道。建武十八年（42）春，马援率领的汉军

---

① （南朝宋）范晔：《后汉书》卷二十四，中华书局2007年版，第253页。马援平定交阯之乱回京后，孟冀前来祝贺。在与孟冀的对话中，马援回应道："男儿要当死于边野，以马革裹尸还葬耳，何能卧床上在儿女子手中邪？"
② （南朝宋）范晔：《后汉书》卷二十四，中华书局2007年版，第255页。马援征战交阯时，常常吃薏仁来祛除湿气，因为南方薏仁的果实大、品种好，马援就拉了一车回京。京城人看到后都以为是南方的珍宝心存觊觎。马援死后，有人上书说马援曾经从南方拉回来一满车的珍珠、犀角，并且一人独吞了，致使光武帝大怒。

在浪泊（今越南境内）与敌作战，大破敌军，斩首数千人，投降的数万人。马援乘胜追击征侧等人到禁溪（今越南境内），数次打败敌军，逼得她们四散而逃。建武十九年（43）正月，马援军攻破交阯郡，斩杀征侧、征贰，将其人头传送洛阳，她们的下属都投降了。接着马援统帅大大小小的战船两千多艘，战士两万多人，清剿征侧的余党九真郡的都羊（或都阳）等人，从无功打到居风，斩获了五千多人，将其为首的三百多人迁到零陵以便加以管束。由此岭南地区基本平定。之后，马援暂留越地整顿治理，直至建武二十年（44）秋才班师回朝。

　　如果说路博德征南越是初次奠定南越地区的郡县制统治，那么马援征交阯则是进一步稳定和发展了南越地区的郡县制统治。虽然马援在平定交阯后，曾以伏波将军路博德自比而慨叹不如①，但实际上马援一生所建的功勋要大得多。就平南越而言，路伏波虽有立郡之功，但毕竟是文德有余而武功不足，且征战过程中楼船出力很大；马伏波平交阯却是独领风骚，武功赫赫，文德兼然。就后期治理来说，马援为所经过的南越诸郡县修治城郭、通渠灌溉、教民田耕，也极大地促进了当地生产技术的发展和经济水平的提高；而修改越律的举措，也进一步促进了越地与中原的融合，所以"自后骆越奉行马将军故事"②。再就个人威望而言，路伏波平定有功，对越人宽厚仁德，颇得爱戴，但其个人品德修养却没有太多可称颂的地方，后期犯法失侯及与李陵的纠葛也不值得称颂；而马伏波作为东汉开国功臣之一，忠诚耿直、为国尽忠，平陇右、皖地、交阯等有功，战后又治理有嘉；其"老当益壮""马革裹尸"的凌云壮志，"殖货财产贵在能施"③的慷慨仁德，"刻鹄不成尚类鹜，画

---

①（南朝宋）范晔：《后汉书》卷二十四，中华书局 2007 年版，第 253 页。马援平定交阯之乱回京后，孟冀前来祝贺。马援曾对孟冀说："吾望子有善言，反同众人邪？昔伏波将军路博德开置七郡，裁封数百户；今我微劳，猥飨大县，功薄赏厚，何以能长久乎？"

②（南朝宋）范晔：《后汉书》卷二十四，中华书局 2007 年版，第 253 页载："援所过辄为郡县治城郭，穿渠灌溉，以利其民。条奏越律与汉律驳者十余事，与越人申明旧制以约束之，自后骆越奉行马将军故事。"

③（南朝宋）范晔：《后汉书》卷二十四，中华书局 2007 年版，第 249 页。马援田牧北地时，将所得牛马谷物散于众人，并说："凡殖货财产，贵其能施赈也，否则守钱虏耳。"后来马援多次因功蒙受光武帝的赏赐，他都将赏赐品分给了他的宾客。

虎不成反类狗"① 的谆谆告诫堪为万世楷模，后世之人常引以自诫自勉。

关于马援与海南的问题，征侧、征贰姐妹是在交阯部的交阯郡叛乱，所以马援下南越平二征叛乱，主要是在交阯郡（今越南北部地区），旁及合浦郡（今广西南部地区）、九真郡（今越南中部地区）、日南郡（今越南南部地区）。那么，马援究竟有没有来过与合浦、交阯、九真、日南隔海而邻的海南岛，正史没有明确说明，但明末清初的顾祖禹在其《读史方舆纪要》中曾载："大胜岭，县西十里。志云：马援破交阯，峤南悉平，因抚定珠厓，调立城郭，置井邑，屯兵于此，故以大胜名。"② 清雍正年间的郝玉麟曾于《广东通志》记载说马援征伐交阯时曾"抚定珠厓调立城郭"。③ 海南唯一的探花，清嘉庆年间的张岳崧在《琼州府志》中也记载，东汉时，伏波将军曾"往来南海，抚定珠崖，调立城郭，置井邑，立珠崖县"。④ 这些文献中都提及马援"抚定珠崖"。自汉武帝在海南地区设置珠崖、儋耳郡，几经变迁，后东汉时复立珠崖县，从时间上来看，可能受马援平交阯的影响。此外宋代赵汝适所著《诸蕃志》曾载："马伏波之平海南也，命陶者作缸器，大者盛水数石，小者盛五斗至二、三斗，招到深峒归降人，即以遗之，任意选择，以测其巢穴之险夷。"⑤ 实际上，海南地区的黎族在新中国成立前仍旧有用大缸储水的习惯，今日生活条件改善，很多黎人已弃缸不用了，但在婚嫁中常以大缸为贺礼仍然传承着这一习惯。明唐胄所撰《正德琼台志·山川》有载："后伏波将军乘白马跑沙得泉，因为井，去海涛才四十五步。其味清甘。乡人于井上立伏波庙。"⑥ 当今海南儋州、东方一带确实有很多马援的传说。这一切似

---

① （南朝宋）范晔：《后汉书》卷二十四，中华书局 2007 年版，第 254 页。马援南征交阯写信劝诫他兄长的两个儿子马严和马敦时，曾评论了当朝的杜季良和龙伯高两人，并敦诫侄子要效法敦厚谨慎的龙伯高，因为"刻鹄不成尚类鹜"，而不要效法豪侠好义的杜季良，因为"画虎不成反类狗"。

② （清）顾祖禹：《读史方舆纪要》卷一百五，中华书局 2005 年版，第 4769 页。

③ 四库全书史部地理类《广东通志》卷三十八。

④ （清）明谊修，张岳崧纂：《道光琼州府志》，海南出版社 2006 年版，第 1324 页。

⑤ 周宪文：《台湾文献丛刊》第一一九种诸蕃志，台湾银行经济研究室 1961 年版，第 61 页。

⑥ （明）唐胄：《正德琼台志》卷六，海南出版社 2003 年版，第 109—110 页。

乎都印证了马援确确实实是来过海南的。然而传说毕竟不足为据，而相关的文献又因多为宋、明、清时期，相距东汉甚远，常被有关学者质疑为后世衍说。那么，马援踏足海南的问题就有待进一步考证，有待更确切的证据证明了。

然而，以上文献材料虽不足以确证马援来过海南，却完全可以证明马援对海南地区有很大的影响。马援征交阯促进了整个交阯部地区的和平与稳定，包括远在海上的海南岛地区。而马援修道通渠，教民灌溉、耕种，其造福一方百姓的举措也不只影响到他所具体到过的郡县，实际上他没有亲自踏足的周边郡县也自会有所效仿，所以中原先进农耕文化的传播不能排除同属交阯部的海南地区。而且马援变革越律、奉行汉律并广而告之于越人，使得骆越地区都奉行他的政策。骆越是有别于闽越、颠越等的百越之一，大体包括今广东西南部、广西南部、云南东南部、海南岛及越南红河流域等。这说明当时的海南人民也定会受到马援修整、统一法律的影响。实际上，海南人民将马援作为南征的大英雄看待，修伏波祠、立伏波庙加以供奉。

马援南征交阯促进了包括海南在内的大交阯地区与中原的各种交流，中原文化传播的载体依旧包括路博德南征以来的以官员及其家属、士兵和商人为主体的中原人。此外，马援南征胜利北撤后，还留下了一批自称"马留人"（马援南征时留下来的人）的将士在南疆戍边。这批所谓的"马留人"深受马援老当益壮、战死疆场、马革裹尸等报国思想的影响，性格多果敢坚毅。他们定居于此，极大地促进了汉越的融合，也传播了马援南征的军旅文化。除了以这些人为载体的生产方式和社会习俗的潜移默化的文化影响外，马援南征时主动教民田耕、奉行汉律等则是直接将中原先进的农耕文化和法律文化传播至大交阯地区（包括海南）。

第二节　客自远方来

路博德征南越得胜，汉武帝于元封元年（前110年）在海南岛设立儋耳、珠崖二郡，将海南地区直接纳入中央直属统治管理。然而此后两郡却并不太平，当地人蛮横凶恶，治理的汉官又多残酷贪酷，被统治者与统治者间矛盾冲突不断，数年间，当地人多次反叛杀死汉官，夺取城池，而汉朝则常常派兵平定。自置郡后二十年间，叛乱与平叛反反复复多达六次。[①]汉昭帝始元五年（前82年），罢撤儋耳郡，其下辖的5个县改由珠崖郡统辖。然而，动乱并未因此而停止，汉宣帝神爵三年（前59年），珠崖郡有三个县发动叛乱，到甘露元年（前53年），反叛地区涉及9个县，汉朝发兵平定了叛乱。汉元帝初元元年（前48年），珠崖各县多次叛乱，汉朝派兵击伐难以平定。后在贾捐之"不欲与者不强治""中国衰则先畔""愿遂弃珠厓，专用恤关东为忧"[②] 的"弃蛮夷、保中土"的政治建言下，汉元帝在审慎思虑后终究在初元三年（前46年）罢撤珠崖郡，设朱卢县，隶属合浦郡。东汉马援征交阯，抚定珠崖，光武帝于建武十九年（43）改置珠崖县，由合浦郡管辖。三国时期，海南地区归属吴国。吴黄武七年（228）孙权升珠崖县为珠官郡；赤乌五年（242）改珠官郡为珠崖郡，管辖徐闻、朱卢和珠官三县，但郡治不在海南岛上，而是在广东徐闻县，由海北遥领海南。西晋灭吴后，于太康元年（280）将珠崖郡并入合浦郡。南北朝时期，海南隶属南朝。刘宋文帝曾于元嘉八年（431）重置了珠崖郡，但很快又撤销了。所以宋、齐两朝基本是沿承西晋以来的建置，将海南地区交由合浦郡管理。梁朝梁武帝大同年间，因冼夫人的缘故，在儋耳郡故地设置了崖州，治所设在义伦县（今海南儋州市西北），自此海南地区才结束了汉元帝罢郡以来皆由海北大陆遥领的局面，有效地增强了海南岛与中原的联系。

自汉武帝立儋耳、珠崖郡以来，海南岛郡县建置几经改动，郡县的建置与罢撤、治所在海北还是海南直接关系到海南地区与中原地区关系的紧密程度。海南有郡县建置且治所在海南岛境内时，来海南的中原人更多，与当地人的各种交流自会频繁许多；而自海南去中原进献的人在让中原人领略到海南风情时，也或多或少地将中原文化习俗带归海南，所以海南文化受中原文化的影响也会更大。但需要指出的是，海南岛郡县被罢撤而遥

① （汉）班固：《汉书》卷六十四下，中华书局2007年版，第647页载："其民暴恶，自以阻绝，数犯吏禁，吏亦酷之，率数年壹反，杀吏，汉辄发兵击定之。自初为郡至昭帝始元元年，二十余年间，凡六反叛。"

② （汉）班固：《汉书》卷六十四下，中华书局2007年版，第647—649页，贾捐对汉元帝的上书，后世称《弃珠崖议》。

属海北期间，并不意味着海南与中原就中断了联系。实际上，不管海南岛内郡县建置如何变动，它都没有脱离中原王朝的统治。自汉武建置以来，一直由交阯部或交州统辖。历任交阯刺史或交州牧都是由中原派遣而来的官员，汉晋以来正史可考的交阯刺史或交州牧有石戴、罗宏、邓让、张乔、樊演、夏方、朱俊、贾琮、葛祇、周敞、朱符、张津、吕岱、戴良等三四十人。这一时期交阯地区动乱不断，并不平静，这些刺史或州牧往往需要平定各郡的"叛乱"① 才能进行有效的统治。他们在中原的统治方式和生活方式以及汉语与汉字的使用传播至整个交阯地区，对其下属的海南地区也会有一定的影响。

　　除交阯刺史潜移默化的文化影响外，汉晋时期交阯部所属的一些郡太守更直接参与了文化教习和传播活动。其中比较著名的有西汉末东汉初的九真太守任延和交阯太守锡光。西汉末年，九真郡的百姓都以渔猎为生，不晓田耕，常常缺衣少粮。建武初，任延到任后教他们铸造农具，教导农垦，百姓日益富足。骆越的百姓婚丧嫁娶不懂礼法、不晓辈分，乱伦所生孩子也没有种姓依据。任延则依汉人父子之性、夫妻之道，制定相关礼法教导越民，使其习俗日渐合乎汉礼，种姓传承制度也得以确立。为表达对任延的认可和爱戴，许多越人生子后以任为姓。② 锡光在西汉平帝时就任交阯太守，王莽时期闭境自守，东汉建国后，锡光派遣使者觐见光武帝，光武帝仍令锡光为交阯太守，赐封盐水侯。锡光在任期间，教导交阯民众农垦耕稼，学习汉朝礼仪和穿戴，其影响力与任延相当。③《后汉书》南蛮传中专门记载说："光武中兴，锡光为交阯，任延守九真，于是教其耕稼，制为冠履，初设媒娉，始知姻娶，建立学校，导之礼义。"④ 两太守甚至都已建立学校来教导礼义，致力于推广中原文化。而九真郡、交阯郡与海南岛隔海相望，同属交阯部管辖。这些郡守长期人文化成、播撒汉风

---

　　① （南朝宋）范晔：《后汉书》卷六，中华书局 2007 年版，第 77 页载："九真太守祝良、交阯刺史张乔慰诱日南叛蛮，降之，岭外平。"第 80 页载："冬十月，日南蛮夷攻烧城邑，交阯刺史夏方招诱降之。"《西汉书》卷八，第 101 页载："交阯刺史朱俊讨交阯、合浦乌浒蛮，破之。"第 102 页载："交阯屯兵……遣交阯刺史贾琮讨平之。"

　　② （南朝宋）范晔：《后汉书》卷七十六，中华书局 2007 年版，第 719 页。

　　③ 同上书，第 720 页。

　　④ 同上书，第 835 页。

的举措势必对周边郡县也有所影响。所以，中原的文化礼仪，甚至是思想理论都有可能渐渐地传播至海南地区，然而相比九真、交阯郡来说，中原文化对海南的影响毕竟是较为间接和隐性的。

对于海南地区来说，中原文化更为直接的影响，莫过于汉人移民的到来。汉晋时期，尤以汉朝官吏登岛统治的影响为最。汉武帝在海南岛设立儋耳、珠崖郡后，二郡下辖的 16 县多为当地的雒人首领掌控。汉朝对海南地区的掌控主要通过任命郡太守来实现，这些郡太守自中原远道而来，其对海南的人文化成作用是实实在在的。汉晋时期儋耳、珠崖郡建置几经更迁，为数不多的有史可考的几任郡太守有孙幸、孙豹、僮尹、聂友、陆凯。

孙幸和孙豹是父子。汉武帝时期，会稽（今浙江境内）人孙幸任珠崖太守，期间好搜刮珠崖财宝，压迫珠崖百姓。为献上求媚大肆搜刮黎民的广幅布，珠崖民众不堪其扰，最终聚众反抗并攻破珠崖郡城，杀死太守孙幸。孙幸的儿子孙豹为报仇率领汉人收复郡城，统领郡中大小事项，并进一步讨击叛乱余党。几年后，珠崖郡基本安定。孙豹派遣使者将汉武帝赐予其父亲孙幸的太守印绶归还汉朝，并陈述珠崖郡动乱前后的详细情况。汉武帝得知后下诏任命孙豹继任珠崖太守。[①]

僮尹，生卒年不详，《后汉书》无传。明朝戴璟的《嘉靖广东通志初稿》中有对僮尹的记载。僮尹是东汉时期丹阳人，因能孝顺亲长、廉能正直被推举入郎署为郎官，在京中候补职缺。汉明帝永平十七年（74），雨水充沛、树枝内附，恰逢儋耳降附来朝进贡，百官都认为这是祥瑞显应，汇集朝堂称殇上寿。这些上朝的官员中便有一位刚承袭完父亲武始侯封号归朝觐见的张奋，而僮尹正是在张奋的引见下，得以在便殿答对汉明帝。也正是这次交谈中，汉明帝发现僮尹很有才华，所以任命僮尹为儋耳太守。永平十八年（75），僮尹治理儋耳不久，便被提升为交阯刺史。这其中有个问题，东汉明帝时期，海南岛还处于两郡被罢的状态，没有郡的建置，何来太守一说？或者说任命僮尹为儋耳太守是恰逢儋耳归附所采取的应时的特殊举措，所以僮尹才很快又被任命为交阯刺史？因正史无记载，只能再做考订。僮尹对于海南有无影响倒不在于他是否担任过儋耳太

---

① （南朝宋）范晔：《后汉书》卷八十六，中华书局 2007 年版，第 835 页。

守，他对海南最大的影响在于他任交阯刺史时，除了诫敕官员不要贪吝残暴，要处理好与当地人的关系外，还劝导当地的黎族百姓改变文面的习俗。这是以中原的文化习俗改变黎族民俗的最鲜明的记载。当代有部分学者以当今海南黎族还有文面习俗来说明僮尹的劝谕收效甚微。笔者以为，这样的认定是不够中肯的。僮尹放弃文面的劝谕只是针对珠崖境内已归属其管辖的黎族人民，当时其实还有很多偏远黎峒的黎人是没有主动归属汉朝统治的。所以才有僮尹"劝谕其民毋镂面颊，以自别于峒俚"之说。对于这些归属僮尹的黎人，僮尹让其放弃文面的劝谕还是很有效果的，所谓"雕题之俗自是日变"即是对其效果的最好表征。而汉章帝建初年间，僮尹因"能匡俗信民"被厚加赏赐，迁为武陵太守更是官方对僮尹能够改化黎族民俗、传播中原文化的直接认定。①

聂友、陆凯均为三国时期吴国人。赤乌五年（242）七月，孙权派遣将军聂友、校尉陆凯领兵三万讨伐珠崖、儋耳。

聂友（200—253），字文悌，豫章（今江西省）人。聂友颇有口才，早年曾担任县吏。虞翻被贬往交州，临行时县令曾派聂友去送他。虞翻在与聂友的一番交谈中惊奇地发现他是个很有才干的人，于是向当时的豫章太守谢斐推荐聂友为功曹。谢太守为此罢撤了原来的功曹转而任用了聂友。而后聂友出使都城时，又与掌领大权的诸葛恪交好。诸葛恪将其与当时很有名气的顾子嘿、顾子直相提并论，使得聂友逐渐被世人所知晓。此时，正值孙权任吴国君主，孙权很想出兵珠崖，他曾咨询过他的大军师全琮，全琮却认为珠崖荒远异域、毒瘴弥漫，不值得花费兵力去平定，得不偿失。但孙权并没有听取意见，用兵珠崖的想法一直没有放弃过。后来在诸葛恪的推荐下，孙权于赤乌五年（242）夏，任命聂友为珠崖太守，加封将军，与陆凯一起领兵三万攻打儋耳、珠崖。这次攻打海南岛获胜后，孙权令聂友先留在珠崖治理一段时间，聂友考虑到军队在海南岛上待久了，怕染上暑疫，就只留下少部分军队自卫，其他的就都派遣回都城了。孙权对此感到非常高兴，继而任命聂友为丹杨（今安徽境内）太守。和聂友交好的诸葛恪晚年权势大涨，不顾众人非议硬要出兵伐魏，用兵过程中又刚愎自用，终落得惨败收场。归国后又因权力争斗，被孙亮、孙峻设

---

① （明）戴璟：《嘉靖广东通志初稿·琼州府》，海南出版社 2006 年版，第 412 页。

计杀害。诸葛恪死后，生前与其交好的聂友自然是被牵连的对象，受到了孙峻等人的排挤。他们试图将聂友发配到郁林做太守，聂友终在惴惴不安的忧虑中得病身亡。

陆凯（198—269），字敬风，吴郡吴县（今江苏苏州）人，丞相陆逊的侄子。黄武初曾担任永兴和诸暨长，因政绩有嘉，被迁升为建武都尉。虽然都尉是统领军队的武官，但陆凯在任时，却不仅仅是训练、统帅军队，且常常手不释书，尤其喜爱研究扬雄的《太玄》，并常常按照《太玄》的占筮体系来推演和预测。赤乌五年（242）年夏，孙权任命陆凯为儋耳太守，与将军聂友一起攻打珠崖、儋耳。因杀敌众多，加之斩获原儋耳太守有功升任建武校尉。陆凯自从此次出征海南崭露头角后，一路升迁。五凤二年（255），征讨零陵获胜，升拜巴丘督、偏将军，封都乡侯。不久，先后担任武昌右部督、荡魏将军、绥远将军。孙休在位时，被拜为北将军，领豫州牧。孙皓在位时，陆凯被任命为镇西大将军，封嘉兴侯，都督巴丘，领荆州牧。宝鼎元年（266），升任左丞相，到达了其官场生涯的顶峰。陆凯可谓吴国末代的重臣，吴国末主孙皓沉迷酒色、昏庸暴虐，罔顾江山社稷，先后杀死了扶持自己的大臣以及前国主孙休的王后和儿子。许多大臣都在强势压迫下噤若寒蝉，唯有陆凯仍敢于直谏，多次上书劝谏，但效果不大，而且也使得孙皓怀怨在心。陆凯在世时，因其重臣地位，又将兵疆场，所以孙皓未能对其加以惩罚。但陆凯死后，家族势力衰退，孙皓逮着报复时机，将陆凯举家放逐到建安（今福建境内）。

比起路博德平南越、马援征交阯只是兼及海南来说，聂友、陆凯征讨儋耳、珠崖则是直接将目标定位在海南，他们不仅实实在在地踏上了海南这片土地，而且还分别作为珠崖和儋耳太守治理海南，在海南待了很长一段时间。孙权比较重视对海南地区的管辖，在聂友、陆凯出征前，孙权就曾多次向他的军师、大臣们表明和咨询过征讨珠崖的意见。而聂友、陆凯出征前就已经被分别任命为珠崖、儋耳太守，也充分地彰显出孙权平定海南的宏伟意图。正是这次征讨后，珠崖郡才得以复立。聂友、陆凯不负孙权平定海南的厚望，大大地加强了海南地区与中原的联系，得胜后又治理珠崖、儋耳有方，受到了孙权的褒奖。此外，聂友、陆凯二人不仅武功赫赫，文采也是斐然。能被象数易学大家虞翻相中并举荐，说明聂友必定才气非凡。而陆凯也是手不释书，精通《太玄》，著有《太玄经注》多卷，此外还有多篇谏文被严可均收录于《全三国文》中，多成了传世名篇。这样两个文采斐然、酷爱典书的太守在治理海南期间难道仅仅只是军事整顿和经济推动？这很难令人相信。想必他们在任期间必然会或多或少地传播中原的文化。即使没有直接传播，他们尊崇中原文化的精神也会在一定程度上影响到当地人。

在加强中原与海南的交流方面，除了在海南地区任职的官吏有所作为外，还零零星星有一些其他的人也发挥过作用。如汉宣帝甘露二年（前52年）春，珠崖郡动乱，汉宣帝曾派遣护军都尉张禄率兵平定。[①] 汉献帝建安时期，著有《释名》和《孟子注》的著名的经学家、训诂学家刘熙曾经为躲避战乱来到交州，在交州（海南岛属其管辖）地区教学授徒，传播儒家文化。虽然刘熙没到过海南岛，但他的学生薛琮却曾亲自踏足珠崖。薛琮年少时便逃难到了交州，跟从刘熙学习。在交州归属吴国后，薛琮便臣属于孙权，先后担任合浦、交阯太守，又曾与吕岱一起远征九真。关于薛琮与海南的关联主要见于《三国志·薛琮传》的一段记载："自臣昔客始至之时，珠崖除州县嫁娶，皆须八月引户，人民集会之时，男女自相可适，乃为夫妻，父母不能止"，"珠崖之废，起于长吏睹其好发，髡取为髲"[②]，可见薛琮不仅到过珠崖，而且对珠崖地区的民风民俗，珠崖郡政治统治存在的问题都有深入的了解和深刻的认识。由此薛琮曾向孙权陈述自己对交州各郡的了解，同时提出了一些治理的建议，比如一定要慎重任命郡守等。在加深中原与海南相互的了解和交流上，薛琮的作用是显而易见的。同时，薛琮的文辞和思想造诣也是很高的，在以述为作、惜字如金的古代，薛琮却撰写了好几万字的诗赋论辩，即《私载》，还刊定了《五宗圆述》和《二京解》。而从薛琮对孙权的上疏中可以发现薛琮任职于交州期间，对交州地区各郡的风俗都比较了解，同时也比较关心当地的礼义教育。那么这样一位文采卓越又关心礼化教育的薛琮在任合浦郡守管辖珠崖期间，自会对珠崖地区政治、文化的改善产生一定的影响。除此之外，王莽辅政时，多"徙中国罪人，使杂居其间"[③]，从而使得椎髻光脚、

---

① （汉）班固：《汉书》卷八，中华书局 2007 年版，第 67 页载："夏四月，遣护军都尉禄将兵击珠崖。"

② （西晋）陈寿撰，（南朝宋）裴松之注：《三国志》卷五十三，中华书局 2006 年版，第742 页。

③ （南朝宋）范晔：《后汉书》卷八十六，中华书局 2007 年版，第 835 页。

祖胸露肩、言语各异、无男女之别、无长幼之序的当地人稍知言语、粗晓诗书、略守礼仪。当代研究海南贬官文化的学者常常以唐宋时期为始，认为那才是海南贬官文化的开始。其实将罪人流放到南方毒瘴之地早在秦朝就已经有了，只是那时多以为荆楚地区就已经很偏远了。后来被贬官员流放地逐步往南移，王莽时期多被贬谪到交阯（或称岭南地区）。唐宋时期，来琼的贬官已经是数目众多了，而这也必定不是一朝一夕间的事，这样的燎原之势形成之前必定有星星之火的传递。而所谓王莽辅政时期多迁罪人杂居其间，就可略见踪影。

汉魏两晋南北朝时期，与海南地区有间接关联的交阯刺史和其他各郡郡守尤其是任延、锡光，与海南地区有直接关联的儋耳、珠崖郡守孙幸、孙豹、僮尹、聂友、陆凯等人都对海南地区政治文化的发展，对加强中原与海南的联系和交流发挥了一定的作用。而虞翻、刘熙这样的大经学家、思想家南迁交阯、教学授徒更是直接促进了整个交阯地区中原文化的传播和发展。张禄、薛琮等人踏足珠崖，名姓不考的兵士、商人自中原远道来琼以及众多中原罪人杂居其间也在一定程度上促进了汉黎融合，改化了海南地区的民风民俗，促进了中原礼义文化的传播。

第三节　锦伞平积乱

冼夫人（512—602），高凉郡（今广东境内）俚人，生于梁朝初年，历经梁、陈、隋三朝。《隋书》有传。[①] 因旧时男主女从思想的影响，对女子的记载多只记其姓，不载其名。卓越如冼夫人者也未能免俗，故而正史可考的也只见其姓不见其名，但世间有传言说冼夫人姓冼名英，幼名百合，世称冼（太）夫人[②]、石龙太夫人、宋康郡夫人、谯国夫人、诚敬夫人、清福夫人、显应夫人、圣母、婆祖等。冼夫人家族世代为南越地区跨据山洞、部落十多万家的少数民族首领，所以冼夫人自幼蒙受军事熏陶、见多识广，

---

① （唐）魏徵等：《隋书》卷八十，中华书局 2008 年版，第 1800—1803 页。《北史》等史籍多依引其说。

② 严格来说，应称冼太夫人。因为冼夫人儿媳也姓冼，且在当时也略有作为、小有名气，所以时人多称其儿媳为冼夫人，称谯国夫人为冼太夫人。但现今一般提及冼夫人多就冯宝之妻谯国夫人冼英而言，本书沿用一般称谓，以冼夫人特指冼英。

幼年时便已显现出贤明多谋的特质。出嫁前,身为少女的冼夫人已善于行
军用师,能率领部众安定诸越。而且冼夫人仁德爱民,常劝诫其任南梁州
刺史的兄长冼挺不可欺凌百姓,并劝化越人改掉斗恶逞凶的习惯和平相处。
在其统治范围内,百姓寡怨少斗,多能安居乐业。当时,冼夫人良政的影
响就已经波及海南地区,以致岛上一千多洞民众纷纷归附于冼氏。①

　　梁武帝大同元年(535),冼夫人嫁给冯融的儿子冯宝为妻,实现了
汉裔冯氏与少数民族冼氏两大家族、汉族高级官员和南越少数民族首领的
政治联姻。时任罗州刺史的冯融是北燕王冯弘的后裔,在北燕遭受灭国祸
乱时,冯弘的儿子冯业带领三百多人浮海南下投奔刘宋,定居新会(今
广东境内),由此开始了冯氏家族在广东的统治,自冯业至冯融,三代皆
为守牧。然而冯氏家族毕竟是远自中原而来的汉族,在越地根基不深,越
人并不服管,其颁布的号令很难施行开来。由此,颇具慧识远见的冯融将
目光锁定于越人首领冼氏大族,选择才德兼备的冼夫人为儿媳,促成了冯
冼的这段政治联姻。而冼夫人嫁入冯家后,既能竭力地规劝本族人民循规
守礼,又能协助其夫冯宝断决刑讼、治理一方。可以说,冯冼的这段政治
联姻完全得到了预期的效果,促成了汉越的融合和境内的安定。冯融、冯
宝父子俩也多借机教化越人。尤其是冯宝,自幼深受中原儒家文化滋养和
熏陶,弱冠之年便已考取功名,担任梁朝的高凉郡太守。与冼夫人成婚
后,在生产生活上,冯宝常为越人兴修水利,教民牛耕,引进铁器农具替
代刀耕火种,极大地推进了所辖越地的生产技术变革。文化上,相传冯宝
曾在高凉郡开办学馆,亲自开坛讲学,向汉越两族人民传授中原先进的文
化理念,所以民间盛传着“冯公指令读书诗”的歌谣;冯宝在传播中原
先进文化理念的同时,也有意识地祛除越人文化中浓厚的巫术占卜迷信的
因子,通过知识和经验的传授开启了对越人文化的祛魅。由于冯宝治地高
凉郡主要在今广东省境内,所以冯宝在经济、政治、文化上的贡献对广东
影响最大。但同时这种影响力也波及了周边的省份,包括海南。相传海南
保亭名字的由来即与冯宝有一定关联,“冯公指令读书诗”歌谣的流传也
主要是在今海南五指山腹地的琼中县。传言虽不具正史的确证力,无法说

---

① (唐)魏徵等:《隋书》卷八十,中华书局 2008 年版,第 1801 页载:“由是怨隙止息,海
南、儋耳归附者千余洞。”

明冯宝在海南曾有所作为，但至少可以说明，冯宝对海南地区产生过一定的影响。而且海南人民多称冯宝为冯公宝以示亲切和感激之情，而修祠庙祭祀冯公则更彰显出了海南人民对冯宝的崇敬和爱戴。

冼夫人出嫁前虽已志行得闻于众，但真正令其扬名万里、永垂青史的主要还是其婚后平定几次叛乱、忠心中央政权的功绩。

梁武帝太清二年（548），侯景继先后背叛东、西魏后，勾结梁武帝萧衍的侄子梁正德又一次谋反叛乱，兵击南梁都城建康（今南京）。太清三年（549），攻破建康，困死梁武帝。侯景拥兵掌权，几易国主，直至自立为王。天正二年（552），侯景兵败出逃，被部下杀死。在这场叛乱的平定中，冼夫人得以崭露头角。侯景叛梁时，广州都督萧勃欲征兵平叛，召李迁仕领兵援助。然而身为高州刺史的李迁仕却称病拥兵不前，屯守于大皋口意图谋反，响应侯景；同时欲以平叛的名义骗召下属的高凉郡守冯宝协同谋反。冯宝不知其中深意，本想奉上司命令前往，幸得冼夫人慧知卓见，看破奸计，才没有被迫以质。静观形势几天后，李迁仕果然谋反了，便派遣猛将杜平虏进兵灩石。经冯宝告知后，冼夫人分析敌我之势，为避免大战涂炭，于是设计诈降。冯宝先寄出书信称降，再由冼夫人率领一千多人挑着贡品杂物伪装进城。待李迁仕信以为真、放松警惕，冼夫人却突然发动袭击。李迁仕猝不及防，大败溃逃，撤往宁都。冼夫人在这场叛乱中展现了自己的勇气和谋略，文能决策、武能斩将，从此，她在高凉地区的威望更高了。也正是在此次平叛中，冼夫人结识了未来陈国的国主、当时梁国的都督长城侯陈霸先。双方会师于灩石，共同击溃李迁仕残部。此次会面后，极具先知卓见的冼夫人慧眼识得陈霸先是可敬可畏之人，多得民心，将来必成大业。因此告诫其夫冯宝多多辅助之。① 这为陈朝建国后，冼夫人顺利归附陈主，为共同推进岭南地区的安定奠定了很好、很深厚的基础。

南陈建国后，冼夫人的多番作为进一步加深了陈霸先对其的认可与赏识，冼夫人也因此屡受赏赐和加封。陈朝建国初，冯宝去世，岭南一带相互争权夺利、战乱不断，冼夫人以仁德安抚各部落，数州得以安

---

① （唐）魏徵等：《隋书》卷八十，中华书局2008年版，第1801页载："还谓宝曰：'陈都督大可畏，极得众心。我观此人必能平贼，君宜厚资之。'"

定。陈永定二年（558），冼夫人派遣其年仅九岁的儿子冯仆觐见丹阳、朝拜陈主，陈霸先破例任命刚过始龀之年的冯仆为阳春郡太守，实权由冼夫人掌控。后遇广州刺史欧阳纥谋反，挟持冯仆诱逼冼夫人。冼夫人大义凛然，忍痛暂弃母子私情，毅然发兵进攻，内外夹击，逼得欧阳纥溃逃。由此，冼夫人被陈霸先封为中郎将、石龙太夫人，并按刺史的规格赏赐车乘、旌旗、节符仪仗等。她的儿子冯仆也依托其母亲的功劳，加之自身未同流参与叛乱，而被封为信都侯、中郎将，转任石龙太守。冯仆治理石龙郡期间政绩可嘉，多得百姓信任。然而好景不长，冯仆于陈叔宝至德二年（584）逝世，享年35岁。冼夫人的后代多得冼夫人的荫佑而封官加爵，冯仆也是如此。即便是冯仆死后，他也因冼夫人归顺隋朝、剿平诸乱、安定各州的功绩而被隋文帝杨坚追封为崖州总管、平原郡公。由此这个实际上可能并未踏足过海南的冯仆，却在名义上与海南有了密切的关联。

陈朝灭亡时，岭南地区再一次无所归附和依托，众多郡县的首领都自觉奉冼夫人为首，称冼夫人为圣母（娘娘），在冼夫人的统治下，岭南地区得以安定团结。隋朝取代陈朝之初，陈朝许多将士拒绝归顺。开皇九年（589），隋文帝杨坚派江州总管韦洸安抚岭南时，遇到陈朝旧将豫章太守徐璒坚守南康不肯依附。韦洸在岭下徘徊不前之际，晋王杨广将陈主写给冼夫人的信、陈朝兵符以及此前冼夫人进贡给陈主的扶南犀杖等一并交由冼夫人验证查看，告知陈朝灭亡的事实，以规劝冼夫人带领众人归顺隋朝。冼夫人见到信物，确知陈朝已亡，带领数千将士痛哭哀悼，以尽忠臣之责。随后遵循陈主遗意，归顺隋朝。冼夫人派遣她的孙子冯魂迎接韦洸，击斩徐璒，入驻广州，岭南地区大体安定下来。由此，冼夫人被隋文帝册封为宋康郡夫人，其孙冯魂则为仪同三司。然而冯魂却命不长久，在后来的王仲宣叛乱中惨遭杀害。

开皇十年（590），番禺地区的民族首领王仲宣发动叛变，将韦洸围困在广州城里，并进兵屯驻衡岭（今衡山）。在这一次平乱中，冼夫人忠诚正直、大义无畏、纵马疆场的巾帼气概展现得淋漓尽致。冼夫人的孙子冯暄因素与敌军首领陈佛智交好，在平乱过程中故意拖延不作为。冼夫人得知后大怒，暂弃婆孙情义，将冯暄关押入狱。后遂派遣其孙冯盎讨杀陈佛智，进军南海，大败王仲宣。此外，冼夫人还亲自披甲上阵，乘着骏

马，张着锦伞，带领持着弓弩的骑兵巡视抚定各州①，苍梧郡首领陈坦、
冈州的冯岑翁、梁化的邓马头、藤州的李光略、罗州的庞靖等纷纷来参
拜、归附冼夫人。冼夫人令其各领其地，各务原职，岭南地区又一次恢复
安定。冼夫人这次迅速平定动乱令隋文帝杨坚极为欣赏。杨坚不仅赦免了
冼夫人的孙子冯暄不积极抗敌的罪过，还册封其为罗州刺史，同时封冼夫
人的孙子冯盎为高州刺史，并以冼夫人先前所辖宋康郡延授予冼夫人儿子
冯仆的遗孀冼氏。

　　冼夫人的众孙子中，冯盎是一个英勇善战、卓越有成的人物，《旧唐
书·冯盎传》中有相关记载。他在这次平定王仲宣叛乱中勇擒贼首、崭
露头角，颇有将帅之风。之后平定广州地区叛乱，深得隋文帝及其左仆射
杨素的赏识。在隋末唐初之际，冯盎逐渐成为南越地区的大首领，管辖二
十余州，领地数千里（其中就包括整个海南地区），其规模已超越秦汉时
期赵佗所建的南越国。冯盎手握重兵，却没有拥兵自重、自立为王，仍能
忠诚归顺中央王朝，颇具冼夫人忠国不渝之遗风。② 冯盎归顺唐朝后，唐
高祖李渊对其还算器重，命其为上柱国、高州总管，封越国公。原所辖领
地被规范为高、春、罗、白、林、儋、崖、振八州，仍由冯盎管理，其中
儋、崖、振三州在海南岛。唐朝海南地区的行政建置多有变动，至唐武宗
时五州的稳定格局基本形成，除增设了琼州和万安州外，就是保存了儋、
崖、振三州。所以说，在隋末唐初之际，海南地区的实际统治者是冯盎。
如果说冼夫人的儿子冯仆是在死后被追封为崖州总管，与海南只在名义上
有所关联，那么冯仆的儿子冯盎却是在世时就实实在在地统治着海南。这
就意味着冯盎对海南地区能产生更大、更直接的影响。而冯盎领兵进驻并
久居海南，则进一步加深了中原大陆与海南岛的政治、经济、思想文化交
流。实际上，自冯盎进驻海南、冯智戴被唐太宗放归迁琼起，在唐朝强势

---

① （唐）魏徵等：《隋书》卷八十，中华书局2008年版，第1802页载："夫人亲披甲，乘
介马，张锦伞，领彀骑，卫诏使裴矩巡抚诸州。"

② （后晋）刘昫等：《旧唐书》卷一百〇九，汉语大词典出版社2004年版，第2723页载：
"或有说盎曰：'自隋季崩离，海内骚动。今唐虽应运，而风教未浃，南越一隅，未有所定。公
克平五岭二十余州，岂与赵佗九郡相比？今请上南越王之号。'盎曰：'吾居南越，于兹五代，
本州牧伯，唯我一门，子女玉帛，吾之有也。人生富贵，如我殆难，常恐弗克负荷，以坠先业。
本州衣锦便足，余复何求？越王之号，非所闻也。'"

国力的压迫下，冯冼家族的势力逐渐衰退，向海南地区缩拢。这对于冯冼家族来说，可能是不幸，然而对于海南地区来说，却是一大幸事。这就意味着相对还比较落后的海南能受到冯冼家族更直接的治理和影响。就冯智戴来说，他是冯盎的长子，也就是冼夫人的曾孙。虽然他的父亲冯盎被海南冯氏推为渡琼始祖，但冯智戴才是冯氏家族中真正长期定居海南的第一人。冯智戴在贞观元年（627）被他的父亲冯盎送入朝中随侍唐太宗。虽然在实质上相当于在朝中为质，却没有受到苛刻的对待。反而因其不凡的才能而多得太宗嘉赏。相比冯盎而言，冯智戴久居长安、随侍君主，深受中原儒释道文化熏陶，不仅长于军事用兵，还善于吟诗作对，精通占卜之道。他被唐太宗放归海南后，初居澄迈，在中原文化和海南文化的交流传播中发挥着一定的作用。所以在南北朝和隋唐时期，冯冼家族对海南地区的影响是巨大的，其族群成为海南历史上一重要的移民群体。虽然后期在武则天的镇压下，冯氏家族逐渐衰落甚至灭亡，但其初期的影响却是不可磨灭的，尤其是其源头冼夫人。正是在冼夫人的庇荫和影响下，冯冼家族势力才得以漫及和深入影响海南。

需要提及的是，在平定王仲宣叛乱中，隋文帝给予的最大封赏就是册封冼夫人为谯国夫人，追封冼夫人丈夫冯宝为广州总管、谯国公，并首开谯国夫人幕府，冼夫人有权任命和管辖其辖境内长吏以下的官员，赐发印章，六州的兵马也都随时听候冼夫人发落。由此，整个岭南地区的实权都掌握在冼夫人手中，冼夫人能如将军一般开置幕府，拥有相当于南越藩国国王的实权，可谓中国历史上妇女中的第一人。在隋文帝赐封冼、冯家族官衔之余，隋文帝的皇后还特赐冼夫人首饰及宴服等珠宝锦缎。冼夫人也是感恩戴德，将其所事梁、陈、隋三代国主所赏赐的物品分库收藏，每逢过年节庆时，陈列于大庭中，展示给她的子孙们，以教导他们要有忠孝报国之心。

后来番州（今广州）总管赵讷贪吝暴虐，常利用职权、谋取私利，辖境内俚人多有不服，或是激烈反抗，或是被迫逃亡。冼夫人知道这一情况后，派遣长史张融禀奏隋文帝，陈明赵讷罪状，提出安抚俚人的意见。文帝派人前去查证，确知赵讷贪污而将其绳之以法。随后，派遣冼夫人招慰安抚俚人。冼夫人带着诏书，亲自巡视南越十余州，彰明圣上仁德，宣述安抚旨意。虽无直接材料证明，但可以推测出，正是在这次大规模巡视中，冼夫人带着她的军队登陆了海南岛。当时海南岛属于隋王朝的统治区域，冼夫人既然亲自巡历各州、策马宣旨，就不可能独独落下海南。此外因冼夫人所到之地，俚人骆民无不心悦诚服，纷纷归降，文帝深感惊奇和喜悦，而赐予冼夫人临振县汤沐邑，一千五百户。在封建男权社会中，将如此大的一个食俸私邑赐封给一个非皇室贵族血统的妇人，足可见冼夫人的不一般。而临振县位于海南岛的南部，即今三亚地区。说忠诚爱国、感恩戴德的冼夫人获得这样的一个封邑而不前往查看、治理，这是很难令人相信的。所以，那些认为冼夫人没有真正踏足海南岛的说法是难以被认可的。实际上，冼夫人正是以此为基地，开府设帐，其后世子孙也多依托于此开拓和治理海南。

隋文帝仁寿二年（602），冼夫人以 91 岁高龄去世，谥号诚敬夫人。

冼夫人虽侍三朝，但一心为国。其手握大权、辖境广博，足以称雄割据一方，却毫无自立之心，仍能忠诚于国家统一、致力于汉俚团结。在动荡不安的南北朝时期，冼夫人平定各处叛乱、保境安民的举措起到了很好的凝聚作用，使得南越地区能够偏安一隅，不致硝烟弥漫、生灵涂炭。所以南越地区的人民对冼夫人是很感激和爱戴的。冼夫人逝世后，人们纷纷筑起冼夫人庙、圣母庙等来供奉祭祀她以表感恩。海南地区的人也都把冼夫人当作民族英雄甚至圣母神仙来对待。除了修庙祭祀外，民间还常常定期举办与冼夫人有关的民俗纪念活动，如请婆祖闹军坡等。冼夫人真可谓巾帼不让须眉，堪称后世楷模，她除了受到民间的感恩爱戴以外，还不乏军旅健将、文人雅士的推崇。苏东坡被贬海南，瞻仰儋州冼夫人庙时曾赋诗一首，以表对冼夫人的崇敬和追思。其诗《和陶拟古诗九首》之五如此写道：

冯冼古烈妇，翁媪国于兹。
策勋梁武后，开府隋文时。
三世更险易，一心无磷缁。
锦伞平积乱，犀渠破余疑。
庙貌空复存，碑版漫无辞。
我欲作铭志，慰此父老思。
遗民不可问，偻句莫予欺。

　　㸑牲菌鸡卜，我当一访之。

　　铜鼓壶卢笙，歌此送迎诗。①

　　这首诗简明扼要地总结了冼夫人主要的生平活动及性格特点。冼夫人崭露于梁朝，盛极于隋朝。历经梁、陈、隋三朝，却只一心为国。纵马张伞平定积乱，仁德服众保境安民；巾帼英范世代效法，赤诚丹心青史留存。

　　历史上对冼夫人表示追思和赞誉的很多，苏东坡的这首诗比较著名，如今很多冼夫人庙或娘娘庙中都会有所刻录。除此之外，近代以来，周恩来、吴晗、江泽民等都高度赞扬过冼夫人。冼玉清教授在其《民族英雄冼夫人》一文中评价道："冼夫人是妇女为国立德立功之第一人；妇女开幕府建牙悬肘之第一人；妇女任使者宣谕国家德意之第一人；妇女享万民祭祀之第一人"②，道出了冼夫人为世人所推重爱戴的真谛。

　　而冼夫人深受海南人民爱戴，至少有以下三个方面的原因。

　　首先，冼夫人平定了海南地区的叛乱，致力于维护汉俚民族团结。冼夫人作为俚族首领，她与汉官冯宝的政治联姻有效地化解了汉俚间的矛盾，促进了民族融合。而冼夫人不论政权更迭，"招抚亡叛俚獠"，忠心归顺中央汉人政权的举措进一步稳定了汉俚关系，促进了中原与海南地区的交流与融合。冼夫人此举使得海南人民即使在战火纷飞时期，仍能过上相对安定的生活。安居乐业对于百姓来说是天大的幸事，凡是能提供此保障的人都会深受百姓爱戴。

　　其次，冼夫人英勇睿智、仁政爱民，其巾帼英范、仁德操守很值得后人效法。而且不仅冼夫人个人如此，她的丈夫冯宝和在她教导、带领下的冯氏后人如冯盎、冯智戴等也都英勇卓越、忠国仁民，多为时人所爱戴。可以说，冼夫人对海南人民产生的巨大影响不仅仅是冼夫人个人的，还包括整个冯冼家族。在百姓的这种爱戴中，冼夫人的个人魅力和家族魅力已融合于一体。

_____

　　① （宋）苏轼著，（清）冯应榴辑注：《苏轼诗集合注》，上海古籍出版社 2001 年版，第2159—2161 页。

　　② 冼玉清：《民族英雄冼夫人》，《岭南周报》1938 年 3 月 7 日。

最后，冼夫人尚未出嫁时，儋耳千余洞俚人就已慕名归附于她。而她在政治上对海南的最大贡献莫过于在她出嫁不久后，与丈夫冯宝一起奏请隋文帝批准在儋耳旧址上设置崖州。这一举措在海南历史上是极具意义的，它使得行政建置几经更迭而最终只能被合浦遥领、几至被中央王朝忽略的海南地区再度回归到中央政权的直属统治之内，从而结束了汉元帝罢郡六百多年来，海南无郡州建置、不直接归属中央的历史。自此以后，海南地区的郡县设置虽有增减调动，但不论如何变更，都基本保持着和中央政权的直接关联。所以，冼夫人请置崖州的举措有效地维护了封建王朝的中央集权制度，促进了中原大陆与海南地区的统一和交流。之后冼夫人被赐予的临振县汤沐邑也纳入了崖州的管辖之内，冼夫人在此开府设帐，有效地实现了对海南地区的治理和发展。其冯氏后人也多以此为基地，管理海南地区。他们来到海南虽是驻军为政，但即是治理一方，必定是从政治、经济、文化到社会都要有所管理。他们将中原地区先进的农耕技术传播于此。而受过中原儒释道文化熏陶的冯氏后人如冯智戴也无形中在传播着中原的思想文化和习俗。所以说，以冼夫人为代表的冯冼家族的管理拉近了海南地区与中原大陆的距离，也促进了汉俚民族文化的融合。但需要说明的是，相比宋明以贬官为载体的中原文化对海南文化的直接影响，这一时期中原文化在海南的传播是间接的、细微的、隐性的。

第三章　自发阶段

——琼学的积淀

第一节　贬谪文化的肇始

贬谪，古来有之，历来就是一种惩罚罪臣的手段。如我们所熟知的伟大爱国诗人屈原就是战国时期被贬的代表，他被贬往了"潮气丛生"的湖湘地区；写了《过秦论》的贾谊同样也是贬官中的一员，也被西汉政府贬到了湖湘。当然，贬谪并不一定都得贬往南方，秦汉时还有一部分官员就被贬往西北边疆。而隋唐五代官员基本都被贬往南方，那时候所谓的南方可不是现在经济富庶、文化发达的江南一带，而是些未开发的南荒地域，如岭南、广西、湖南等地；而远谪海南，在唐代则是最严厉的惩罚了。唐代以前的贬官有些本身就是南方人，所以对南方贬地的适应性可能要强些，而唐代贬官几乎都是北官南贬，故他们承受着更多的环境不适应及文化差异的痛苦。

海南岛自古被历代政府和知识分子视为"化外之地"。之所以会出现这种情况，主要就是因为海南岛偏远的地理位置，它离传统的中原政治、文化中心太遥远了；加之琼州海峡这道天堑的阻隔，使得海南岛与广大中原地区长期缺乏交流，从而造成了岛上经济文化的严重落后，使得官员、知识分子无不视之为畏土。正是这种交通上的不便严重阻碍了中原先进文化和生产力的传入，导致海南在文化、社会、经济等各个方面都要落后于大陆，一直到了唐代这种局面才有所改变。现存史志记载也表明，"海南文化肇兴于唐，发展于宋，到明代出现了人文昌盛的局面"①。从唐代开

---

① 刘丽：《唐代贬官与海南文化》，《咸阳师范学院学报》2010 年第 5 期。

始，海南因为其特殊的地理位置成为了一个重要的流放地，大批的官员被朝廷从内陆各地流贬到海南，这些流贬官员的到来，客观上促进了海南教育文化事业的发展。

唐代的海南，文教事业还颇为落后，当地居民少有知晓礼教者，读书人则更是稀少。据《唐摭言》载："金汝、盐丰、福建、黔府、桂府、岭南、安南、岂容等道，所送进士不得过七人，明经不得过十人。"① 可见，在当时的科举考试中，岭南地区能考取进士的人是相当少的，岭南尚且如此，那更为落后的海南就更不用说了。

据《正德琼台志》转宋代无名氏记曰："琼自古在荒服之表，历汉及唐，至宣宗（847—859 年）朝，文化始洽。"② 明代海南大儒钟芳也说："自唐以前学校之政未立，造士之方多阙。"③在唐代，国家设置的中央官学及州郡学校是由官府创办的，受到种种条件及人数的限制，并非人人皆可就学，所以私人开办学馆、招收门徒在中原亦十分兴盛，随着中原士人大批流贬海南，中原的私学教育亦随之传播到此。唐代海南谪宦中不乏饱学之士，他们中不少人在居地亲自聚徒授业，而且授学途径灵活多样，如交游授学、指导登门求教者等，为当地教育的发展做出了很大贡献，培养出了不少儒学人才。所以说，中原文化通过私学在海南得以传播，正是从唐代贬谪士人开始的。

唐代是个文教昌盛的朝代。唐高祖下令在全国各地设官学，同时鼓励民间私人办学。在这种大背景下，贬谪官员作为朝廷曾经的重臣，本身具有一定的育人的责任感与使命感；同时官员又是文化人，文化是他们的安身立命之本。所以，他们一方面响应朝廷的号召，兴教办学；另一方面，作为流放的罪官，从庙堂流落到江湖，由于在政治上失去了话语权，他们便把文化的传播与传承作为一项立功的事业来做，以实现自己兼济天下的人生抱负。于是，他们当中的大部分迅速转换角色，把自己定位为文化的传播者与传道者，积极投身到当地的文化教育中去，客观上使中原文化尤其是儒家文化在海南得到了广泛的传播。

---

① （五代）王定保：《唐摭言》，上海古籍出版社 1978 年版，第 2 页。

② 转引自杨德春《古代海南岛的科举和教育概况考略》，《海南大学学报》（社会科学版）1984 年第 2 期。

③ （明）钟芳：《钟筠溪集》卷八，海南出版社 2003 年版，第 151 页。

总之，这些贬官名士们在来到海南后很快便成为了播撒中原文化的先驱，正是因为在政治上的失意，他们将更多的精力放在了兴办教育上，为海南日后文化的兴盛，奠定了坚实的基础。

杨纶——史载的第一个被贬往海南的官员

杨纶，字斌籀，隋宗室。根据史书的记载，杨纶天性宽宏仁厚，姿容伟丽，而且深通音律。被高祖封为邵国公，邑八千户，官拜邵州刺史，任上处事公道，深受当地百姓的拥戴，声誉日隆。最终因隋炀帝的猜忌，被贬谪到始安（今桂林）。公元 611 年，贬谪始安的杨纶不甘困于这样一个小城，遂想请命随隋炀帝远征辽东以立军功，结果招致炀帝的不满，请命未成反而被加重处罚，被流放到了珠崖。

杨纶之所以会被贬，司马光认为是因为隋炀帝恩薄，多所猜忌。而更深层次的原因，则要从他的父亲讲起。杨纶乃是隋滕穆王杨瓒之子。杨瓒是隋文帝杨坚的同母弟，两兄弟的父亲则是当时北周的大臣杨忠。杨忠是以军功起家的，最后不仅被封为竟陵郡公，更是娶了当时的顺阳公主（武帝宇文邕之妹）为妻，可谓是甚为得宠，随后更是一路高升至侍中。因此杨瓒可以说是出身显贵，再加上他那英俊的外貌、不俗的文学才华，所以很受当时帝都女孩们的喜爱，最终为皇族看中再次联姻。史书记载，杨瓒深受武帝的喜爱和信任，每次外出征战时，都把帝都的安全全部托付于他。武帝死后，宇文赟继位，史称宣帝。宣帝顽劣淫乱，很快便驾崩了。宣帝驾崩后，国丈杨坚，眼见国乱主幼，遂产生了取而代之的野心。但是由于杨家与皇家世代联姻，关系盘根错节，不好下手，所以杨坚一直都想将弟弟杨瓒拉拢到自己的阵营里来，帮助自己。杨瓒本来就和杨坚的关系不好，同时更不想辜负武帝对自己的信任，所以不但没有答应杨坚，甚至还有杀了杨坚以绝后患的意思。但是作为一个比较温和的皇帝，杨坚后来并没有追究杨瓒的责任，反而立杨瓒为滕王，并将雍州交给杨瓒管理。尽管如此，杨瓒曾经的不合作，最终还是为其子孙留下了祸患。

杨瓒兄弟之间的矛盾，最终也影响到了宇文氏妯娌的关系。杨坚的夫人是前朝大司马独孤信的女儿，十分强势，甚至连杨坚也得让她三分。杨坚登基后，她自然也就成了皇后。杨瓒的夫人本来就因为北周的覆灭很是心伤，后来又不断被皇后欺压，所以便经常在背后咒骂皇后。后东窗事发，杨瓒的夫人宇文氏"遭除属籍"。未能护住发妻使得杨瓒深受打击，于是在开皇十一年暴薨。杨瓒去世后，其子杨纶袭嗣滕穆王爵。炀帝即位后，杨纶兄弟就一直为炀帝不喜和猜忌。忧惧而不知所为的杨纶，走投无路下竟然找来一些江湖术士"叩问命运"，另有"三僧为度星法"。这些事情让那些一直想陷害杨纶的人抓到了把柄，于是在公元 605 年状告杨纶"怨望咒诅"，炀帝命黄门侍郎王弘调查此事，意欲置杨纶于死地。王宏领会炀帝的旨意，上奏说杨纶行"巫蛊恶逆"之事，应当被处死。但是按照隋朝的法律，司法机关不能对王公进行审判，于是将杨纶交给由公卿们组成的"八议"。最终，公卿们没有对杨纶网开一面，杨素等说："父悖于前，子逆于后，非直觊觎朝廷，便是图危社稷。为恶有状，其罪莫大，刑兹无赦，抑有旧章，请依前律。"①

韩瑗——第一个流放海南的宰相

韩瑗，雍州三原（今陕西三原县）人，唐太宗时任兵部侍郎，唐高宗时官拜宰相，他也是历史上第一个流放海南的宰相。史书记载，韩瑗从小就因品德好而名声在外，不仅学问好见识广，而且还很擅长行政工作，所以深得朝廷器重。在高宗永徽四年（653）与中书侍郎来济皆同中书门下三品，正式成为宰相班子成员，并监修国史。后来进一步升为侍中，兼太子宾客。

韩瑗被贬的导火索是高宗要立武则天为后，废除原来的王皇后。韩瑗认为这种做法不利于大唐江山的稳定，数次苦谏高宗无果，并惹怒了李治。后尚书左仆射褚遂良也犯颜极谏，气恼到扔下笏板要辞官。武则天在帝子后竟要人扑杀他，最后贬褚为潭州都督。韩瑗又复上疏为褚遂良辩解，晓以大义，却不被理会。于是韩瑗忧愤上表高宗，请归田里，却没有得到同意。公元 657 年，在武则天的授意下李义府、许敬宗诬奏褚遂良与韩瑗意图谋反。奏章里竟然说到褚遂良之所以会去任桂州刺史，就是因为韩瑗原本就打算以桂州作为造反的基地。褚遂良贬为爱州刺史（治今越南清化），左授韩瑗为振州刺史。唐代的振州，辖宁远、临川、陵水、延德 4 县，州府在宁远（今三亚市）。韩瑗来海南两年后，于 659 年死于任

---

① （唐）魏徵等：《隋书》卷四十四，中华书局 1999 年版，第 816 页。

上（振州刺史），年 54。

由于妨碍了武氏夺权，韩瑗等人死后也不得安宁。已经命归黄泉的韩瑗，依然被污蔑与长孙无忌通谋，死后不仅被开棺验尸，而且家产被抄没，子孙全部配徙岭表。一直到公元 705 年，武则天被逼退位后才恢复官爵和名誉。

王义方——海南教育史上第一人

王义方可以说是第一个被贬到海南的唐代官员，正是他为海南文化教育做出了不可磨灭的贡献，开创了海南教育的新局面，是名副其实的海南教育史上第一人。

王义方（615—669），泗州涟水县（今江苏涟水县）人，自幼丧父，侍奉母亲非常恭谨。王义方从小就博览群书，通晓四书五经。他一生官位不高，最高只任御史台侍御史（属六七品的监察官）。后刑部尚书张亮被疑蓄意谋反，他因与之有交情而受牵连，被贬为儋州吉安丞（今昌江县）。王义方以传播儒学为己任，说服各黎峒首领，开班讲学，传授礼乐。他被称为"开创海南儒学教育的第一人"。

《旧唐书》记载，王义方来到海南后，发现当地渔民准备用酒和肉来祭奠海神，便说："黍稷非馨，义在明德。"于是酌水祭奠，并写下一篇祭文："思帝乡而北顾，望海浦而南浮。必也行愆乎己，义负前修。长鲸击水，天吴覆舟。因忠获戾，以孝见尤。四维雾廓，千里安流。灵应如响，无作神羞。"①这篇祭文，是有史料可循的王义方在海南写的诗文。

来到昌江后，王义方看到昌江满是荒芜，道路不畅，尤其是教育颇为落后，心里感慨颇多。《新唐书》有过这样的记载："吉安介蛮夷，梗悍不驯，义方召首领，稍选生徒，为开陈经书，行祭奠礼，清歌吹龠，登降跪立，人人悦顺。"② 王义方发现当地缺乏教育，因此在昌江安顿好后，便立即召集地方上的首领一起商讨文教，还从当地青少年中挑选了一些较有潜质的学生作为自己的门徒，亲自为他们讲授四书五经，学习儒家的礼仪，让学生们知道老少尊卑有序，还传授清歌短笛合奏的技艺。这些举动

① （宋）欧阳修、宋祁：《新唐书》卷一百一十二，中华书局 1999 年版，第 3311 页。
② 同上。

使得那些少数民族的首领十分敬仰王义方，并亲自送自己的子弟入学承教。

王义方虽然在为官方面不是很擅长，但是在教育方面却很在行，可谓桃李满天下，很多学生后来都成了国家的栋梁之材，比如"初唐四杰"之一的卢照邻以及员半千。员半千，原名叫员余庆，王义方非常看重他的才华，曾经说过五百年出一名德才兼备的贤士，员当之无愧。因此，员余庆便改余庆为半千。员半千在王义方门下学习十余年，"博涉经史，知名河朔"。后出仕，一路迁升至天官侍郎，我们现在看的二十卷的《三国春秋》正是员半千所撰写。王义方的另外一名弟子卢照邻，在十岁的时候就开始跟着王义方学习。"十岁从曹宪、王义方授《苍》《雅》。"① 卢照邻绝笔之作《释疾文·粤若》中回顾往昔道："余幼服此殊惠兮，遂阅礼而闻诗。于是裹粮寻师，寨裳访古，探旧篆于南越，得遗书于东鲁，意有缺而必刊，简无文而咸补。入陈适卫，百舍不厌其栖遑；累茧重服，千里不辞劳苦。"② 诗中的"入陈适卫"，就是卢照邻用孔子典故代指自己前往垣水求学于王义方。

王义方当时在海南的讲学环境十分艰苦，为什么这么说？我们可以参照四百多年后苏东坡在贬地儋州对自己生活的描述，"食无肉、病无药、居无室"。由此可以想象，王义方当年的各种条件肯定要比东坡先生更为艰难。虽然王义方只在吉安生活了三年，但是这三年却使吉安从一个文化教育落后的地区变成了一个"弦歌四起"的礼仪之乡。不仅如此，王义方的到来对整个海南文教事业的发展及历史进步都有着非同寻常的意义。后人高度评价了王义方对海南文化事业的巨大贡献，据《澄迈县志》记载："澄僻居海岛，旧俗颇陋，与中州相远。一变于汉之锡光；再变于唐之义方；三变于宋之守之。"文中的锡光是汉朝时期的交阯太守（今越南），在当地推行教育，为史书广为传颂。但是，相比之下王义方在教育方面的贡献应该要更大。首先锡光是一位行政官员，行政工作才是他的重心，因此虽然史书上也提到了他在教育方面的贡献，但居于他各项事业之

---

① （宋）欧阳修、宋祁：《新唐书》，中华书局 1999 年版，第 4397 页。

② 转引自谢久娟《初唐卢照邻思想解读》，《贵州工业大学学报》（社会科学版）2008 年第 5 期。

后，成效不大，而且缺乏传承性。而王义方作为一位文人，潜心于文化教育事业，以传播中原文明为己任，开启了海南文化薪火相传的历史进程。近年，为了纪念这位为海南文化建设事业做出过巨大贡献的先贤，当地政府修葺了王义方在琼海市塔洋镇的祖祠和纪念堂。

王义方从垣水回来后，在昌乐安家继续从事文教事业直至去世，年55。在世时撰有文集十卷、《笔海》十卷。死后，弟子员半千、何彦光等为其守丧三年。也许只有像他这样的君子，才能让自己的门生弟子自觉执行最严格的弟子礼。

按照《王氏家谱》的记载，如今王义方的后裔主要居住在琼海、万宁、琼中、文昌、定安等市县，总人数在 2 万人左右。而在其后人的主要聚集区琼海市，他们又主要集中在塔洋镇、嘉积镇、大路镇等地区。

正是因为有了王义方在海南兴办教育的先例，在他的影响下，后面历朝被贬来海南的许多官员，如韦执谊、李德裕、苏轼、李纲、赵鼎、李光和胡铨等人，也大都致力于传播中原先进的儒家文化，夯实了海南文教的基础，为海南岛留下了宝贵的文化遗产。

第二节　贬谪文化的兴起

李孝逸

李孝逸，生卒年不详，陇西成纪（今甘肃秦安）人，淮安王李神通之子，唐高祖李渊的堂侄，唐朝宗室、将领。李孝逸颇有军功，后来更是平定了李（徐）敬业等人发动的第一次武装反抗武则天的战争，后因武承嗣等人的陷害而被流放海南儋州。

在光宅元年（684），柳州司马李敬业、盩厔县令李敬猷以及唐之奇、骆宾王、杜求仁等遭贬官员发起了第一次武装反抗武则天的战争。他们以匡复李唐的江山为号召，在扬州聚集大军十余万，发布檄文，公开讨伐称帝的武则天。骆宾王的那篇著名的檄文《讨武氏檄》也正是在这个节骨眼上起草的。武则天一方面任命李孝逸为扬州大总管，领军三十万，剿灭李敬业等人的叛乱；另一方面，削去了李敬业祖上传下来的官爵，剥夺了他姓李的资格恢复原来的徐姓。虽然李敬业他们起兵算得上是名正言顺，但由于缺乏军事指挥能力，统筹无方，结果不到五十天就被平定了。李孝逸进据扬州后，"尽捕斩敬业等，振旅而还，以功进授镇军大将军，转左豹韬卫大将军，改封吴国公"①。

历史有的时候显得波谲云诡。徐敬业的父亲为武则天册封皇后、临朝称制立下汗马功劳，可徐敬业却因反叛武则天被杀。同样，李孝逸为武则天讨伐叛逆立下汗马功劳，却因功勋显赫、威名凌然被武承嗣嫉妒。李孝逸，乃李虎之子李亮之孙，与李治同辈。他自小好学上进，文武全才，武后登基后，很受信任重用。然而，武则天是不容有人威胁她苦心孤诣得到的权位的。当李孝逸平徐敬业之乱后，时誉益重。李、武这两个最敏感的姓氏，使他注定要被清除。武承嗣忌嫉之下，利用姓氏名字做文章，多次谗毁他。公元686年，李孝逸官升施州刺史。但也就是在这年冬天，武承嗣等指使人诬告李孝逸自解"逸"字云："走绕兔者，常在月中。月既近天，合有天分。"② 而武则天对于这类事情是相当忌讳的，武承嗣等人的阴险招数终于发挥了作用，李孝逸被关入死牢。最终，女皇念其有功赦免了他的死罪，改成流放儋州。李孝逸来儋州后不久就死于贬所。

李昭德

李昭德，雍州长安人。父亲李乾祐，在永徽初年，担任过朝中的御史大夫。李昭德入仕后，颇有其父强干之风，不久就官至御史中丞。公元689年李昭德被贬到海南任陵水尉，不久后回内陆任夏官侍郎。公元692年，拜凤阁侍郎、同凤阁鸾台平章事，正式加入宰相班子。

李昭德反对武则天立武氏为皇储，武承嗣怀恨并在武皇面前潜短之，后来与来俊臣同日受诛。神龙二年，李昭德被朝廷赠左御史大夫；建中三年，又被加赠司空。

韦方质

韦方质，雍州万年（今西安市）人。在光宅元年（684），担任凤阁侍郎兼凤阁鸾台平章事一职；垂拱元年（685），同凤阁鸾台三品，成为宰相。韦方质清正耿实，精通法理，在公元685年，与内史裴居道

---

① （后晋）刘昫等：《旧唐书》卷六十，中华书局1998年版，第1582页。
② 同上。

等官员一起参与了律法的修订，多有损益，得到了大家的认可。

在武承嗣、武三思权倾朝野的时候，满朝官员纷纷依附攀援二人，但韦方质却不愿与其同流合污，并且常称病不上朝。有一次武承嗣去韦方质家中造访问候，韦方质却踞床不行礼。左右都说，这样恐怕要招来祸患，他却无所畏惧地说："大丈夫岂能折节曲事近戚，以求苟免也？"在天授元年（690）一月，韦方质被武承嗣、武三思二人指使的来俊臣、周兴所陷害，朝廷将其流放到海南儋州，并籍没其家。同年冬天，韦方质被害于儋州，直到神龙初年他的冤情才得以大白于天下。

阿史那献

阿史那献，即献可汗，为来俊臣陷害而流贬崖州的突厥首领。如意元年（692），阿史那献之父因来俊臣的诬陷而被朝廷腰斩，他自己也被流放崖州。后被昭雪，继承了兴昔亡可汗位。但却因所在部族已被默啜俊所侵占而未能还国，开元中官至右金吾大将军，死于长安。

敬晖

敬晖，字仲晔，绛州太平（今山西襄汾西南）人。武后圣历元年（698），官居卫州刺史。后历任泰州刺史、洛州长史。长安三年（703），拜中台右丞。

神龙元年（705）正月，内宠张昌宗、张易之趁则天皇帝卧病在床、不能上朝之际，居中用事，众朝臣莫不惶恐。敬晖与宰相张柬之等人率领众文武大臣冲入皇宫杀死二张，拥立中宗复位，但仍称武则天为"则天大圣皇帝"。同年二月改年号为"神龙"，恢复了大唐的国号和制度，斯为"神龙革命"。因敬晖诛二张有功，被朝廷加封为金紫光禄大夫，为侍中，实封五百户，晋封齐国，成为宰相。

中宗即位后，不思进取，政权很快被韦武集团完全掌控，曾经为李唐社稷立下汗马功劳的张柬之屡次劝中宗除掉诸武，敬晖也苦苦进谏，但中宗就是不从。武三思很快跟韦皇后勾结成奸，形成政治联盟。不久，武三思便成为宰相，并大肆纠集私党，与宗楚客及周利用、冉祖雍等人，被世人称为"三思五狗"。后宫朝政皆浊乱不堪，敬晖每椎坐怅恨，弹指流血。他上表请求降低诸武的爵位，诸武因此被降为公。最令人寒心可悲的是，中宗竟然把他们请求诛灭诸武的事透露给武三思。武三思怀恨，不久就借着封王的机会，夺了神龙革命中五个元勋的实权，张柬之等人全部被排挤出朝。敬晖也被流贬崖州。

从此，武三思对他们的迫害便逐步升级。706 年，他们让周利用摄右台侍御史，奉使岭外。到了岭外，当时张柬之、崔玄玮已死，袁恕被捶杀，桓彦范也被杖杀于贵州，最后敬晖则被生剐而死。到睿宗即位时，朝廷追复敬晖官爵，追封其为秦州都督，谥曰肃愍。

李邕

李邕，广陵江都人，唐代书法家。

李邕性豪放不羁，矜炫躁险，不拘细行，驰猎自恣，纵求财货，因此非常容易被人抓住把柄。亲朋好友都劝他改掉这种性格，但他都不以为然，还表示："不愿不狂，其名不彰。若不如此，后代何以称也？"[1] 李邕曾弹劾以江湖术数位居显要的郑普思，指出圣王当"思无邪"，秦皇、汉武、梁武帝等的故事显见佛道误人。这种狂放不羁的性格，使得李邕一生都不如意、起起落落，最终被奸相李林甫诬告杖死。时年七十余，因其恰好在汲郡、北海太守任上，因此又称李北海。

由于被张柬之案件牵连李邕被贬为南和令，后再度被贬成为富州司户。唐隆元年（710），权臣韦武被诛灭后，李邕被诏回任左台殿侍御史，不久因事被贬任户部员外郎，又贬崖州（今三亚）舍城丞。三年（713）后，李邕再次被召回中央任户部郎中。李邕在海南待了大约有三年的时间。和其他被贬的官员不同，李邕虽然也是长期被流贬在外，但因为其名声显赫，朝中的达官贵人、天下的名观大寺，为显其文雅之意，纷纷以重金向李邕求文，李邕因此反而发了笔不小的财，怪不得当时人们都惊叹自古鬻文获财，未有如邕者。

目前，还没有发现李邕在海南从事相关文化活动的记载，但是作为名满天下的一代著名文人，在海南居住的时间又较长，应该不会无所作为，这点我们从史书中可发现一些痕迹："邕早擅才名，尤长碑铭，虽贬职在

---

① （后晋）刘昫等：《旧唐书》卷一百九十，中华书局 1999 年版，第 3429 页。

外，中朝衣冠及天下寺观，多赍持金帛，往求其文。前后所制，凡数百首。"① 因此，我们应该要加大这方面的研究。

杨炎

杨炎（721—781），字公南，凤翔天兴（今陕西凤翔）人，"须眉俊美，风骨峻峙，豪爽尚气，擅长文学，词藻华美，在汧州、陇州一带很早就颇有名气，号称'小杨山人'。杨炎祖上三代皆能持节守志，孝行弥笃，都有良好的名声"②。杨炎在早期曾任河西节度吕崇辟掌书记，因工作出色，上司就想上奏朝廷让杨炎做判官或起居舍人，但都被他一一回绝了。后其父仙去，杨炎按制守丧三年。丧期满后杨炎担任了司勋员外郎一职，后升迁至中书舍人，与同僚常衮共同负责诏书的起草。由于杨炎擅长写恩诏，而常衮则善于起草授官诏令，且二人起草的诏书文字优美，是开元以来诏制的高手，因此二人被当时的官员并称为"常杨"。同时，杨炎非常热衷向朝廷推荐人才，所以当时的许多士人都愿意归附于他，因此杨炎在当时的读书人中名气很大。

大历九年（774）杨炎被朝廷任命为吏部侍郎、史馆修撰。当时的宰相为元载，因杨炎是其同乡，更因杨炎的才干，元载很器重他，援为亲信。后元载结党营私等不法行为暴露，被代宗处死。杨炎因与宰相元载瓜葛太深，于大历十二年（777）受牵连被贬为道州（今湖南道县）司马。

大历十四年（779），德宗继承皇位。德宗在做太子时就听闻了杨炎的名声和才干，史载其"雅好杨崖州字"。"有皇上青睐，杨炎在崔祐甫推荐后，很快升任银青光禄大夫、门下侍郎、同平章事，正式成为宰相。"③

安史之乱给当时的社会、经济带来了极大的破坏。史书记载"天下饥疫相仍，十耗其九"，甚至连京城所在地关中平原的粮食竟然也无法自给。而未经战乱的山东、河朔等地的财政大权却为当地节度使所把控，不仅不上交赋税给朝廷，反而伸手向朝廷要钱。在这种财政入不敷出的情况

---

① （后晋）刘昫等：《旧唐书》卷一九〇，中华书局 1999 年版，第 3432 页。
② 周泉根：《改革元勋多首罪——杨炎贬谪崖州原因考议》，《新东方》2010 年第 4 期。
③ 同上。

下，国家急需一位懂得理财的宰相。

杨炎任宰相后，指出财赋乃"邦国之大本，生人之喉命，天下理乱轻重皆由焉"①。因此，杨炎的第一条建议就是皇帝私产应该与国家公赋相分离。这一做法也得到德宗的肯定和支持，下诏："凡财赋皆归左藏库，用旧式，每岁于数中盘进三五十万入大盈，而度支先以其全数闻。"②杨炎凭借这个办法不仅革除了弊政，也获得了大部分官员的认可和嘉许。

然后他大胆创新，推行"两税法"，确立了"唯以资产为宗，不以丁身为本；户无主客，以见居为簿；人无丁中，以贫富为差"③的征税原则。在这里杨炎第一次提出了"量出为入"的方法，结束了自西周以来沿用一千多年的"量入为出"的财政观念。另外两税法还率先引进了以钱定税的原则，一切均按田亩计算货币缴纳（谷米除外）。两税法的实施，一方面简化了税制，便于租税的征收，同时也让百姓免受税吏长期的苛扰。"两税法"的出现在一定程度上缓和了唐政府因税法败坏而长期激化了的百姓与政府官吏之间的社会矛盾；另一方面也通过从法制上确定税额、统一税目等方法，抑制住了中唐以后不断扩大的地方财权，有利于巩固中央集权。杨炎的改革很快就见到了成效，"天下便之，人不土断而地著，赋不加敛而增人，版籍不造而得其虚实，贪吏不诫而奸无所取，自是轻重之权始归于朝廷"④。正因为两税制的优越性，此后一直为宋元明清所沿用，创制之功，杨炎功不可没。

在仕途中杨炎一共被贬了两次，第一次算得上是蛰伏，后东山再起；而第二次则直接殒命。

德宗即位后，管财政大权的刘晏想上奏劝代宗立独孤妃为皇后，这使得德宗不喜。同时由于刘晏为政期间结怨朝臣、屡遭妒忌，遂遭官员的弹劾。德宗也借此机会，罢免了刘晏的财政大权。建中元年（780），官至宰相的杨炎将刘晏贬为忠州刺史，理由是刘晏奏事不实，同时任命与刘晏不和的庾准为荆南节度使。不久，庾准诬告刘晏写信给朱泚请求营救，言语中表现出了对朝廷的不满，同时诬告刘晏私自募兵，意图不轨想要抗拒

①　（后晋）刘昫等：《旧唐书》卷一百一十八，中华书局1999年版，第2322页。

②　同上。

③　同上书，第2323页。

④　同上。

朝命。杨炎亦向德宗说确有其事，德宗信之，于是在当年七月派密使到忠州缉拿刘晏，然后下诏赐死。很多人认为，这个事件就是杨炎一手策划的，是在为元载复仇。因为刘晏就是当时元载案的主审。但事实上可能并不是这样，据史料记载，代宗诛杀元载后，本来要屠尽元载的党羽，恰恰正是因为刘晏上书"法有首从，不容俱死"，代宗才免杨炎及其他元党一死。由此可见，杨炎想杀刘晏并不是因为元载的事情。而事实上，早在杨炎担任侍郎、刘晏任吏部尚书时两人的矛盾就已经很深。

　　虽然刘晏死得很冤，但这并不是杨炎被贬的主要原因。甚至卢杞的迫害也不是最重要的，卢杞只是一个明面上的打手而已。刘晏之死，被德宗巧妙利用。刘晏死后，节度使李正己就上表朝廷，讥讽斥责朝廷，为刘晏抱不平。杨炎怕天下人将杀刘晏的罪名都归到自己的头上，因此派遣使者前往全国各镇，强调这是德宗的意思。德宗知道后，隐而未发。不久，德宗就将杨炎由门下侍郎调任中书侍郎，空缺则由卢杞补上，通过卢杞来制衡杨炎。"卢杞成了德宗制衡甚至扳倒杨炎的急先锋。后来卢杞被认为是杨炎案的罪魁，而且从很多方面论述均可得知。卢杞相貌丑陋，又无文学才干，杨炎对他很轻视，往往假托有病不和他在一起共事，议事又多有不合，卢杞因此怀恨在心。"①

　　德宗此时对杨炎的态度也发生了很大改变，从早期的言听计从到现在的处处反对，而卢杞也乘此机会落井下石。梁崇义反叛后，杨炎就曾劝谏德宗不要让李希烈去讨伐梁崇义，因为他们一个是没义气的小人、一个是不忠的臣子，结果没有得到德宗的同意。后杨炎又反复派遣使者和通过书信劝说梁崇义息兵归降，梁崇义也断然拒绝。杨炎和梁崇义过多的来往使得德宗对其更加不信任，同时大臣们对此也议论纷纷，甚至有人怀疑他与梁相勾结。卢杞正是看到了这一点，在朝堂上处处与杨炎作对，最终导致杨炎的下台。在杨炎罢相后，卢杞并没有就此罢手，反而利用与杨炎有积怨的人罗织罪名来陷害他。杨炎有一子名杨弘业，很不成才，不仅接受别人的贿赂和请托，还时常触犯其他的法律，后与杨炎有隙的严郢接手此案，通过对其子的调查发现了杨炎的其他罪行。当然有些罪行明显是罗织和诬陷，目的是置杨炎于死地。

---

① 周泉根：《改革元勋多首罪——杨炎贬谪崖州原因考议》，《新东方》2010 年第 4 期。

先前为修建家庙，杨炎委托河南尹赵惠伯为其出卖他在东都的一处私宅，后赵惠伯把这处私宅买来作为政府的一处官署。严郢认为，赵惠伯是故意高价买进私宅，目的是变相地向杨炎行贿。于是卢杞让大理正田晋审理此案。田晋认为，获取余利，以索取论罪，应该剥夺杨炎的官职。卢杞认为这个处罚太轻，大为不满，同时对主审此案的田晋也心生怨恨，遂将其贬到衡州任司马。后召官吏重新议罪，判为："监主自盗，罪绞。"[1] 所谓祸不单行，在案件审理过程中有人举报，杨炎修建家庙"此地有王气，炎故取之，必有异图"[2]。德宗听说后更加愤怒，下诏三司要加重处罚杨炎。建中二年（781），杨炎被贬到海南任崖州司马。

在南行的途中，德宗派遣使者下诏赐死了杨炎，终年55岁。

其实从上面我们可以看出德宗是一个不识大局的君主，他之所以要针对杨炎是觉得自己没被尊重，是出于心理受挫后的报复。德宗首先是嫉恨杨炎经常在意见上压过他，其次是对杨炎在刘晏案中阴过他感到很恼火，最后则是怀疑他与梁崇义有染。正是这种心态使得他俩越走越远，最后以卢杞之辈用"谋逆"来坚定德宗除杨炎的决心而告终。真是成也德宗，败也德宗。

《全唐诗》恰好也收录有杨炎的两首诗。一首显示了他第一次被贬的原因，而第二首《流崖州至鬼门关作》则预示了他第二次被贬的结局。宋人龙衮《全唐诗话》载：

> 元载末年，纳薛瑶英为姬，处以金丝帐、却尘褥，衣以龙绡衣。载以瑶英体轻，不胜重衣，于异国求此服也。惟贾至与炎雅与载善，往往时见其歌舞。

至赠诗曰：

> 雪面淡眉天上女，凤箫鸾翅欲飞去。玉山想翠步无尘，楚腰如柳

① （后晋）刘昫等：《旧唐书》卷一百一十八，中华书局1999年版，第2325页。
② 同上。

不胜春。①

杨炎经常出入元载府邸,最终受到了牵连。《流崖州至鬼门关作》:
"一去一万里,千之千不还。崖州在何处?生渡鬼门关。"②张均《流合浦
岭外作》:"瘴江西去火为山,炎徼南穷鬼门关。从此更投人境外,生涯应
在有无间。"③ 因此被贬到鬼门关之外的崖州,杨炎对于此行是很不看到
希望的,甚至有了一种生途渺茫的感觉。然而,天灾总是不及人祸来得
快。杨炎还未到崖州就被赐死。既然是百里,就应该已经渡海。但如果史
传上的崖州借代为海南岛,则也可能他还没来得及渡海。杨炎死后,官复
原职,谥号为"录愍",后来因为他人的反对遂改为"平厉"。

韦执谊

韦执谊(769—814),字宗仁,唐代京兆(今陕西西安)人,历任翰
林学士、尚书左丞、同平章事(相当于宰相)。韦氏乃是官宦世家,其家
族光宰相就出了十多个。在家族长辈的影响下,韦执谊从小就喜欢读书,
进士及第后,因为在策论方面展现了过人的才华,被朝廷授予右拾遗。二
十几岁就入翰林为学士,深受德宗的宠爱,后升为吏部郎中。顺宗时,得
王叔文器重,升为尚书左丞、同中书门下平章事,开始进入宰相的行列。
永贞元年(805),宪宗即位后对改革派进行了清洗,也就是"二王八司
马"事件。在该事件中,韦执谊被以"官由党进,政以贿成"的罪名流
放到海南岛,任崖州司户参军,并于崖州走完了他人生中的最后一程,卒
后葬于海口龙泉镇。

韦执谊可以说是在"永贞改革"中崛起的。顺宗在太子的位置上一
坐就是近 20 年,却没想到最后竟然成了一个哑巴。此事也让德宗深受打
击,不久之后便驾崩了。公元 805 年正月太子李诵带病继位,也就是顺
宗。顺宗因身体问题无法亲政,遂将朝政之事,都交给他所信任的"二
王",也就是王叔文、王伾饧二人。"二王"都是出身低级官僚的新贵,

---

① (清)彭定求等编:《全唐诗》卷一百二十一,延边人民出版社 2004 年版,第 659 页。

② 同上。

③ (清)彭定求等编:《全唐诗》卷九十,延边人民出版社 2004 年版,第 537 页。

一心想通过改革来恢复大唐往日的荣光。所以，在改革中"二王"起用了一大批锐意进取的官员，如柳宗元、刘禹锡、韦执谊等人，进而形成了一个相当有效的行政途径。"二王"以藩镇割据和宦官势力为主要对象，进行了大规模的改革，在一定程度上取得了成效。

　　但是在改革的过程中也暴露了不少的问题，比如二王的品德和能力就存在着很大的问题，二人贪鄙霸道，喜欢搞朋党和小圈子。这种做法不仅有损于改革的名声，更是使改革失去了传统正面政治力量的支持。许多正直之士，都羞于与其为伍。更可笑的是，这些人还常以小人之心揣度别人。如韦执谊的岳父杜黄裳，因与裴延龄不和，十几年都没有得到升迁，直到韦执谊做了宰相，才升任太常卿。杜黄裳任太常卿后，曾建议韦带领群臣上奏皇帝让太子监国。韦执谊害怕权力的丢失，因此劝责杜黄裳不要刚升官就百无禁忌乱说话。此举使得杜黄裳大怒："黄裳受恩三朝，岂得以一官相买乎！"①韦执谊这种苟且的心态，在其他人那里也都有所体现，改革派很多成员都是打着改革的幌子进行投机。刘禹锡后来有诗云："哀我堕名网，有如翾飞辈。"② 性本柔弱的柳宗元，则很快退于道、逃于禅，写出"直以慵疏招物议，休将文字占时名"③，表达了他对参与二王改革的悔意。许多改革派成员更是自视甚高，常常以周公、管仲自居，然而能力却十分低下，身为井底之蛙却还沾沾自喜。所以，"永贞改革"注定会以失败而告终。

　　公元805年八月，宦官俱文珍等勾结藩镇势力借着唐顺宗再次中风的机会，对改革进行了猛烈的反扑，最后以顺宗口哑、多病不能亲政为理由，逼迫其退位，称太上皇，禅位于太子李纯，改元"永贞"，史称"永贞内禅"，李纯即宪宗。宪宗登基后，革新派一个个被清洗。王叔文被宪宗贬为渝州（今重庆）司户，并于次年赐死。王伾则被贬为开州（今四川开县）司马，不久抑郁而死。其余像刘禹锡、柳宗元等6名改革派的主力成员也都被贬为边远州的司马，是为"二王八司马"事件。据新旧《唐书》载，韦执谊是最后一个被贬的，书中推测是因其岳父杜黄裳之

---

① （宋）司马光：《资治通鉴》卷二百三十六，线装书局2007年版，第1986页。
② （清）彭定求等编：《全唐诗》卷三百五十五，延边人民出版社2004年版，第2158页。
③ 同上书，第2133页。

故。而《资治通鉴》则提出了不同的意见，认为主要原因是韦执谊尝与王叔文有不同意见。虽然韦执谊最后被贬，但要去的地方却是最远的崖州，出任司户参军一职。

被贬崖州对韦执谊的打击很大，因为他历来就视岭南为不祥之地。《旧唐书》里有过这样的记载，韦执谊一直就很厌恶岭南地区，甚至连听到别人说岭南的州县都会很不高兴。有次韦执谊因为工作需要要看地图，当看到岭南时就不敢看了，立即闭上眼睛命令下属把地图撤走。在担任宰相的时候，韦执谊发现办公的地方也有张地图，起先也没细看，后来发现竟然是张崖州地图。对此，韦执谊深感厌恶，视之为不祥。这些命定天数的叙事，虽不乏敷衍断章之处，却不妨成为韦执谊对宦海风波险恶常怀惊惧而骑墙讨巧的心理，甚至也是所有唐士吏对流贬崖州具有潜意识恐惧的时代注释。

幸好韦执谊来到他最害怕的崖州后，受到了崖州刺史李甲的善待。据《太平广记》载：在韦执谊来到崖州后，刺史李甲很是同情他的遭遇，于是发文给下属，前件官久在相庭，颇谙公事，幸期佐理。忽惮縻贤，事须请摄军事衙推。大概意思是，韦执谊为相多年，熟悉各种公务，是一个贤才，地方政府应该充分发挥韦执谊的才能，推荐他任军事衙推。这样写信推荐给地方要求善待贬官，实属罕见。所以说，韦执谊是幸运的，崖州以宽广的胸怀接纳了他。"滴水之恩当涌泉相报"，韦执谊在任的几年时间里，积极协助地方官员管理政务，兴修水利，教民垦殖种养，尤其是他在地郑都兴修的岩陂塘水利工程，使得那片干涸的土地变成了沃野，更是被当地居民誉为"功在当代，利在千秋"，直至今日仍有遗址。韦执谊还一直竭尽所能地兴教育才、传播文化、兴修水利，为当地的发展做出了很大的贡献。同时，作为一个少年登第的文人，文化是他的本性，所以他在处理政务的同时，也不忘兴办教育、培育学生，积极传播中原文化。7 年后，韦执谊死于崖州，终年 46 岁。

韦执谊死后，他的后代便在琼山安家，成为海南韦姓始祖之一。海南韦姓有两支。一支是唐德宗年间琼山郡守韦公干的后代，一支则是韦执谊的后代。韦执谊卒后，墓葬选在琼山十字路镇雅咏村，碑刻"唐始祖赐进士翰林院礼部尚书廷英殿丞相韦执谊文静公杜夫人范夫人墓"。现在记述海南韦族宗支的《海南韦氏族谱》，统绪分明，纯而不杂。海南韦氏宗亲是从琼山市十字路镇雅咏村繁衍分支迁徙出去的。"据《韦氏族谱》记载，韦执谊被贬到崖州时，随带来杜、范二夫人和三子、弟韦执询、执询子及妻弟杜宰。不久朝廷'以事可原，蒙旨诏还，未及而卒'，当时葬衙土，后诏归葬京兆。又云'祖批杜氏，丞相杜黄裳公之女'。生子五人：曰承讽、曰承训、曰承议、曰承诰、曰承谕。当元和八年（815年），特旨诏归京，各自受封，惟讽在琼邦，委姚氏承讽当时定居在崖州郑都（今琼山十字镇）韦村，承讽之孙韦文宣'移高岭，后化为黎'。韦执谊长子居琼，也落籍崖州郑都。其后裔主要散居现海口市龙华区、琼山区等地。韦执谊之弟韦执询之六世孙韦彦陵入赘黎女，后化为黎。"① 故今黎人有"大韦小韦"之别。

李德裕
——八百孤寒齐下泪，一时南望李崖州

李德裕（787—850），字文饶，赵郡（今河北赞皇）人。据记载，李德裕出身名门，其"祖栖筠，御史大夫。父吉甫，赵国忠懿公，元和初宰相"②。唐文宗李昂也说："卿之宗门，累著声绩，冠内廷者两代，袭侯伯者六朝。"③ "他的一生，经历了唐代的宪宗、穆宗、敬宗、文宗、武宗和宣宗六朝皇帝的统治，外征内治，出将入相，功绩卓著，彪炳史册。"④ 宋代范仲淹称他"独立不惧，经制四方，有相之功，虽奸党营陷，而义不朽矣"（《范文正公集》卷六）。宣宗即位后，李德裕被权臣白敏中、令狐陶贬到海南。

李德裕可谓是"文能提笔安天下，武能上马定乾坤"。从小就喜欢读书的他，文思敏捷、擅写文章，写出来的文章不仅文词动人而且析理透彻。做官以后，功力更是见长，屡屡为皇帝起草诏书。武宗常以翰林学士

---

① 张杨：《唐相韦执谊：风波跌宕的宦海生涯》，《海南日报》2013年5月20日。
② （后晋）刘昫等：《旧唐书》卷一百七十四，中华书局1999年版，第3609页。
③ （清）董诰等编：《全唐文》卷七百十五，中华书局1998年版，第2342页。
④ 王育龙：《唐李德裕〈祭韦相执谊文〉及相关问题探略——兼谈唐代贬官对海南文化的影响》，《海南师范大学学报》（社会科学版）2010年第6期。

起草诏书,言辞不能完全表达他的意思,多命李德裕执笔。李德裕尤精《汉书》《左传》,与诗人刘禹锡、元稹、李商隐、温庭筠、杜牧均有交往,一生著述甚富。后人汇总了他的著述编为外集四卷、别集十卷,合称《李文饶文集》或《李卫公文集》及《次柳氏旧闻》《御臣要略》《伐叛志》《献替录》《穷愁志》等。李德裕在文学的各个领域成就都很高,尤其是他《外集》中的论说文以及《正集》中的政治性应用文表现最为突出。

明代袁州刻本后序将李德裕与文起八代之衰的韩愈作比,谓:"世之论卫公者,必以功烈言,而鲜及于文章;论文公者,必以文章称,而或略于功烈。殊不知卫公之文章,常出乎功烈之外;而文公之功烈,不在乎文章之下。借令卫公当文公时,则必以文章显矣;文公得卫公位,则必以功烈著功烈,观《幽州纪圣功碑》《异城归忠传序》,会昌非卫公孰能形容之?文公论淮蔡之败,可立而待,折王庭凑之凶焰而夺之气,胸中所蕴,故不止于文章也。夫道之在天下,操之则为心,尽之则为性,持之则为志,养之则为气,存之则为神。是道也,见之设施,则为功烈;寓之言语,则为文章,易地皆然,岂有彼此之异哉?"

而在军事方面,李德裕也可以说是毫不逊色。平幽燕、定回鹘、平泽潞,无不展现李德裕高超的军事指挥能力,可谓是运筹帷幄、决胜于千里。对于他的这种军事指挥能力,清代的学者王士禛很是赞赏,甚至将李德裕与名动华夏的裴度相提并论,认为他在裁制藩镇、反击侵扰方面为国家做出了很大的贡献。李德裕因此荣升太尉,后晋爵卫国公。

天有不测风云,人有旦夕祸福,政治上尤是如此,尽管李德裕文治武功样样精通,但是改变不了自己被贬的命运。李德裕被贬的最主要原因是白敏中、令狐陶二人的陷害以及掌权的皇太叔光王李忱对他的不信任。

李德裕在被贬后,在马上作诗辞别曾经目睹自己峥嵘岁月的东都,也记录了他前生的辉煌和被贬的真正原因。全诗兹录如下:"十年紫殿掌洪钧,出入三朝一品身。文帝宠深陪雉尾,武皇恩厚宴龙津。黑山永破和亲虏,乌领全隳跋扈臣。自是功高临尽处,祸来名灭不由人。"①

当船行至屈原投江的汨罗时,他借古讽今。诗云:"远谪南荒一病

---

① (清)彭定求等编:《全唐诗》卷四百七十五,延边人民出版社 2004 年版,第 2955 页。

身，停舟暂吊汨罗人。都缘靳尚图专国，岂是怀王厌直臣。万里碧潭秋景静，四时愁色野花新。不劳渔父重相问，自有招魂拭泪巾。"①

在《到恶溪夜泊芦岛》中，李德裕写道："甘露花香不再持，远公应怪负前期。青蝇岂独悲虞氏，黄犬应闻笑李斯。风雨瘴昏蛮日月，烟波魂断恶溪时。岭头无限相思泪，泣向寒梅近北枝。"②

李德裕遭白、令狐陷害先被贬潮阳，不久，贬书又至，再贬李德裕为崖州司户参军，与李德裕私交甚好的权知府事薛元龟，也一道被贬为崖州司户参军。

此后，思乡成为李德裕诗歌的主题，"独上高楼望帝京，鸟飞犹是半年程。青山似欲留人住，百匝千遭绕郡城"③。

崖州困顿的生活和思乡之情也使得他早早的就有了白发，"冬逐更筹尽，春随斗柄回。寒暄一夜隔，客鬓两年催"④。

李德裕《穷愁志·论冥数》篇就说："唯再谪南荒，未尝有前知之士为予言之。"在他被贬的时候竟然没有一个人出来为他说话让他感到很意外，也让他体会到了世态的炎凉。往日奖掖的僚属故旧，除了像白敏中辈那样陷害他的以外，别说疏救的没有，就连接济的都很少。就像温庭筠在诗里所写的：三年骥尾有人附，一日龙须无路攀。虽然在他被贬崖州的时候出现了"三百孤寒齐下泪，一时南望李崖州"（《唐摭言》）的场景，然而那些三百被称为"孤寒"的学子，在权臣白敏中、令狐陶的面前，也无能为力。

李德裕写给同僚的信中有"百口嗷然，往往绝食"这样的语句，从中我们也可以大致推测出他当时是何等的窘迫！李德裕在《寄家书》里表达了垂老投荒的遗憾："琼与中原隔，自然音信疏。天涯无去雁，船上有回书。一别五羊外，相思万里余。开敏更多感，老泪湿霜须。"

根据史书的记载，李德裕是在大中三年（850）十二月卒，时年63岁。从中我们可以推算出李德裕在崖州的时间不到一年，一月到，十二月就过世了。由于各种史料之间存在抵牾，关于李德裕生前死后的有些问题，后人一直存有争议。比如，李德裕究竟是死于何时，何时归葬，以及

---

① （清）彭定求等编：《全唐诗》卷四百七十五，延边人民出版社 2004 年版，第 2694 页。
② 同上书，第 2956 页。
③ 同上。
④ 同上书，第 2962 页。

他的后代是否化黎等。

　　陈寅恪利用民国时洛阳所出的李氏六方墓志，参证存世典籍，发现《资治通鉴》中关于李德裕记载中的错误和清代学者在检书时存在的疏忽，弄清了李德裕的婚姻、子嗣情况，纠补了文献记载中的错误和缺失，确知李德裕于大中三年十二月十日卒于崖州，其子李烨至大中六年夏始获准护柩北归，葬于洛阳。

　　但归葬后李德裕并没有立即得到平反，而是一直到了咸通元年（860）之后才得以洗刷冤情。咸通元年，唐懿宗偶尔有次路过军备物资库，看见里面各种物资堆积如山，于是就问身边的人这些物资的来历。答曰宰相李德裕以天下每岁度支备用之余，尽实于此。自是以来，边庭有急，支备无乏。当知道李德裕已死于崖州后，唐懿宗不由自主地感叹道："有如此功，微罪岂合诛谴！"刘邺于是乘机向懿宗说了李德裕的功绩，懿宗遂下诏恢复李德裕原先的爵位，并赠官左仆射。

　　关于李德裕有后人留在海南的记载，最早出自明人王元祯《漱石闲谈》："李赞皇之南迁也，卒于崖州，子孙遂为撩族，数百人，自相婚配。正德间，吴人顾朝楚为借州同知，以事至崖，召见其族，状与苗撩无异，耳缀银环，索垂至地，言语亦不相通，德裕浩救尚存。"张隽的《崖州志》卷二十二也转载了这一条。另《康熙崖州志》还记载："李德裕谪崖，居毕兰村。后故，归葬。其弟德禧寓崖，因水冲毕兰，徙抱班。后又见抱劝田地肥饶，移居焉。今其村李姓百余家，俱化于黎。德裕遗物尚存。副使李德至崖，招出验之，再三叹息。"① 此外，明清两代的一些官、私家著述中也有类似内容的记载，这里就不再一一列出。

　　至于李德裕的后代，《旧唐书》有过这样的记载："二子从父，殁于崖州。"② 而《正德琼台志》对李德裕在海南的记载甚详，但对其后人却只字不提。李德裕死后获准归葬，据《樊南川文集》说，是由贬为立山尉的李德裕子烨来海南护丧归葬的，如李德裕还有弟子留在海南，为何不护丧归葬而让烨千里迢迢来回奔波呢？还有，唐懿宗即位时就追复李德裕官职，时间距李德裕病逝才十年，其子烨也是这时遇赦，如果李德裕还有子

① （清）张擢士：《康熙崖州志》，海南出版社2003年版，第312页。
② （后晋）刘昫等：《旧唐书》卷一百七十四，中华书局1999年版，第3082页。

弟留在海南，他们不可能在这么短的时间内化为黎人，且对这样一件和他们命运关系重大的政治事件表示沉默。从这些历史事实看，李德裕根本没有后人留在海南。

　　1985 年卢业时通过实地考察，认为李德裕没有后人留在海南。并进一步指出："崖州多港峒李姓黎人只是在黎族社会不断汉化过程中采用汉族姓氏而尊奉李德裕为其祖，并不是李德裕的真正后裔"；并指出郭沫若及历代主张李德裕贬地为崖城之说多属传闻和附会，不足为证。① 后有吴宝祥在《李德裕贬振州说质疑》中对这个问题的细节提出了他的看法，否定李德裕有直系亲属留在海南岛，推定是他家的随从仆役奴婢不愿回去，遂尊李德裕为祖。但吴宝祥也有一些不周密的地方，譬如李德裕之弟李德禧存在与否，以及"必然不跟他来海南"也都是臆测。所以宰相后人是否果真为黎，尚待考察。据李氏墓志，李德裕第三子李烨护送灵柩归葬总共六人，包括李德裕夫妇和"昆弟亡姊"四人。"德裕三子烨，检校祠部员外郎、汴宋亳观察判官。大中二年，坐父贬象州立山尉。二子幼，从父殁于崖州。烨咸通初年移郴州郴县尉，卒于桂阳。"②

　　李德裕虽然在琼时间不长，但却留下了不少的故事。传说有一次他准备去一个叫作南加纳村的黎寨，从崖州到那里，必须通过一个当地人叫"长岗道"的地方，那里四面环山，只有一条狭小的隘口。由于地势险要且扼守要道，经常有歹人埋伏于此劫人财物，甚至害人性命，因此就算是在大白天当地人都是结伴过"长岗道"。李德裕骑马经过"长岗道"的时候天已快黑，恰有一群歹人欲行打劫之事，并向德裕放箭。而德裕竟然把箭接住后折成几段扔在地上，看得那伙歹人目瞪口呆，为他的武力所慑服，四下而逃。进村后，德裕受到了热情接待，村民纷纷捧出"山兰酒"，请他开怀痛饮，并留他在黎寨中休息。李德裕很是喜欢黎胞热情、坦率的性格，当地居民也都很同情德裕的不幸遭遇，因此相处十分融洽。当他发现这里的村民食盐有困难的时候，便亲自骑马到崖州买回来分发给他们食用。后德裕在村中开设学堂，传播中原文化。

　　类似的故事，在当地有很多。之所以会有这么多关于李德裕的故事，

---

① 　卢业时：《李德裕在海南贬地考》，《海南大学学报》（社会科学版）1985 年第 1 期。
② 　（后晋）刘昫等：《旧唐书》卷七十四，中华书局 1999 年版，第 3082 页。

是因为他在南加纳村期间做了很多的好事，给当地黎民留下了很好的印象。在他死后，当地百姓特意为李德裕在山上修了一座庙，庙中放了一尊李德裕骑马的木像。庙修好后，周围的黎胞时常会前来凭吊。

后来当地知州得知这一情况后，把庙中的木像带回了崖州。但李德裕的木像不想待在崖州，于是夜里又骑马回到了南加纳村。南加纳村的村民发现李德裕的木像又回到了庙中后，害怕别人再次来夺走，于是便在庙的前面用石块、泥土筑起了一条长约二三里的"蛇堤"，作为李德裕的护卫。这条"蛇堤"，至今还在。另外，像李德裕治水、救济百姓的故事，在当地流行得也很广。甚至还有一则说他与"歌仙"结亲生男育女，后裔多姓李等。这些故事荒诞不经逾于《唐语林》等，但这些草根的故事，却很好地说明了李德裕在当地黎民心中亲民、正直、勇敢的形象。

"李德裕一生壮年得位，锐于布政，革弊泽民；决策论兵，举无遗悔；破虏诛叛，摧枯建瓴；以身扞难，功流社稷。不论是禁掖弥纶，还是岩廊启奏，拟或料敌制胜，都能做到襟灵独断，就像神箭手养由基引弓射箭，罔有虚发。可惜功成北阙，却魂断南溟。"① 大中二年七月，唐政府开始续画凌烟阁中的功臣图像，但是却没有人提及功绩卓著的李德裕。为此，李商隐特意写了《漫成五章》《旧将军》等诗责问："云台高议正纷纷，谁定当时荡寇功？"其实不管李德裕进没进凌烟阁，都永远活在人民心中，他的功绩永远不会被磨灭。"三治浙江，浙沈军民大治，当时就很受感戴；疆理四川，抚定发展了多年滋扰不安的军政，成都新繁县宋代建有'三贤堂'，李德裕即为三贤之一。河北赞皇县至今犹有清朝为李德裕建造的'名相坊'。"②

海南岛上的名胜古迹绝大多数都和唐宋以来被贬到这里的官员有关，海南最重要的纪念载体"五公祠"，就是纪念唐宋贬谪文人李德裕、李纲、胡铨、李光及赵鼎五人的。"五公祠"中，李德裕位列第一，祠内柱上，有联曰：

　　　唐嗟末造，宋恨偏安，天地几人才？置诸海外，道契前贤，教兴

---

① 周泉根：《五公第一人李德裕：功成北阙　魂断南溟》，《海南日报》2012 年 5 月 14 日。
② 同上。

后学，天地留正气，在此楼中。只知有国，不知有身，任凭千般折磨，益坚此志，先其所忧，后其所乐，但愿群才奋起，莫负斯楼。①

正是这些唐代的谪贬文人使海南这块昔日文化的荒漠变成了具有深厚历史文化积淀的绿洲！也正是这些知识分子，怀抱文人固有的文化使命感，在偏远的海岛传道授业解惑，撒播中华文化的火种，为明清海南文化的繁荣创造了有利的条件，也使海南从一个海外孤岛，成为与中华文化浑然一体的礼仪之乡。

第三节　贬谪文化的顶峰（上）——苏轼

苏轼（1037—1101），字子瞻，又字和仲，北宋眉山（今四川省眉山）人，号"东坡居士"，世称"苏东坡"。苏轼是北宋时期著名的文人，同时也是美食家、书画家、词人、散文家、政治家、诗人，豪放派词人的主要代表。苏轼家学渊博，父子三人都进入了唐宋八大家，世称"三苏"。因此，当时的人都说："门下三父子，都是大文豪。"而苏轼的文学成就要胜过苏洵和苏辙，在三人中无疑是最高的。苏轼少年得志，年轻时初入京城就得到了文坛领袖欧阳修的赏识，并断言他日后文章必独步天下！

苏轼也没有辜负欧阳修的期望，最终成为中国几千年来最出众的文人之一，可谓是集万千宠爱于一身。论文学地位，苏轼是"唐宋八大家"之一；论诗坛地位，苏轼与著名的诗人黄庭坚并称"苏黄"；至于词，苏轼更是豪放派的开山鼻祖；就连书法苏轼也位列"宋四家"之一。和艺术上的卓越成就不同，苏轼在仕途几乎没有什么作为，只能用碌碌无为、危机四伏来形容。从史料中我们便可以发现苏轼自出仕以来便屡遭贬谪，而且越贬越远，最后死于从贬地儋州回朝廷的途中。

仕途坎坷　九死一生

1064 年，即治平元年，宋英宗继位。治平年间持续的时间并不长，

---

① 梁凤英：《琼台无限事，都聚一祠中——"琼台胜景"五公祠》，《走向世界》2014 年第 26 期。

但是苏家却发生了很多的事情。在此期间，苏轼之妻王弗与父亲苏洵相继亡故。王弗是苏轼的同乡，十五岁就嫁入苏家，比苏轼小三岁。王弗不幸在二十六岁的时候因病亡故，离世前为苏轼诞有一子苏迈，当时苏迈六岁。苏轼和王弗夫妻之间的感情很好，苏轼在其死后仍然念念不忘，十年后还写出了"十年生死两茫茫，不思量，自难忘。千里孤坟，无处话凄凉"① 的词来悼念她。王弗去世后不久苏洵也离世。苏轼在为父守制三年后，娶了第二位夫人，也就是前妻的堂妹王闰之。王闰之为苏家生了苏迨、苏过兄弟。

熙宁二年（1069），苏轼再一次回到了北宋的京城汴京。当时宰相王安石在宋神宗的支持下正大力推行变法，苏轼因为反对王安石的变法，被改革派借着"巧抑其资"的缘由，贬到杭州任通判。被贬到杭州的苏轼，政治失意，他把更多的精力放到了文学创作上，使得他的文学成就在此期间达到了一个新的高度。苏轼以杭州的山水风光为主题，写下了大量的诗句，如"欲把西湖比西子，淡妆浓抹总相宜"② 等。在写诗的同时，苏轼也开始尝试着写词，而且还颇得其精髓，很快便得到了广大文人的认可。

"位卑未敢忘忧国"，寄情于山水之间的苏轼并没有忘记自己要为国效力分忧，为人民排忧解难。和王安石增加中央府库、加强皇权的变法思想不同，苏轼更加侧重的是以民为本的"民本"思想，和当时的主流执政思想格格不入，因此他政治上的主张便只能寄托于其所创作的诗词中。我们现在去读苏轼的诗词，还是能感觉到当时他对人生哲理的感悟以及对社会的深沉思考。而这些或直露或含蓄地抨击时事的诗作，也给他的仕途不顺埋下了伏笔。元丰二年（1079），在他刚刚调到湖州任职的时候，苏轼就被革新派以作诗讥讽新法及诽谤罪逮捕入狱。不久，苏轼便被关进御史台狱，史称"乌台诗案"。"乌台"是御史监狱的代称。在狱中，苏轼写了格调凄婉的"是处青山可埋骨，他年夜雨独伤神"③ 的诗句。历经130多天的审理后，苏轼于十二月二十八日结案出狱，被贬谪黄州（今湖北黄冈）任团练副使（官办民间团防组织之副职）。

---

① 谭新红等编著：《苏轼词全集》，湖北辞书出版社 2011 年版，第 63 页。
② （清）王文浩辑注：《苏轼诗集》，中华书局 2009 年版，第 430 页。
③ 同上。

出狱后第三天，也就是来年的大年初一，苏轼便被勒令前往贬所，于当年二月到达黄州。由于来得太匆忙没有找好房子，苏轼就只能暂时住在定惠院，和寺院的和尚们一起生活。"缺月挂疏桐，漏断人初静。谁见幽人独往来？缥缈孤鸿影。惊起却回头，有恨无人省。拣尽寒枝不肯栖，寂寞沙洲冷。"① 这首词，很好地展现了他当时惊魂未定的窘境。一直到了五月，苏轼才得以搬到江边的驿舍临皋亭居住。驿舍虽然比起寺院要好些，但生活依然无着。于是在来到黄州的第二年，苏轼便申请搬到黄州城外东面的一块荒地上，效仿前人陶渊明，并自号东坡居士。这就是他"东坡"之号的由来。次年二月，苏轼在耕种的山脚下，盖起了五间瓦房，因落成的时候恰逢大雪纷飞，遂名"雪堂"。

这次流放，不仅使他从苏轼变成了苏东坡，而且使他的审美情趣、艺术创作乃至人生观都发生了巨大的变化。这一转变，对他的意义非常大，为苏轼成为中国文学史、思想史和艺术史上真正意义的"苏东坡"做好了铺垫。总的来说，黄州之行使苏轼从政治失意的哀伤中摆脱了出来，并重新确认了自己人生的意义。

苏轼在黄州一共待了四年零两个月，元丰七年三月改贬汝州，汝州较黄州离京城更近，所以这次苏轼的仕途有了转机。苏轼利用这次难得的机会，南下九江与诗友参寥一起游览了庐山，在山上题写了闻名遐迩的诗句，"不识庐山真面目，只缘身在此山中"②，诗中颇有哲理，令人回味无穷。随后，苏轼去了江西筠州，看望了同样被贬官的弟弟子由，然后从筠州折回北上。在金陵，拜见了已罢相的王安石。由于没有了政见上的纷争，同是天涯沦落人的苏轼和王安石相见甚欢，于是两位文坛巨匠畅谈诗词，一起参禅悟道，有诗为证："骑驴渺渺入荒陂，想见先生未病时。劝我试求三亩宅，从公已觉十年迟。"③

元丰八年（1087），神宗病故，小皇帝哲宗继位，高太后（哲宗祖母）垂帘听政。高太后反对变法，于是便将反对变法的旧党领袖司马光

---

① 谭新红等编著：《苏轼词全集》，湖北辞书出版社2011年版，第117页。

② （宋）苏轼：《题西林壁》，（清）王文浩辑注：《苏轼诗集》，中华书局2009年版，第1219页。

③ （宋）苏轼：《次荆公韵四绝》，（清）王文浩辑注：《苏轼诗集》，中华书局2009年版，第125页。

召回朝廷执政。苏轼也被起用为登州（今山东蓬莱）太守。苏轼在这里仅仅逗留了五天，但是在这短短的五天他却看到了非常罕见的海市蜃楼，于是便写下了著名的《登州海市》诗："东方云海空复空，群仙出没空明中。荡摇浮世生万象，岂有贝阙藏珠宫。心知所见皆幻影，敢以耳目烦神工。岁寒水冷天地闭，为我起蛰鞭鱼龙。重楼翠阜出霜晓，异事惊倒百岁翁。人间所得容力取，世外无物谁为雄。率然有请不我拒，信我人厄非天穷。潮阳太守南迁归，喜见石廪堆祝融。自言正直动山鬼，岂知造物哀龙钟。伸眉一笑岂易得，神之报汝亦已丰。斜阳万里孤鸟没，但见碧海磨青铜。新诗绮语亦安用，相与变灭随东风。"①

五天后，苏轼被召回京城任起居舍人，公元 1086 年即元祐元年，升任中书舍人。不久再迁翰林学士知制诰，负责为皇帝起草诏命文诰。至此，苏轼在仕途上达到了他的顶峰，从一个被流放的官员变成了朝廷的重臣，从文学家渐渐变成了一名政治家。但是苏轼缺乏政治细胞，正如别人评价他"一肚皮的不合时宜"。苏轼的民本思想，既和王安石革新派的思想不一样，同时也与司马光所代表的上层官僚的意见相冲突。更为重要的是，苏轼认为不能全盘否定王安石变法的作用，这可以说是他再次被贬最重要的一个原因。

苏轼不仅和司马光等保守派在政治上存在着矛盾，在哲学、思想上也与当时的主流二程（程颐、程颢）学说相左。从根源上来讲，这些都是苏轼追求个性独立的自由观，以及他"任天而动"的性格造成的。他的这种文人思想，与强调规矩、伦理理学思想是格格不入的，因此后来上演"洛蜀党争"也就不足为奇了（二程为洛阳人，苏轼为蜀人）。

因为有着太后的庇护，尽管苏轼与朝堂上的权贵们不对路，但是官运尚好。但是由于苏轼不善于政治，在朝堂上找不到快乐，因此心情却一点点地变差，就像他自己所说的"无日不在煎熬中"。在此期间，苏轼体会到了个性束缚乃至人性扭曲的痛苦。后来高太后病死，哲宗皇帝亲政，准备"绍述"先帝的事业，苏轼悲惨的贬官生涯再次开始。

绍圣元年（1094），朝廷先是撤掉了苏轼的翰林侍读学士，罪名是他

---

① （宋）苏轼：《登州海市》，（清）王文浩辑注：《苏轼诗集》，中华书局 2009 年版，第1387 页。

写了一些"讥刺先朝"的制诰，不久就将苏轼贬到岭南的英州（广东英德），随后的一个月里接连将苏轼三次降官，最后将其贬到岭南任建昌军司马、惠州安置。此次被贬，其中的艰辛远非当年的贬地黄州可比，不仅路途遥远而且属瘴疠不毛之地。幸好已经有了流放黄州的经验，苏轼的思想准备也更加的充足。而且，当时苏轼已迈入花甲之年，六十岁的他更加的坦荡，多以佛老的思想来看待这次贬官，形成了他独有的"东坡式"的顿悟和解脱。所以说，他晚年贬谪生活的最大特色就是随遇而安。同时由于苏轼以"民本"思想为为官理念，使得他与当地百姓的关系也甚是融洽。这不仅表现在他与革新派及保守派两派的争论上，更表现在他在各地方任职时，为百姓谋利所做的好事上。譬如在徐州，苏轼"庐于城上，过家不入"，带领当地百姓奋战七十余日，使得徐州城免于黄河决口带来的水患威胁；而在杭州，苏轼修浚西湖，现在杭州西湖著名的苏堤，就是和他有关。被贬惠州后，苏轼由官员变成了百姓，因此他能够与当地百姓更紧密地联系在一起，同时也从当地民众的生活中体会到了以前没有过的乐趣。所以才有了后来的名句："日啖荔枝三百颗，不辞长做岭南人"[①]的出现。

来到惠州后，苏轼将中原的先进科学技术也带到了这里，比如修建水力碓磨、推广秧马等。他的《蝶恋花》："花褪残红青杏小。燕子飞时，绿水人家绕。枝上柳绵吹又少，天涯何处无芳草！"[②] 也正是在此期间创作的。该词以凄婉的韵律、美妙的形象将禅思高度地概括出来，词一成便成为千古绝唱。然而，在他这种看似旷达豪放的思想之中，又蕴含了多少不为外人所知的辛酸！

在惠州，苏轼生活过得很艰苦，幸好有在杭州任上买下的侍女王朝云一直陪伴着他，照顾他的生活起居。因此，后来有一种说法将王朝云视为东坡的第三位夫人。当时只有三十多岁的王朝云，与东坡相得益彰，颇受东坡的喜爱。在她的照顾下，苏轼写下了"白头萧散满霜风，小阁藤床寄病容。报道先生春睡美，道人轻打五更钟"（《纵笔》）的诗句。而这首

---

① （宋）苏轼：《食荔枝二首》，（清）王文浩辑注：《苏轼诗集》，中华书局2009年版，第2193页。

② 谭新红等编著：《苏轼词全集》，湖北辞书出版社2011年版，第127页。

洒脱的诗后来竟然也成为他再次被贬的原因。苏轼当年的好友、现在的政敌章敦，在看到这首诗后感到十分不爽，因为他觉得苏轼太快活了，说"苏子瞻尚如此快活耳！"于是苏轼再贬海南儋州（今海南儋县）。年过花甲的苏轼当时就觉得"垂老投荒，无复生还之望"，于是将其他的家属都留在了惠州，自己只身一人携带幼子苏过渡海来琼，离别时全家人抱头痛哭。七月，苏轼终于来到了贬地儋州，而儋州生活之艰辛，更是远超前面他待过的黄、惠二州。

抵琼前后　思绪万千

临来海南之前，苏东坡感觉自己晚年凄凉，思想痛苦至极。这是他人生第四次被贬黜。在惠州的时候，苏东坡已是"白头萧散满霜风，小阁藤床寄病容"，可谓朝不保夕。这次被贬到海南儋州，山遥水险，他自忖已是毫无生还的可能性。他的这种心情在写给友人的信里表现得淋漓尽致，"某垂老投荒，无复生还之望，春与长子迈诀，已处置后事矣。今到海南，首当作棺，次当作墓。乃留疏与诸子，死则葬海外，生不契棺，死不扶膜"（《与王敏仲书》）。可见，在他来海南之前，已经安排了自己的身后事，他的家人也以此为永诀，当他起程南行时，史载"子孙痛哭于江边，已为死别"。

我们不难理解苏东坡悲观绝望的心理，当时他年事已高（花甲之年），体弱多病，此外，他对当时海南的地理环境和人文环境已经有了一定的了解。

苏东坡被贬的地方称儋州，古称儋耳，位于海南岛西北部。"它远离中国内地，人烟稀少，文化落后，聚居着几乎处于原始状态的黎族兄弟，对于中原地区的汉民来说，简直就是海外、外域。"①

据《儋州志》记载："盖地极炎热，而海风甚寒，山中多雨多雾，树木荫翳，燥湿之气郁不能达，蒸而为云，停而为水，莫不有毒；风之寒者，侵入肌窍；气之浊者，吸入口鼻；水之毒者，灌于胸腹肺腑，其不死者几稀矣。""风涛瘴病"，素有"鬼门关"之称。

---

① 蒲友俊：《超越困境：苏轼在海南》，《四川师范大学学报》（社会科学版）1992 年第 2 期。

　　另据《琼州府志》记载："其地有黎母山，诸蛮环居其下。黎分生、熟。生黎居深山，性犷悍，不服王化"；① "熟黎，性亦犷横，不问亲疏，一语不合，即持刀弓相问。"② 虽然其中对黎族风俗民情的描述，具有很强的片面性，但与当时先进的汉民族相比，文化上的巨大差异的确是客观存在的。

　　流放，这是剥夺一个人的自由和权利的政治处罚，不管何时何地，都不是什么浪漫的事。更何况是儋州这样一个蛮荒落后的地方，自唐朝开始此地便成为封建统治者惩治政敌逆臣的最佳选择。当政者章淳等人把苏轼放逐到这里来，其显然是要置之死地而后快。当苏东坡初闻被贬儋州时的心情可想而知。他一路颠簸来到昌化军后便写道："并鬼门而东骛，浮瘴海以南迁，生还无望，死有余责。"③

　　苏东坡刚到海南的时候，海南当地的生活条件很苦，不要说日常用品奇缺，就连衣食住行都非常困难。吃的东西要自己种，写字要自己磨墨，想要喝酒就得自己酿，想想心里实在难受，正如他自己在《寄程儒书》中所说："此间食无肉，病无药，居无室，出无友，冬无炭，夏无寒泉，然亦未易悉数，大率皆无尔。唯有一幸，无甚瘴也。"所以他一到昌化城（今儋州中和镇），首先想到的就是给自己做一口棺材，以便客死他乡时尸骨不会被葬身海里。尤其是听说海南岛遍地瘴气，他更是觉得自己凶多吉少。这时的苏轼，心绪未宁，心境如他自己的诗中所写："登高望中原，但见积水空。此生当安归，四顾真图穷。"④

　　艰苦的生活尚可忍受，可怕的是残酷的政治迫害。苏东坡刚到昌化军，军使张中仰慕东坡的名望，迎苏住进官舍，待为上宾。所谓官舍并不是红砖碧瓦的楼阁，而是逢雨天漏水的破房。苏东坡在《和陶诗中》写道："如今破茅屋，一夕或三迁。风雨睡不知，黄叶落枕前。宁当出怨句，惨惨如孤烟。"⑤ 在这破旧的房子里住了几个月，章淳就知道了，

① （清）萧应植修：《乾隆琼州府志》，海南出版社2003年版，第827页。
② 同上。
③ 同上书，第828页。
④ （宋）苏轼：《行琼儋间》（清）王文浩辑注：《苏轼诗集》，中华书局2009年版，第2246页。
⑤ （宋）苏轼：《和陶诗中》，（清）王文浩辑注：《苏轼诗集》，中华书局2009年版，第2271页。

便派董必赴儋，将苏东坡"逐出官舍"，东坡无室可居，只得露宿城南污池之侧桄榔林下。凄风苦雨中，苏东坡仰天长啸：敌人要我死，我偏要活。

虽然政治上遭到了迫害，但是苏轼却得到了黎族朋友的关爱和帮助。在苏轼的为官思想中，"爱民""民本"两条一直是他最基本的原则。反过来，当地人民对他的爱戴和帮助，使他发现了生活的另外一种意义，从而更加"爱民"。这可以说是在困难时期支撑他顽强生活下去的主要动因，在海南更是如此。尽管当时和汉族之间的矛盾不断，但当地黎族人民也都知道东坡的贤名，认为苏轼这样的"天上人"能够来到儋州这种小地方，是他们三生有幸的造化。因此，当地居民在苏轼遭到"逐出官舍"时候，纷纷伸出援助之手免费帮他修建了五椽茅屋，还表示"物器或不及"的邻里会咸致所有。这种萍水相逢的深情相助，使苏轼从内心感到非常的温暖，于是深情地写道："我本早衰人，不畏老更劲；邦君助畚锸，邻里通有无。"① 苏东坡将新屋命名为"桄榔庵"，并作《新居》诗贺之：

朝阳入北林，竹林散疏影。
短篱寻丈间，寄我无穷境。
旧居无一席，逐客犹遭屏。
结茅得兹地，翁嫗村巷永。
数朝风雨凉，畦菊发新颖。
俯仰可卒岁，何必谋二顷。②

苏东坡在这首诗中描写了桄榔庵幽静宜人的景色，表达了被逐出官舍的悲愤情绪和旷达的处世态度。在当地人民的帮助下，苏东坡渡过了"居无室"的难关，他思想也发生了巨大的转变，由开始怕这些性情粗犷、不服王化、动辄刀弓相见的黎人，到爱他们，并想和他们结成朋友，成为其中的一员。

---

① （宋）苏轼：《和陶和刘柴桑》，（清）王文浩辑注：《苏轼诗集》，中华书局 2009 年版，第2216 页。
② （宋）苏轼：《新居》，（清）王文浩辑注：《苏轼诗集》，中华书局 2009 年版，2312 页。

在相互的交往中，苏东坡也渐渐感觉到，这个远离朝廷数千里的孤岛上的百姓竟如此淳朴，如此友好，还会经常送些吃食给他，慢慢地与他们建立起了信任和感情。这时的苏轼，完全转变成了另一个人，有了另一番心情，并且开始从低沉中走出来。他很快发现，原来海南岛并没有人们传说中的瘴气，生活环境是如此的优美，生存比大陆容易得多，当地村民是如此的友善。他很快喜欢上了这个"风土极善，人情不恶"的月明风清之地，自称"我本儋耳人，寄生西蜀州"。

我们也可以从他北归与送别的乡亲们话别中看出他对当地人民依依不舍的心情，"我本儋耳人，寄生西蜀州。忽然跨海去，譬如事远游。平生生死梦，三者无劣优。知君不再见，欲去且少留"①。此时，他已将自己看作儋州人，海南人民以淳朴火热的感情温暖了苏东坡那颗"定患不已"的心，使他振作起来，对海南产生了真挚的爱，并把海南看作自己的故乡，"他年谁作地舆志，海南万里真吾乡"。

当然，苏东坡放逐海南后思想的转变还有其自身的因素。苏东坡的思想一向是复杂的，集儒道佛三家于一身，"以儒教师其身，佛教治其心，道教养其寿"；"穷则独善其身，达则兼济天下。"白居易和孟子的这些处世哲学，对苏东坡影响很大。苏东坡的思想常随政治地位的升沉和生活环境的优劣而变化。他晚年被贬海南，愁肠百结，于是只好像陶渊明那样以酒浇愁，用佛老思想来麻醉和安慰自己。当他无法排遣苦恼时，便作旷达，随遇而安，以苦为乐，获得精神上的慰藉。因此在儋州人民的体贴关怀下，很快从苦闷绝望中解脱出来。抱着有益于后世的理想，表现出"能立万物表，长生乃余事"的气概，奋发有为，度过了艰难而有益的海外三年，并对海南做出了突出的贡献。

朝廷之失　海南之幸

苏轼的到来，为海南的教育及社会发展做出了极大的贡献，海南人民也都永远铭记着他，在海南不仅有东坡书院，还有东坡村、东坡田、东坡井、东坡路、东坡桥等，连说的话都叫东坡话，戴的斗笠叫东坡笠，吃的蚕豆叫东坡豆。同时，在海南期间苏轼的文学创作也达到了他人生中的第

---

① （清）王文浩辑注：《苏轼诗集》，中华书局 2009 年版，第 2362 页。

三个高峰期。具体来讲苏轼对海南的贡献主要表现在以下几个方面：

1. 兴办教育，福泽后人

"纵观海南历代文人、学者、名宦，宋代有姜唐佐、符确，明代有邢宥、丘濬、王佐、唐胄、海瑞、梁云龙、王弘诲、许子伟、陈是集等，清代有张岳崧、云茂琦、韩锦云、潘存、王云清、王承烈等，他们皆以学识、宦绩著称，载誉中原，引领琼岛。这不能不说跟东坡在西部播下的文明种子有着紧密的联系。"① 戴肇辰的《重建东坡书院并修洄酌亭记》云："宋苏文忠公之谪居儋耳，讲学明道，教化日兴，琼州人文之盛，实自公启之。后公北归，郡人遂即公所尝至之地，建为书院，而名之曰东坡，文不忘也。"明代大学士丘濬道："为学说者谓琼士未知学，盖自宋姜君弼（唐佐）从苏公子瞻始。"（《琼山县学记》）大部分的学者都认为海南"教化渐开"是从苏轼谪居海南后开始的，这种观点在明清两朝海南文化的盛况中得到了佐证。

苏东坡到海南后，看到儋州虽置郡较早，但文化一直未开。当时的儋州乃至整个海南岛的文化都相当落后，几乎没有什么学校。尽管早在西汉武帝时期，海南已经设置了珠崖、儋耳二郡，标志着发达的中原文化开始向海南传播。但从汉至宋，历经几百年，海南的文化仍然没有很大的起色。据《儋州志》记载："儋州为汉武帝之元鼎六年设郡，经汉魏六朝至唐及五代文化未开。"

同时，当地人民的生活也相当的苦。苏东坡在给侄子的信中写道："海南连岁不热，饮食百物艰难，及泉、广海舶绝不至，药物鲜酱等皆无。土人顿顿食薯芋，荐以薰鼠烧蝙蝠。"（《与侄孙元老》）北宋时期，这里黎汉杂居，仍然刀耕火种，文化教育也十分落后。

苏东坡为改变当地人民愚昧落后的状况，首先想到兴办教育，推广中原文化，提高人的素质。他把自己居住的桃榔庵当作讲学之所，动员群众学习，苦心劝导儿童入学，前来学习的有二十多人。据《儋县志》记载，到苏东坡门下学习的有潮州籍青年王介、吴子野，有来自福建的许红，澄迈的赵梦得，丹阳的葛延之，琼山的姜唐佐，儋州的黎子云、黎威、黎先觉、符林、符确、王霄等人。儋州一时"书声琅琅，弦歌四起"，一跃成

---

① 蔡葩：《文化：苏子授业学教始兴》，《海南日报》2009 年 11 月 3 日。

为海南文化教育的中心。没有课本，才高八斗、学富五车的翰林学士就亲自编写教材，亲课诗书，传经析传，讲授作文要诀。

苏东坡性格豪放随和，从来不在学生面前摆先生的架子，和学生的关系也非常融洽。他常与黎子云携酒酬唱，传经论文，彼此日相亲近。于是大家自觉凑钱作屋，盖了载酒堂，使苏东坡传道授业解惑有了固定场所。教化日深，桃李芬芳，英才崛起，并膺蒲轮。苏东坡来前，儋州文士无一人及第。琼州学士姜唐佐来儋州师事东坡，东坡尽心教他，相信海南定会有人才脱颖而出之时，当时写两句诗赠姜唐佐，"沧海何曾断地脉，白袍端的破天荒"，并对他说："异日登科当为子成此篇。"结果正如苏东坡所料，姜唐佐在其北归后第三年果然举乡贡；1109年，儋州人符中榜，成了海南历史上第一位进士。其后更是人才辈出，接连有人中举。有史为证："吾儋自宋苏文公开化，一时中州人士，王、社则经术称贤，应朝廷之征聘；符、赵则科名济美，标琼海之先声。迄乎有无，荐辟卓著。明清之际，多士崛起，尚书薛远，进士黄、王，登贤书者五十九人，列乡元者三科两解。文人之盛，贡选之多，为海外所罕见。"（《儋州志》）《琼台记事录》也有类似的记载："宋苏文忠公之谪居儋耳，讲学明道，教化日兴，琼州文人之盛，实自公启之。"由此说明，苏东坡在海南敷扬文教成果累累，影响深远。

苏东坡在儋州开创书院后，整个海南尤其是北部地区文化日渐兴盛，人才辈出。就苏东坡个人的命运来说，他被贬到海南这荒蛮之地是十分悲惨的，但从另外一个方面来讲这却是海南的一大幸事。

2. 苦心劝农，移风易俗

当时的儋州生产很落后，不少地方还处于"刀耕火种"的原始状态，大多数的黎人还不会使用犁锄这些种田的生产工具，播种不锄草，任其自然生长。苏东坡到儋州后非常关心黎族群众的疾苦。针对生产技术低下，生产工具落后，封信迷信狷獗等情况，苏东坡先教育黎人努力从事农业生产，学会使用先进的工具开荒种地。苏东坡写下了劝农诗一首，以唤起他们积极生产，改善困顿的生活状况，诗中写道："斩艾蓬藋，南东其亩。父兄搢挺，以扶游手。天不假易，亦不汝匮。春无遗勤，秋有厚冀。云举雨决，妇姑毕至。我良孝爱，祖铣何愧。"（《劝农诗》）他劝告黎民父老兄弟友好合作，辛勤劳作，只要这样，就可乐享丰年。此外，苏东坡与黎族群众在劳动中加强友好交往，增进友谊，加深了解。

苏东坡还在当地破除各种迷信，尤其反对黎族杀牛祭鬼、烧香拜佛的陋习。他看到当地许多群众生病了既不找医生看也不吃药，竟然把牛杀了来祈求鬼神，越有钱的人杀的数量越多，有的人一次要杀几十头牛。如果没治好，就认为这个人命不好；如果碰巧病人自己好了，则功劳全部属于巫。而且在此期间，病人不得另外用药，否则巫神就会发怒，病人则九死一生。古代耕牛非常宝贵，是农作的主要动力，但是由于当时的迷信，耕牛并没有得到很好的利用。此外为了解决当时群众看病的问题，他还亲尝百草，制成"四神丹"（以熟地黄、元参、当归、羌活四种草捣制而成）补中益血能防瘴气；制成"淡豆豉汤"（用姜、葱、豉三味制成），成为黎民防治"发水"（水土不服病）的神药，服者无不效验。同时，他还把亲友从大陆寄来的贵重药物发给当地生病的群众用以治病。苏轼为了当地群众的身体健康，号召他们莫饮咸滩腐水，并带领王霄等人四处教黎民掘井的技术。苏轼去过的很多地方，就都有了"东坡井"，这些井多是东坡手凿或当地人依照东坡教的掘井技术凿成。当地人民欣喜地发现喝了这些水后，人确实变得更健康。甚至后来他们都认为喝"东坡井"的水，人就会变聪明，直到现在很多地方仍然有这种习俗。由此可见，苏轼对海南人民的影响之大。

3. 黎汉亲善，民族团结

苏东坡反对大汉民族主义，提出尊重黎族人民的风俗习惯，主张黎汉一家亲。他在诗中写道："咨尔汉黎，均是一民，鄙夷不训，夫岂其真？"① 苏东坡认为当时海南贫穷、落后与黎民骚乱，原因在于朝廷歧视少数民族，不重视海南的经济发展和文化教育，特别是贪官污吏、鹰鸷狼食造成了这一结果，黎汉如果发生矛盾，责任首先在汉人方面，"曲自我人"。苏东坡到海南后，很快就和当地黎民打成一片，不断进行友好交往，先后与黎子云兄弟、符林、春梦婆等人建立了深厚友谊。他自己也写道："借我三亩地，结茅为子邻。鸿舌倘可学，化为黎母良。"② 大意是如

---

① （宋）苏轼：《和陶劝农》，（清）王文浩辑注：《苏轼诗集》，中华书局 2009 年版，第 2256 页。

② 同上书，第 2362 页。

果能学会黎语（鸿舌）的话，我自己也愿意做个黎族人。苏东坡关心海南人，海南人也关心苏东坡，"帮君助畬锸，邻里通有无"，有人把自己的一小块菜地让给东坡父子种，请他喝酒。黎子云兄弟既把东坡当作先生又当作忘年朋友款待，东坡在诗中写道："半醒半醉问诸黎，竹刺藤梢步步迷。但寻牛矢觅归路，家在牛栏西复西。"① "总角黎家三四童，口吹葱叶送迎翁。莫作天涯万里意，溪边自有舞粤风。"② "符老风情奈老何，朱颜减尽鬓丝多。投梭每困东邻女，换扇唯逢春梦婆。"③

诗中他写到了酒后访黎子云兄弟的场景，也有黎寨里的小孩们口吹葱叶欢送他的情景，更有在天旱之际与人民一道祭神求雨——"溪边自有舞零风"的乐趣。"黎山有幽子，形槁神独完。负薪入城市，笑我儒衣冠。……遗我吉贝布，海风今岁寒。"打柴的樵夫把自己织的吉贝布送给苏东坡御海风之寒，黎家兄弟与苏东坡感情深厚，投之以木瓜，报之以琼瑶。苏东坡把海南人民的情谊牢记心里。史料中有过这样的记载：苏轼自海南归朝路过润州，他的老朋友润州州牧因问海南风土人情如何。东坡云："风土极善，人情不恶。某离昌化时，有十数父老从海南归朝，皆担酒馔直至舟次相送，执手泣涕而去。且曰：此回内翰相别后，不知何时再得相见。"苏东坡在海南澹州谪居三年，把那里看作自己的故乡，对人民敷扬文教，苦心劝学劝农，主张黎汉亲善，和人民建立了水乳相融的关系。儋州人民为纪念这位伟大的文学家，把很多东西都用"东坡"命名，如"东坡书院""东坡故居""东坡巷""东坡井""东坡桥""东坡田"等，用以寄托对东坡先生的怀念之情。

纯朴自然　创作之巅

苏轼乐观豁达的生存方式，给他晚年的文学创作带来了新的高峰。苏轼一生的诗作，现在有记载的是两千七百多首，其中居儋期间近一百四十首。清代学者王文浩在《苏轼总案》中把苏轼一生的创作分为八个时期："《南行集》和签判凤翔、熙宁还朝、猝杭守密、入徐湖、谪黄、元祐召

---

① （宋）苏轼：《被酒独行，遍至子云、威、徽、先觉四黎之舍三首》之一，（清）王文浩辑注：《苏轼诗集》，中华书局 2009 年版，第 2322 页。

② 同上。

③ 同上。

还、谪惠、渡海。"王文浩还着重指出"谪黄"和"谪惠"是苏轼的两大转变,而渡海的意义更大,"其意愈隐,不可穷也",故"黄鲁直(庭坚)于公诸集,独尊海外诗。崇、观间禁锢甚严,而海外诗盛行,士大夫无不传习者"(《邀斋闲览》)。可见苏轼在海南所作诗歌的艺术价值和影响。

在海南期间,苏东坡的文学有了很大的转变。首先是文风由粗放豪迈转向了平易清新,而且他经常与黎族同胞一起生活,耳濡目染,写出了我国古代文学史上极其少有的完整地反映黎族人民精神面貌及风俗生活的诗篇。《和陶诗》就是其中的代表作,这是苏轼晚年为追和陶渊明而写的一本诗集,共约 124 首,大部分写于贬地岭南(惠州)、海外(儋州)这两个地方,《和陶饮酒》除外。苏轼于 1097 年 7 月 2 日到昌化军贬所,同年12 月他整理所和陶诗共 109 首,之后又写了十几首(据王文浩《苏诗集成总案》)。苏轼亲自将《和陶诗》编纂成集,后让苏辙为该诗集作序,"以俟后之君子",可见他对这 120 多首《和陶诗》的创作及其艺术价值是相当重视的。《和陶诗》既表现了苏轼崇尚真朴自然的情怀,诗的创作每每发自对现实生活的感触;同时又表现了他对魏晋时期那种"高风绝尘"诗风的追求。

另外,追和古人也是他对诗歌体制的一种创造性实践。根据对《海外集》的统计:"苏轼居儋期间共写出诗一百七十四首;散文一百二十九篇;赋五篇;颂十八篇;铭四篇。"① 大约每两天苏轼就要写出一篇(首),更为难得的是这些诗词质量也很好。这些著作都是苏轼在海南饥寒交迫、纸墨缺乏的境遇下完成的,正所谓"秀句出寒饿,身穷诗乃享",它们是苏轼一生创作道路的经验总结,也是他居儋三年的生活写照。苏轼在海南的三年,无论对其人生观、价值观、处世观还是创作理论都产生了巨大的影响,就是对很多后人也产生了巨大的作用。

"九死南荒吾不恨,兹游奇绝冠平生"②,这是他在结束三年的儋州流放生活渡海北归时写下的诗句。这两句诗可以说是他当时真实心境的写照,既没有美化海南当地险恶的地理环境,也没有后悔来到海南。以至于

---

① 柯小瑜:《从苏轼贬儋期间诗文究其复杂心态》,《青年文学家》2010 年第 5 期。

② (宋)苏轼:《六月二十日夜渡海》,(清)王文浩辑注:《苏轼诗集》,中华书局 2009 年版,第 2366 页。

他北归时，路过镇江金山寺，面对古刹，面对自己早年年轻英俊的画像，沉思自己的一生，让他大为感慨。但最后在他看来，自己在海南的日子才是他一辈子最重要的时光。他这样说："心似已灰之木，身如不系之舟。问汝平生功业，黄州、惠州、儋州。"① 用三个被贬的地方来概括自己一生的功业，其中的苦难和艰辛是常人所无法想象的，但是仕途上的不如意并没有影响到苏轼潇洒、从容和旷达的处世风格。我想这正是苏轼能够名垂千古的原因：不向权贵低下自己高昂的头颅，历经千辛万苦却始终没有失去那颗率真之心。我们发现苏轼的作品有着一种永恒的精神，阅读他的作品总是能够让人豁然开朗，能够把我们从个体与时代的局限中拉出来，把我们带入那广袤无垠的历史和宇宙大背景之中，在他那豪迈的诗意中自由地徜徉。

第四节　贬谪文化的顶峰（下）

卢多逊

卢多逊（934—985），怀州河内（今河南沁阳）人。后周显德初年中进士，出仕后一路迁升至集贤殿修撰。北宋建立后，历任"祠部员外郎、兵部郎中……平章事、兵部尚书等职"②。因罪被贬至崖州，雍熙二年（985）在贬所去世，终年52岁。

祸起"结党营私"

据《宋史·卢多逊传》记载，卢多逊从小就很聪明，喜欢读书，经、史、诗、词都很擅长；而且他的记忆力很强，虽不能过目不忘但也差之不远。总的来说，卢多逊是一个相当有才干的人，同时于他又善于揣摩圣意，深得皇帝的喜爱，一度权倾朝野。史书上有这样的记载：卢多逊得知宋太祖好读书，于是自己每次去史馆取书的时候，都会向管理史馆的小吏打听太祖读过的书目。在得知书目后，必仔细阅读，以备日后之需。功夫

---

① （宋）苏轼：《自题金山画像》，（清）王文浩辑注：《苏轼诗集》，中华书局2009年版，第2652页。

② （元）脱脱、阿鲁图：《宋史·卢多逊传》卷二百六十四，中华书局1999年版，第7496页。

不负有心人，每当太祖问及书中事时，卢多逊都能够对答如流，所以深受宋太祖的喜爱。正是有着皇帝的恩宠，卢多逊不久就官至宰相。然而"天有不测风云"，政治尤是如此，由于涉及秦王赵光美"结党营私"案，卢多逊在一夜之间便由位高权重的宰相变成一名阶下囚。

973 年，宋太祖封弟赵光义为晋王。三年后，宋太祖卒。赵光义继位，即为宋太宗。太宗封亲弟赵廷美为齐王，封兄赵匡胤长子德昭为武功郡王，位在宰相之上。979 年十月，宋太宗赵光义封其弟廷美为秦王。

这一切表面上看似很平静，其实却蕴藏着无尽的惊涛骇浪。981 年，卢多逊向宋太宗进谗言说宰相赵普在太祖过世的时候不想立太宗为帝。太宗得知此事后，便渐渐疏远了赵普。从此赵普便与卢多逊结下了仇恨，一直想寻机报复。恰逢太宗赵光义旧臣柴禹锡、扬守一、赵镕，状告秦王赵光美骄恣，私下结党谋反，意图取代太宗。宋太宗于是询问赵普的看法，赵普表示愿备枢轴，观察奸变。赵普更乘机向宋太宗表示自己忠于朝廷反被他人诬告，很是冤枉，状告卢多逊陷害忠良。同时，赵普为了证明自己所说，就把以前受杜太后之托写"金匮之盟"之事说了出来。（"赵匡胤母杜氏，生匡济、匡胤、光义、光美、匡赞兄弟五人。据说杜太后临终前谈到了皇位的继承问题，谕示太祖百年之后，当立赵光义。宰相赵普在病榻前记下誓言，末尾署上'臣普记'，把誓言藏在金匮之中，这即历史上著名的'金匮之盟'。"[①]）于是太宗打开藏有誓书的金匮，发现果真如赵普所说，便消除了对赵普的误会，任命他为司徒兼侍中，加封梁国公。

赵普重新得势后，便开始了与卢多逊的明争暗斗。982 年，有人告秦王光美欲乘太宗去西池时叛乱，趁此机会，太宗解除了秦王开封尹的职务，改成西京留守。据"金匮之盟"定下的传位顺序，太祖赵匡胤传给宋太宗，宋太宗再传给赵光美，光美是第二顺位继承人。宋太宗就此事询问了赵普的意见，在赵普的建议下，决定放弃杜太后所立的"金匮之盟"的传位顺序，改立自己的儿子为王储。同时，为了消除秦王赵光美对自己统治的威胁，太宗乘机将其关入了大牢。而卢多逊一直就与秦王交往甚密，在任宰相时更是屡次将中书的机密泄露给秦王。因此在秦王入狱后，

---

① 蔡葩：《身在天涯犹放歌——北宋宰相卢多逊与水南村胜景》，《海南日报》2008 年 9 月 2 日。

卢多逊受其牵连也被打入大牢，初判死刑并诛九族。宋太宗念在卢多逊久事朝廷，没有功劳也有苦劳，便格外开恩只是剥夺了他的官职及三代的封赠，将其全家流放当时政府版图的最南端——崖州。史书记载："臣之事君，贰则有辟，下之谋上，将而必诛。兵部尚书卢多逊，顷自先朝擢参大政，洎予临御，俾正台衡，职在燮调，任当辅弼。深负倚毗，不思补报，而乃包藏奸宄，窥伺君亲，指斥乘舆，交结藩邸，大逆不道，非所宜言。爰遣近臣，杂治其事，丑迹尽露，具狱已成，有司定刑，外廷集议，佥以枭夷其族，污潴其宫，用正宪章，以合经义。尚念尝居重位，久事明廷，特宽尽室之诛，止用投荒之典，实汝有负，非我无恩。其卢多逊在身官爵及三代封赠、妻子官封，并用削夺追毁。一家亲属，并配流崖州，所在驰驿发遣，纵经大赦，不在量移之限。期周已上亲属，并配隶边远州郡。部曲奴婢纵之。余依百官所议。中书吏赵白、秦王府吏阎密、王继勋、樊德明、赵怀禄、阎怀忠并斩都门外，仍籍其家，亲属流配海岛。"①

流放途中颠沛流离

卢多逊的罢相流放，虽然没有最初要诛斩九族那么残酷，但还是属于很严厉的处罚。因为他并不仅仅是一个人被流放，而是一家亲属老小都株连坐罪，并配隶崖州禁锢，而且还不在大赦之列。所谓一家亲属，按照宗亲制度的划分，包括直系血亲和直系姻亲，因此，跟卢多逊一同被流放到崖州的一家亲属老小，应该在百人以上。其中有记载的是，卢多逊的妻子苏氏，大儿子卢雍、小儿子卢宽及女儿等。

982 年五月，卢多逊全家痛别中原，历尽千辛万苦终于来到了中国最南端的崖州。卢多逊在《谢恩表》中写道："流星已远，拱北极而无由；海外悬空，望长安而不见"，感叹自己来到海外孤岛，就如同一颗脱离北斗而去的流星，离自己的政治抱负越来越远了，惆怅之情跃然纸上。但他接着又写道"班超生入玉门，非敢望也；子牟心存魏阙，何日忘之"，惆怅之中仍流露出爱国之情，虽然赦还无望，仍然心存朝廷，思念故土，就像当年班超、子牟所做的一样。

卢多逊是被流配到崖州的。宋朝的驿道，约二十里就设一铺，而当

---

① （元）脱脱、阿鲁图：《宋史》卷二百六十四，中华书局 1999 年版，第 7498 页。

时的卢多逊一家正是一铺一铺地在公差接力式的遣送下来到目的地的。而且每过一地，一定要有两地的文书交接。从大宋的都城汴京到崖州共计两千多公里的路程，关山重重，还有大海的阻隔，在交通工具不是很先进的北宋，拖家带口每天也就走个六十来里路，大概得花费三四个月才能到达。"一去一万里，千之千不还。崖州在何处？生度鬼门关。"①前人李德裕就已经深刻地体会过这种痛苦了，路途之遥远、艰辛，悲凉之情油然而生。

历史上，很多从大陆贬到海南的官员，都是先到位于福建泉州的港口，乘坐木帆船从海路去往海南。顺风顺水的话船也要几天几夜才能到达海南，要是逆风而行则可能需要十几天的时间。当时的木帆船小且航速慢，而且船上储备的淡水也很有限，所以卢多逊在船上很长时间都没有淡水洗澡，不久得了痒皮病（皮炎）。当卢多逊乘船到达贬地——崖州水南村的时候，全身皮肤已经奇痒难忍。

关于卢多逊到海南之后的情况，司马光：《续资治通鉴》卷十一曾记载了这样一个故事：

> 多逊赴贬所，食于道旁，逆旅有妪，颇能言京邑旧事，多逊因与语，妪固不知为多逊也。多逊曰："妪何自来，乃居此？"妪嚬蹙曰："我本中原士大夫家，有子任某官，卢某作相，令枉道为某事。吾子不能从其意，卢衔之，中以危法，尽室窜南荒，未周岁，骨肉相继沦没，惟老身流落山谷。今侨寄道旁，非无意也。彼卢相者，蠹贤怙势，恣行不法，终当南窜，幸未死间，或可见之耳。"多逊默然，趣驾去。

我们现在虽然无法证实这个张扬因果报应的故事的真实性，但是"管中窥豹可见一斑"，可见卢多逊在朝为官确实干了不少坏事。虽然说他的被贬更多是因为皇权斗争，但与他在位期间的种种劣迹也不无关系。

---

① （唐）李德裕：《贬崖州司户道中》，（清）彭定求等编：《全唐诗》卷一百二十一，延边人民出版社 2004 年版，第 659 页。

水南风景堪夸

卢多逊刚来到贬地时，可谓身心疲惫、心力交瘁，而且还患上了很严重的皮肤病。当时的崖州知州规定卢多逊的房子只能修在城外，不能靠近崖州府的三坊城，因此卢多逊便选择了城西的水南村。水南村历史悠久，位于崖州宁远河之南，遂得名水南。据史料记载，水南村的历史最早可以追溯到2100年前，西汉政府元封元年（公元前110年）在海南设立临振县，当时的县治就位于水南村一直被沿用到南宋，如隋朝和唐朝的振州、宁远县，北宋的崖州和吉阳军的治所均设在此地。南宋淳熙年间，吉阳军署从宁远河南的水南村迁到了北岸，最后成为现在古崖州城的所在地。从上面的记载我们可以得知，是先有了水南村，然后才有的崖州城。尽管水南村历史很悠久，但是因其偏远的地理位置等原因一直没有进入文学家的视野，更不用说引起世人的注意，直到卢多逊的到来才出现了转机。卢多逊以及后来被贬来此地的官员，为水南村做出了很大的贡献。

卢多逊来到崖州时就让遣送者将《谢恩表》带回朝廷。文中写道："流星已远，拱北极而无由；海外悬空，望长安而不见。"这是卢多逊在感谢朝廷的不杀之恩，免除了灭族之祸；至于流配之苦，则只能在日后慢慢地化解。

宋朝，崖州的商业较以前已经有了很大的发展，中药铺、医馆、学堂等各种行业都已经出现。没多久，在医生的治疗下，困扰卢多逊的皮肤病好了。病好了之后，卢多逊便开始了和水南村当地居民的友好往来，同时在日常生活中也创作了不少反映和当地人民之间的友情以及赞美海南风物的文章，对推动海南文化的发展产生了一定影响。在水南村，卢多逊结识了一位饱读诗书的乡贤：黎伯淳。卢多逊很佩服他能够淡泊名利、隐居田园，尊称其为"幽人学士"。在水南村与世无争的民风的熏染下，也在黎伯淳淡泊名利的影响下，卢多逊创作了《水南村为黎伯淳题》七律二首。其一：

> 珠崖风景水南村，山下人家林下门。
> 鹦鹉巢时椰结子，鹧鸪啼处竹生孙。
> 鱼盐家给无墟市，禾黍年登有酒樽。

远客杖藜来往熟，却疑身世在桃源。

其二：

一簇晴岚接海峡，水南风景最堪夸。
上篱薯蓣春添蔓，绕屋槟榔夏放花。
狞犬入山多豕鹿，小舟横港足鱼虾。
谁知绝岛穷荒地，犹有幽人学士家。

　　在第一首诗里面，卢多逊用文字向我们描绘了一幅水南村优美的画面，画里面既有美丽的自然风光，更有村民与世无争的恬静生活，让人有一种仿佛置身世外桃源的感觉。卢多逊经历了大起大落，从一个高高在上的宰相一下就沦落为一个被流放南荒的罪臣，这种巨大的变化使得他非常艳羡当地村民那平静而安逸的生活。第二首诗则主要描写了主人家那幽雅的环境以及他那自得其乐的乡居生活，诗中同样也流露出卢多逊无限的羡慕之情。水南村，因此也成为卢多逊以及后来被贬此地的官员们失意时的疗伤胜地，因而备受后人推崇。比如王士熙（元参知政事）被贬来此后，就专门创作了《崖州八景》，其中抒写水南村周边景物的就占了六首，水南村在他心中的地位之高由此可见一斑。尽管如此，卢多逊在水南文化中的地位是他人所不可替代的，可以说是他一手开创了水南文化，让水南村进入了文人们的视野。水南村乡贤黎伯淳之所以能够出现在《崖州志》的记载中，载典籍而留名，就是因为卢多逊为黎伯淳写的两首诗。而卢黎两姓的友谊也就此确立了下来，成为世交，现在亦是如此。

一代名相崖州留芳

　　卢多逊被贬崖州后，备受当地官吏的欺凌。当他和家人历尽千辛万苦，水陆并用辗转到达崖州后，却被知州禁止在城内居住，无奈之下只能落籍于城外的水南村。更有甚者，崖州小吏之子因垂涎卢多逊女儿的美貌，倚势求婚，遭拒后，其父伙同知州及同僚竟对卢多逊一家百般凌辱与威胁。万般无奈之下，卢多逊只得忍辱将女儿嫁给了他，以保全女儿的性命和换取全家人的安全。幸好水南村的民风淳厚，不但没有因为卢多逊是戴罪之身而看不起他，反而在各个方面都给予关怀和帮助。但是，由于很不适应崖州当地炎热的天气，再加上遭受多重打击，卢多逊在来崖州的第三年（985），病死在贬所。

卢多逊死后，他的家属被朝廷下诏迁到了容州（今广西北流），后又再次换到荆南。可喜的是卢多逊的儿子们都很上进，并没有因为自己是贬官之后就心灰意冷。卢雍通过自己的不断努力，后来被朝廷录用为公安主簿。而在水南村出生的卢察才华更胜一筹，考中了景德二年（1005）的进士，官拜州簿尉。1010 年，在卢多逊死后的第 25 年，子孙将其归葬襄阳。由于路途遥远、交通不便等诸多因素，卢家有部分家属并没有遵朝廷的旨令迁往他处，而是在崖州各地散居下来，因此卢多逊也被崖州乃至整个海南卢姓的人尊为入琼始祖。卢多逊后人便在海南全岛蔓延开来，据初步统计现今共有 3 万多人，从宋到今一千多年里为海南社会的不断发展和进步做出了很大的贡献。2006 年，海南卢氏在当地政府的支持下在水南村修建了卢多逊纪念馆，并于 2007 年 6 月 5 日竣工并正式对外开放。为了更好地对卢多逊进行研究，海南省在 2011 年 5 月 3 日成立了卢多逊历史文化研究会。

丁谓

丁谓（966—1037），字谓之，后改为公言，北宋长洲（今苏州）人。1012—1016 年被宋真宗任命为参知政事（次相），后因事被免，天禧三年（1019）再次担任参知政事，后升枢密使、同中书门下平章事（正相）。丁谓前后在相位共七年（1012—1016，1019—1022），乃三朝元老（太宗、真宗、仁宗）。丁谓从小就很聪明，"少与孙何友善，同袖文谒王禹偁，禹偁大惊重之，以为自唐韩愈、柳宗元后，二百年始有此作"[1]。长大后他更是成了一个多才多艺的人，据记载，棋琴、书画、诗词、音律，乃至天象和占卜都很精通。

丁谓在历史上是一个颇有争议的人物。从好的方面来讲：首先，丁谓在任期间曾表现出不俗的军事指挥能力，巧施妙计兵不血刃就平定了西南

---

① （元）脱脱、阿鲁图：《宋史》卷二百八十三，中华书局 1999 年版，第 7800 页。

少数民族的叛乱，巩固了中央的统治，战功赫赫；其次，他也曾心系国计民生，屡次上奏朝廷要求为民减赋；就是中国古代建筑史上，他也留下了自己浓厚的一笔。宋真宗信仰佛教，在位期间，准备花 25 年的时间在皇宫里面修建一批大型的佛寺建筑群。因工程浩大、花费甚多，真宗的这一举动遭到大臣们的强烈反对。最终真宗力排众议，还是决定修建，因听闻丁谓精于建筑，遂命其总领寺宫建造。而丁谓也不愧有精于建筑之名，仅用七年的时间便依样建成了诸多寺宫，由此深得皇帝赞赏。

但另一方面，丁谓也可谓声名狼藉，为了向上爬和巩固权位，不惜扭曲自己的灵魂，一味奉承讨好皇帝，做事多希合上旨，因而被天下人视为"奸邪"；人们将他与王钦若、林特、陈彭年、刘承珪合称为"五鬼"。

尽管当时大多数人都将丁谓看作一名大"奸邪"，但是对于海南来说他却做了实实在在的事情，为海南的发展做出了一定的贡献。因此，丁谓也成为宋元时期海南贬官的一个代表性人物。

被贬原因

乾兴元年（1022），丁谓向皇帝诬告寇准欲拥立太子，密谋参与政变，使得寇准被一贬再贬，最后被贬到岭南的雷州任司户参军。在成功地将政敌寇准赶出朝廷，并清洗了他的同党后，丁谓独掌大权，可谓权倾朝野。在丁谓得势之后，朝中大臣争相归附，只有李垂一人例外。大家觉得很奇怪就问他为什么这样做，李垂说，丁谓作为朝中的宰相，不仅不以公道孚天下望，而且还结党营私，为所欲为，来日必游朱崖。后来事情的发展，也确实如李垂所料。

同年，丁谓加封晋国公。后新帝即位，太后垂帘听政，丁谓迁任司空兼侍中，同时还兼山陵使总管统领为真宗修地宫的大小事务。在修造过程中，担任地宫都监的太监雷允恭胆大妄为，竟然私下和判司天监邢中和修改了皇陵方位，此事一出，满朝震惊。然而处于权力顶峰的丁谓竟然还想包庇雷允恭，使得垂帘听政的太后十分不满。太后召集大臣商议说："丁谓为宰相，乃与宦官交通，谓前附允恭奏事，言已与卿等定议，故皆可之。且营奉先帝陵寝而擅有迁易，几误大事。"（《宋史纪事本末》）魏国公、左仆射冯拯乘机说道："自先帝登遐，政事皆谓与允恭同议，称得旨禁中，臣等莫敢辨虚实。赖圣神察其奸，此宗社之福也。"（《宋史纪事本末》）于是，丁谓被朝廷下诏降为太子少保，分管西京。没过不久，丁谓又出大案，被查出结交女道士刘德妙，并且打着"老君"的名号向朝廷进"妖诞"之语。天圣元年（1023），丁谓被朝廷抄家，贬到海南任崖州司户参军。历史上有过这样的记载，在查抄丁谓家的时候，从中发现不计其数的金银财宝，进而查证大多是其受贿所得，送礼的官员遍及各个衙门。于是朝廷开始着手清除丁谓的余党，仅高级官员就处理了十几人。

丁谓被贬可谓是咎由自取，他在位的时候京城就已经有人在传唱：欲得天下宁，当拔眼中钉。欲得天下好，莫如召寇老。在世人的眼里丁谓绝对是一个不折不扣的大奸臣，因此后人在撰写《宋史纪事本末》的时候，还专门为丁谓写了一卷——《丁谓之奸》。由此可见，丁谓简直是弄得天怒人怨了。无巧不成书，丁谓去崖州的时候，并没有像有些官员那样从泉州走水路，而是走陆路过雷州再到崖州，而他的死对头寇准则正好就被贬在雷州。民间有这样的故事，说丁谓过雷州时想借宿民房，主人不给他住，因为当年寇准被贬时就住过他的房子。所谓仇人相见，分外眼红，怎么可能还让你留宿。当时就有人讥讽丁谓道："若见雷州寇司户，人生何处不相逢？"寇准或许是出于同僚的友谊或者是其他的原因，派人给路过雷州的丁谓送了一只蒸羊，但却拒绝了丁谓会面的要求。寇准的家仆们在得知丁谓被贬后异常欢喜，有的家仆甚至打算在丁谓路过雷州的时候见机寻仇，出一口恶气。寇准在得知此事后，便要求仆人们都留在家中不准外出，直到丁谓渡海后才将他们放出来。

丁谓到达崖州之后，就写了一首诗："今到崖州事可嗟，梦中常得到京华。程途何啻一万里，户口都无二百家。夜听孤猿啼远树，晓看潮浪瘴烟斜。吏人不见中朝礼，麋鹿时时到县衙。"① 诗里描述了崖州的遥远以及满地的荒凉和冷落，也表达了丁谓到崖州时情绪是多么的低落。由于朝廷有旨意要将丁谓拘于偏僻、不近人烟的居所，作为他弄权的惩罚，丁谓便在崖州城外东南十五里的地方修建了自己的住所，名为"相公亭"。同时，因为在崖州的时候丁谓非常想念远方的京城，所以建了一个"怀远亭"，亭子大概位于城东南三里处。丁谓每天晚上都会来到这里仰望星

---

① （清）万鹗：《宋诗纪事》卷六，上海古籍出版社 2008 年版，第 154 页。

空，或占卜天象或抒发自己的情怀。在"怀远亭"的前面还有一个几亩大小的池塘，被称为"望天塘"。

尽管丁谓在初贬崖州的时候，心情还相当的失落。但是他还是很快适应了这里的生活。丁谓有着很强的适应能力，在长期的贬官生活中还能保持一种平和的心态，史料上就有过这样的记载："专事浮屠因果之说，其所著诗并文亦数万言。"① 据说，丁谓被贬崖州后便寄情于诗歌和文学创作，每天赋诗一首，"号《知命集》"，其中一首诗是这样写的："峒口清香彻海滨，四时芳馥四时春。山多绿桂怜同气，谷有幽兰让后尘。草解忘忧忧底事，花能含笑笑何人。争如彼美钦天圹，长荐芳香奉百神。"诗中的"草解忘忧忧底事"以及"花能含笑笑何人"这两句更是备受后人的赞赏，认为这两句诗词不仅富含禅机而且又很好地流露出了丁谓当时的志向。跌宕起伏的仕途，使得丁谓已经将功名利禄渐渐看淡，以佛老之学自娱。除《知命集》外，丁谓在崖州期间还著有《青矜集》。据史料记载："鹤相在海外，效唐李峤为单题诗，一句一诗，凡一百二十篇，寄洛中子孙，名《青矜集》。"（《后山诗话》）长时间的诗歌创作，使得丁谓的文学功底大为见长，当他得知自己即将离开崖州时，当场即兴赋诗一首："九万里鹏重出海，一千年鹤再归巢。"这句诗也广为后人赞赏，堪称一绝。《说郛》还曾经记载过这样一个故事：丁谓离开崖州后，有一次和朋友一起参加一个宴会。当时的一个宾客谈到了天下地理，就问了大家一个问题："大宋疆域辽阔，州郡众多，版图之内，哪个州郡最为雄盛？"在座的宾客都各抒己见，其中丁谓的回答最为独特，"唯崖州地望最重"。于是大家纷纷问其何故，丁谓说："朝廷的宰相到了崖州都只能作司户参军，其他州怎么跟它比。"当然，在我们看来这或许只是一个小小的"黑色幽默"，但从中我们还是可以看出丁谓的转变，以及他那种闲遣旷达之情。

丁谓在崖州只待了三年时间，后换到了雷州，也就是当年寇准被贬的地方。由于他在贬期间表现良好，天圣八年（1030），迁至道州（今湖南道县）。后于明道年间，在安州被朝廷授予秘书监，后再次迁升至离京城很近的光州（今河南潢川）。丁谓卒于光州任上，时间在景祐四年

---

① （元）脱脱、阿鲁图：《宋史·丁谓传》，中华书局 1999 年版，第 7803 页。

（1037）闰四月，他的子孙将其灵柩带回了老家苏州，葬于城西华山习嘉原。总的来说，丁谓在贬时间长达 15 年之久，但是他却一直能够保持乐观向上的心态，书中有证"流落贬窜十五年，须鬓无斑白者，人服其量"。这种积极乐观的精神，正是我们应该佩服和学习的。

对海南的贡献

1. 保持平和心态、坚持文学创作

丁谓虽然只在海南生活了三年的时间，但是其间倾心教人读书为文，在一定程度上推动了海南文化教育事业的发展。同时，通过对他在琼期间文学作品的研究，我们也能够还原一些崖州当年的景象。可以肯定地说，丁谓为海南历史文化研究留下了许多重要的文献资料。此外，丁谓在贬谪期间的那份胸襟和气度，面对挫折的那份淡定，也是很值得我们后人学习的。

对于丁谓的文学才华，司马光称其"善为诗，在珠崖犹有诗近百篇，号《知命集》"。宋代的文坛泰斗欧阳修也称赞他："少以文称，晚年诗笔尤精"，对他的文学成就给予了很高的评价。"居崖未尝废笔砚也"，这是当时的历史学家朱弁对丁谓的评价。

政治上的打击并没有击倒丁谓，失去权位反而使得他能够专精于文学。丁谓贬谪 15 年，一直能够保持一种淡然的心态，须鬓无斑白，很是让人敬佩，就是在病重时仍然能够"启手足之际，神识不乱，正衣冠，奄然而逝"。丁谓去世的时候已经七十有二，在古代算得上是高寿。

2. 为海南沉香立传

现在闻名遐迩的沉香其实在宋代以前名气并不是很大，它的出名正与丁谓有着直接的关系，正是有了丁谓所写的《天香传》，沉香才能够名扬四海，成为人们所熟知的"天国之香"。这可以说是丁谓对海南发展做出的最大贡献。

宋朝的时候，沉香就已经作为一种交易商品出现在黎人与汉人的贸易中，但是由于当时的名气不大，贸易量还是很小。而宋朝礼佛的习俗很重，上至王公贵族下至平民百姓皆焚香成风，使得当时社会对香料的需求很大。当时国内沉香主要来源于东南亚等国，需要远渡重洋，且质量很差，甚至不及海南中下品。这些都为海南沉香业的迅速崛起，提供了有利的条件。

　　根据书上的记载，海南所产的香料质量都很不错，尤以中部黎区所产的香料最为出众，质量最好。因为沉香的价格很高，所以黎族便出现了不少以采香为生的"香户"，采香业也因此成为黎人经济生活中非常重要的一个产业。《太平广记》记载："南海郡有香户，香洲在朱崖郡，洲中出诸异香……汉商多以牛、铁器与黎人易香，黎人受益颇大。"丁谓通过在崖州的三年时间，走访了很多沉香原产地和当地的众"香户"，在充分了解沉香各种习性之后撰写了《天香传》，此文后被收录于清朝修纂的《四库全书》中的《陈氏香谱》，直到现在具有很大的参考价值。

　　在《天香传》中，丁谓第一次系统而完整地介绍了中国使用沉香的历史、沉香的主要产地以及辨别沉香优劣的方法等。丁谓在《天香传》写道："琼管之地，黎母山酋之，四部境域，皆枕山麓，香多出此山，甲于天下。然取之有时，售之有主，盖黎人皆力耕治业，不以采香专利。闽越海贾，惟以余杭船即香市，每岁冬季，黎峒待此船至，方入山寻采，州人役而贾贩，尽归船商，故非时不有也。雷、化、高、窦亦中国出香之地，比海南者，优劣不侔甚矣。既所禀不同，而售者多，故取者速也。是黄熟不待其成栈，栈不待其成沉，盖取利者，戕贼之也。非如琼管皆深峒，黎人非时不妄翦伐，故树无夭折之患，得必皆异香。曰熟香、曰脱落香，皆是自然成者。"在丁谓看来，海南出产的沉香不仅数量大，就是质量也要远远优于其他地方。

　　丁谓总结了海南沉香具有的几个特点：首先，黎母山的沉香"甲于天下"，质量最好。其次，海南的沉香贸易有时间的限制，并不是一年四季都有沉香的买卖。这是因为黎族人不像其他产地的人那样以沉香为主要产业，而是仍然以耕种为主业，只在农暇时采香。再次，"取之有时"，只在冬天采香。最后，海南沉香不是速成的，而是自然形成的，就如书上所记载"待自然成香后采集"，不会因为追求产量而"不妄翦伐"，所以质量上乘。丁谓进一步写道："香之类有四：曰沉、曰栈、曰生结、曰黄熟。其为状也，十有二，沉香得其八焉。"把海南沉香按照生成、外观、气味等各项标准分为四大类，十二等级，为后世沉香的分类与品级奠定了基础。因此，丁谓也就成为历史上为海南沉香立传并对其进行评鉴的"第一人"。《天香传》也成为中国古代研究沉香之中医药用的重要文献，被宋元之后的"众家香谱所载"。

3. 对海南道教的影响

从西汉开始，中原文明就开始陆陆续续传入三亚。到了宋代，随着航海技术的发展，海南与大陆的经济、文化交流进一步加强。随着大批中原人士进入海南，中国本土的传统宗教——道教也进入了崖州。总的来说，随着宋代中原道士和朝廷贬官的宣传，崖州道教已经处于一种酝酿或萌芽状态。

丁谓信奉道教，在京师时便"与巫师出入"，并在各地"大造道观"。书上记载，丁谓与道士刘遁私交甚密。刘遁是一个很神奇的人，在洛阳游览丁谓修建的仙游亭和仙洞的时候就赠了一首诗给他："屡上仙游亭上醉，仙游洞里杳无人。他时驾鹤游沧海，同看蓬莱岛上春。"[①] 寓意丁谓将来会被贬海南，但当时的丁谓并没有理会到刘遁要表达的意思。后来丁谓南贬，惊奇地发现刘遁竟然早已在崖州等候他，才恍然大悟，于是用唐朝诗人贾至的诗和道：谪宦三年尚未回，故人今日又重来。莫道崖州一千里，今朝须尽数千杯。所以，当二人携酒泛舟大小洞天的时候，丁谓说："今日之游，成全了你的诗意啊！"

从此，丁谓对于道教更加虔诚，在当地进行传道活动，行"专事浮屠因果之说"。后来在现在南滨国营农场场部的位置建了"怀远亭"，一是为了怀念远方的故乡和亲朋，二是为了夜观天象。在亭子左右各有一个平台，方便丁谓从事一些道教活动。自从亭子修好后，丁谓几乎每天都会来到这里夜观天象，测吉凶预兆。亭前的数亩水塘，因而得名"望天塘"。

4. 是非功过任凭后人评说

丁谓死后，功过是非，历代史家评说不一。比如"拍马溜须"这个贬义词就和丁谓相关，据《宋史·寇准传》记载，一次，丁谓与上司寇准一起吃饭，席间看到寇准那长长的胡须上沾了不少的菜羹，便亲自上前为寇准梳理胡子，并对其胡须大加赞扬。而宰相寇准偏偏不喜欢被人奉承，遂大笑道："难道天下还有溜须的宰相吗？"由此，丁谓可谓是名声扫地，成为大家的笑谈。因此，丁谓便对寇准心生恨意，一有机会就攻击甚至诬陷寇准，最后造成了寇准南贬雷州的结局。

但是，丁谓也是一个多才多艺、足智多谋的人。《宋史·丁谓传》有

---

① （清）萧应植修：《乾隆琼州府志》，海南出版社 2003 年版，第 1125 页。

过这样的评价："机智有智谋，文字数千言，一览成诵，善谈笑为诗，至于图画、博弈、音律，无不通晓。"[1] 著有《景德会计录》《建安茶录》《青衿集》《晋公集》等。还有，丁谓撰写的六卷《景德会计录》，堪称是我国历史上少有的经济学著作；撰写的《农田敕》，也算得上是宋代农业领域里的一个经典之作；而丁谓的《建安茶录》更是完美地展现了中国茶文化的博大精深。丁谓著作涉猎之广，含文学、经济、农学、茶道，远非一般士大夫可比。

李纲

李纲，字伯纪，号梁溪居士，福建邵武人，生于 1083 年，死于 1140 年，享年 57 岁。李纲在政和二年（1112）考中进士，开始进入仕途，后官至监察御史，在任监察御史期间因敢于谏言而屡触权贵，被调任礼部员外郎，不久担任起居郎一职。宣和元年（1119），被贬福建监南剑州沙县（今福建）税务。六年后，李纲还朝，任太常少卿。不久，金兵一路南下抵达汴京城外，朝廷上下无不惊慌，投降派、逃跑派纷纷出现，李纲在此万分危机的时刻挺身而出，劝谏宋徽宗将皇位传给太子，以号召军民联合抗击金兵的入侵，最终成功抵御住了金军的进攻。钦宗即位后，将李纲提升为兵部侍郎。李纲也正是凭借他不俗的功绩，被后人将其与胡铨、李光和赵鼎三人合称为"南宋四名臣"。

现在一进入海口的五公祠，我们便会看见栩栩如生的"五公"雕像，其中一人尤为醒目，有别于其他四位文官的打扮，更像一位威风凛凛的大将军，而这位正是宰相李纲。之所以他更像是一位将军，是因为李纲有战功在身，历史上赫赫有名的"东京保卫战"就是他组织的，大败金军，从而威名远扬。被贬海南的"五公"中，尽管李纲是在海南时间最短的一位，但是他却可以算得上是最富于传奇性的一位。

主战贬琼第一人

北宋末年，金兵南侵，朝堂上充满了投降和南逃的声音，甚至连当时

① （元）脱脱、阿鲁图：《宋史·丁谓传》，中华书局 1999 年版，第 7802 页。

的皇帝都打算南逃。钦宗最后是在主战派代表李纲恳切的请求并保证一定能够守住京城的情况下，才决定暂缓南下。为了让李纲能够更好地负责开封的防御，钦宗任命其为亲征行营使。最终，在李纲的严密组织以及全城军民的齐心努力下，开封守卫战最终获得了胜利。然而就在金兵离开后不久，李纲就遭到了投降派的排斥和诬陷，被赶出了京城，任河东、河北宣抚使。事后，投降派又通过各种手段，架空了李纲，使得他不能行使自己的权力，迫使李纲主动辞职。不久之后，投降派以"专主战议，丧师费财"的罪名，将李纲贬到江西建昌军任安置，后再谪白帝城（今重庆奉节）。可是造化弄人，就在朝廷将保卫东京的大功臣李纲贬走后不久，金兵却再次南下围困了开封。宋钦宗这时候才又想起了李纲，但为时已晚，北宋最终灭亡。

　　高宗即位后，迫于李纲的声望，尽管起用他为中书侍郎兼任尚书右仆射，但却一直都没有重用他。因为正是有了北宋的灭亡，徽宗、钦宗"二圣"的被俘，才给了赵构上台的机会。所以，李纲这种坚决抗金、反对投降的主张，一直为宋高宗所不容。甚至李纲等人还异想天开，提出北上抗击金军"迎请二圣还朝"，这更是触及了高宗不可逾越的底线。而另外一方面，投降派的做法却正合宋高宗的心思，虽委曲求全但是却能保住自己的帝位。所以，宋高宗经常在暗地里支持投降派陷害李纲、岳飞等主战派。于是李纲被罢相并驱逐出朝，贬鄂州（今湖北武汉），最终被贬到海南任万安军（今海南万宁）安置。

　　绍兴元年（1131），李纲再次复出，但是由于此时的朝堂已是投降派的天下，李纲不但未能施展自己的抱负，反而一直遭到排挤和报复。八年后（1139），不甘于和奸臣为伍的李纲愤而辞职，第二年便在福建苍山病逝，时年57岁。赠少师，并谥号忠定。对于李纲，朱熹曾如此评价："李忠定公虽以谗间窜斥，滨九死，而爱君忧国之志，终不可得而夺，亦可谓一世之伟人矣！"

抵达琼州三日忽蒙"天恩"赦免

　　李纲被贬的万安军，就是今天的万宁市，位于海南岛的东南端。在宋代，贬臣被流放岭南（今广东）已经算是处罚得比较厉害的了，而被贬至海南的，则是最惨的，仅比赐死好一点。李纲在得知自己被贬万安军后，不等公文到达，便早早的和二儿子提前上路。到达雷州的时候，李纲因听说海南岛上有兵乱，没办法上岛，于是就在雷州停留了一年的时间。在此期间，李纲利用这难得的时间，撰写了《外篇》十二卷、《易传内篇》十卷、《论语详说》十卷等著作。

　　一年后，李纲在得知岛上兵乱已靖之后，便和儿子起程，渡海抵达琼州（今海口）。上岸以后，父子俩向人打听如何去万安军，却被当地人告知万安军离这里还有五百多里地，而且陆路不安全，建议他俩最好是走海路从文昌搭船去万安军，顺风的话只要三天就可以到达，省时省力还安全。没办法，李纲父子只能在琼州暂且住下，准备择日上路。

　　戏剧性的一幕发生了，李纲在琼州待了才三天，就得知自己已被朝廷赦免，准予放还。

　　赦免与金兵入侵有关，更确切地说是和高宗对李纲的思想转变有关。年初，金军奔袭扬州，一心要活捉高宗，而被金军打怕了的宋高宗在金军离扬州还有百里地的时候，便已经吓得魂飞魄散，仓皇出逃，渡江跑到了镇江。幸亏宝应县的官绅发动当地百姓起兵抗金，使占领扬州的金军不敢深入追击，高宗这才躲过一劫。

　　后金兵撤走，高宗还朝，回想起自己逃亡时的惨状，记起了李纲在的种种好处，至少自己就不会被金兵撵得如丧家之犬，于是便下诏赦免李纲。李纲父子俩在听到朝廷赦免的消息后，真是哭笑不得，最终在海南逗留了一段时间后返回。

　　确切地说李纲真正在海南流放的时间只有三天，在海南总共待了也不到一个月，时间之短，甚至连《宋史》李纲本传里都没有提到他来过海南，因此流放海南更多的只是象征性的意义。但是海南人民还是记住了他，怀着对他无尽的敬仰之情，将李纲这位因坚持抗金而被流贬海南的第一人，供奉在了"五公祠"。同时，当地还流传着不少关于李纲的传说，东山岭就是其中的一个典型例子。相传李纲来到万安军后心灰意冷，登上贬所附近东山岭上的潮音寺要出家，但是方丈却告诉他不要灰心，因为他不久之后便有"东山再起"的机会，李纲果然很快就收到了被朝廷赦免的消息。至今，李纲的塑像仍然耸立在东山岭的半山腰上，同时他要出家的潮音寺里也供奉着他的牌位。当然，从时间上来看，李纲三天时间就能够到达万安军的可能性几乎没有，自然东山岭和李纲的故事就只是牵强附会，但是从另一个方面来讲，这正表达了当地百姓对李纲的尊敬和热爱。

李纲在海南的诗歌创作

虽然李纲在海南待的时间不长，但他是文学大家，所以还是留下了一些相关的诗文。比如李纲的《南渡次琼管》就是代表，诗前的序写道："南渡次琼管，江山风物，与海外不殊。民居皆在槟榔木间，黎人出市交易，蛮衣椎髻，语音兜离，不可晓也。"作为一首纪游诗，李纲很好地将海南的相关情况记载了下来。而诗中的"客愁浑不寝，鼓角五更风"，则表达了他报国无门的愁绪；"清愁万斛无消处，赖有幽花慰客心"则是李纲游览天宁寺时，借景浇愁所作。但是在其他的诗里面，他又这样的开导自己："尼父乘桴居九夷，管宁浮海亦多时。古来圣贤犹如此，我泛鲸波岂足悲！"从这里我们可以看出其实他心中的郁结差不多都已经散开了。至于"世间万事非人力，只有安心百不忧"，则更是有一种坦然面对的心态了。

李光

李光（1078—1159），字泰发，号转物老人，谥庄简，"南宋四名臣"之一，另三人为李纲、赵鼎、胡铨。南宋政局动荡，朋党之争尤为严重，各个派系之间的相互倾轧此起彼伏。李光可以说是朋党之争的受害者，从1106年入仕到1141年藤州安置，短短三十五年的时间，竟然七次被贬。最后于绍兴十五年（1145）被贬海南，十二年后遇赦北归。所以说，李光的政治生涯大部分都在贬黜中度过，这与南宋激烈的"朋党之争"有很大的关系。"朋党之争"，可以说是历来有之，但是在宋代却表现得尤为突出，并且可以说是贯穿了整个宋代的发展始末。究其原因就在于宋士大夫兼具参政主体、文学主体和学术主体的复合型主体特征。

李光被贬经过

李光的被贬和他的性格有很大的关系，他自幼就性格耿直，心系家国天下事，而且很有自己的主见，不愿意阿谀奉承，因此经常得罪权贵。李光最终被贬海南，就是因为和秦桧的矛盾。秦桧极力主张与金国议和，并想借着李光的名望来压制反对者。李光虽然在以前也有过议和的意向，但并不主张一味的妥协退让，而是要加强军队建设，适当的时候可以进行反击。

李光很快便看透了秦桧的真实面目，甚至有时候还当着宋高宗的面批评秦桧。他的这种做法立马招致了秦桧的记恨，在绍兴十一年，秦桧通过指使他人诬陷李光，将其贬为藤州安置。但秦桧还是不甘心，遂又让藤州知州杨愿诬告李光在贬地作诗讽刺朝政，再贬其至琼州。六年后，秦桧的心腹吕愿又借着《小史》文案，诬告李光与胡铨在海南参与了一系列讪谤朝政的事件，于是李光被再贬昌化军。

李光贬居海南是一个比较笼统的说法，确切地说应该是先后被贬到了海南的两个地方，首先是琼州，然后是儋州。李光是在绍兴十五年（1145）二月十六日接到朝廷的旨意，并于一个月后到达贬所琼州。这个时间在《庄简集》中有多处记载："臣某言：今年二月十六日准藤州公文送到尚书省札子，三省同奉圣旨移臣琼州安置。臣寻于当月二十日起离藤州，至三月十五日已至琼州贬所。"①

历史上的秦桧是个不折不扣的小人，尤为记仇，曾在自己的卧室里写了李光、赵鼎、胡铨三个人的名字，欲除之。绍兴二十五年（1155），秦桧本来想再次迫害李光等人，结果天遂人愿秦桧死在了前面，迫害也就此终止。高宗赵构本来就觉得李光很有才能，曾暗地里赞他面叱秦桧，举措如古人。因此在秦桧死后，高宗就减轻了对李光的处罚，于当年十二月将其移至郴州安置。因为古时候通信不便，李光接到通知后，离开海南究竟是在当年的十二月，还是在次年正月，目前史学界还存在着争议。按照《续资治通鉴》"移郴州安置，光年八十"的记载，李光有可能是在第二年离开的海南。

李光对海南的贡献

李光是所有宋代贬官当中在海南生活时间最长的（12 年），也留下了很多与海南相关的文学作品。如果单论文学地位的话，李光在海南贬

---

① （宋）李光：《琼州安置谢表》，《四库全书》第 1132 册，商务印书馆 2006 年版，第 734 页。

谪文化中排第二，仅次于北宋时期的苏东坡。同时，李光还为海南的"五公祠"和"东坡书院"这两个贬官文化的主要载体注入了丰富的内涵。

总的来说，"五公祠"中的五位宰相并没有高低之分，地位是平等的。但是从在海南居住的时间长短来看，李光是最长的，紧随其后的是胡铨（8年），再次是赵鼎（3年），李德裕在海南不到一年就去世，李纲更是不到一月就回去了；再从安置地来讲，其他四公的贬地都只有一个，唯李光是两个，先是琼州，后是儋州。因此，李光在海南的事迹之多，影响之广，是其他四个人所无法比拟的。

据统计，李光现存诗词总计486首，其中在琼所作238首，占到了他全部作品的49%。另外，李光还写了《琼州双泉记》《儋耳庙碑》以及《昌化军学记》，这三篇散文对于我们研究古代海南的历史文化，都具有很高的参考价值。就字数而言，李光在海南所作诗词也要远远超过其他四人。甚至，如果单从在海南时期的作品在其一生中的比例看，李光高达49%的数据不仅要远超过其他四公，同时也超过了大文豪苏轼。所以从这个层面来看，说他在海南文化中的影响要大于"五公"中的其他四人也不为过。

现在一说到海南贬官中名气最大的一位，人们都会不约而同地想到苏东坡。苏东坡名气如此之大，以至于同属于贬谪高层精英的"五公"，都被他的光芒所掩盖。李光亦是如此，人们除了记得他是贬琼的"五公"之一外，似乎已经淡忘了他的业绩，和其密切相关的"双泉"以及东坡书院，现在的介绍和研究都几乎没有提及李光。这样很不应该，因为李光也是为海南文化的发展做出过重要贡献的人。

1. 给双泉文化植入更丰富的内涵

"五公祠"虽取五之数，但是实际上所纪念的人物却有六人，即除"五公"外，还有苏东坡，他们六人共同构成了"五公祠"的文化骨架。五公祠依托"双泉"①而建，所以双泉所体现的文化内涵不单单是构成五公祠文化的一个重要组成部分，更是五公祠文化的基础和亮点。双泉是一

---

① 今海口"五公祠"最早的遗址是1097年苏东坡所发现的"双泉"，其他各景点都是以此为依托而修建或移植过来的。

个以人文为主，集人文和自然于一身的景胜。一说到双泉，人们便只会想起苏东坡，而忽略其另一位重要人物：李光，这可以说是一种通病。苏东坡固然算得上是双泉的开山鼻祖，为双泉的出名做出了很大的贡献。但是李光的贡献也不小，甚至可以说他是将双泉文化继承下来并发扬光大的大功臣。历史上东坡先生只是来过两次双泉，住了十多天后，留下了一篇《洞酌亭并序》。而李光在双泉旁边生活了六年之久，更是写下了大量与双泉（含洞酌亭，此亭为泉上之亭）相关的文学作品，其中诗十篇，记一篇，作品里面明显提到双泉的至少有六篇。李光为双泉添加了更为浓厚的人文气息。因此，我们现在要研究五公祠文化就一定得挖掘"双泉文化"，而挖掘"双泉文化"自然就离不开李光。

李光对双泉文化的贡献，首先是挖掘和强化双泉文化中的苏东坡内涵。东坡先生虽然是双泉的发现者，但他并不是很看重双泉，在他离开后，东坡遗迹也随着时间的流逝而消失。当李光五十年后再次来到双泉的时候，苏东坡当年的题诗早已不复存在。对此李光很是痛心，急忙四下寻找，皇天不负有心人，最终在一老人那里找到了那块写着"洞酌亭"的匾额，并请朱景觊"复揭之亭上"。当琼州郡守请李光为双泉写诗的时候，他说"顾东坡绝唱在前，何敢轻作"（《双泉诗序》），并表示没有苏东坡也就没有双泉："地偏无俗辙，境胜赖前贤……非苏公一顾之重，则斯泉也委于荒榛蔓草间，饮牛羊而产蛙鲋矣"（《双泉诗序》）。

其次，赋予双泉文化以新的内涵。李光在他的诗中反复强调了双泉给当地居民带来的便利："四方之民无男女少长，挈瓶罂就涣濯者，无昼夜"[1]；"瓶罂日夜汲，闾里悉周遍"[2]。这些都体现了儒家历来所追求的那种"大同社会"的政治思想，这同样也是东坡和李光所共同追求的理想。

再次，对双泉的养护和考辨。随着东坡的离开，人们对双泉的热情也逐渐减弱，由于长期缺乏保护，双泉已经变得很荒芜。有诗为证："双泉

---

① （宋）李光：《琼州双泉记》，《四库全书》第 1132 册，商务印书馆 2006 年版，第 771 页。

② （宋）李光：《去地草》，《四库全书》第 1132 册，商务印书馆 2006 年版，第 609 页。

信奇绝，岁久深泥淤。稍觉藻荇繁，渐已生蛙黾"（《徙居双泉翌日成古调》）。对此，李光感到很痛心，于是一来到双泉就带领大家清理泉眼中的污秽杂藻，使双泉重新焕发了新春。在他得知自己要迁离琼州前往昌化的时候，为了更好地保护双泉还专门修了一座双泉亭，使其免受污染、损害，"稍葺治之，结亭泉上，瓮以青石，可百年。南游昌化，留小诗亭中"①。此外，东坡先生因为在双泉待的时间不长，所以对双泉的形状、大小以及周边的环境没有进行记载；而李光则对这些方面进行了详尽的描绘，通过那些描写，我们现在都想象得出当时双泉的胜景。

最后，确立双泉地位，以及为两泉命名为"金粟""洗心"。双泉是苏东坡率先发现的，但是真正意义上将其提到名泉地位上的则是五十年后的李光。李光在诗中写道："双泉之井独冠于二广，岂其源渊所禀，得天地粹灵之气，而不资于海邪？"② 李光认为，双泉的水质毫不逊色于惠通、冰井等天下名泉。此外，东坡只是笼统地命名了"双泉"，并没有将其分别命名。而后来我们所知的"金粟"和"洗心"二泉名，则是来自李光。"我有一汤，香味胜粥。朝饮一杯，和气满腹。处处现身，是名金粟。"③ 这首诗便是"金粟泉"的源头。而"洗心泉"，则出自李光的《琼州双泉记》，"泉之泠泠兮以濯我缨，泉之湛湛兮以洗我心"。令人惋惜的是，"洗心泉"现在已经看不到了，只留有后人建立的"洗心亭"。"金粟泉"作为"海南第一泉"，仍完好地存于五公祠内。

2. 对海南教育的贡献

说到儋州的东坡书院，就不得不提到一个人和一个地方，那个人自然就是书院的创始者苏东坡，而地方则是书院的依托和核心——载酒堂。苏东坡对于书院的贡献固然很大，但是同时也不能忘记居儋六年的李光，他对东坡书院同样也做出了重大的贡献。

李光对苏东坡是非常景仰的，来到儋州后第一件事就是来东坡书院瞻仰，后来也一直在当地极力宣传东坡居士在海南尤其是儋州的不朽业绩。

---

① （宋）李光：《双泉亭序》，《四库全书》第 1132 册，商务印书馆 2006 年版，第 666 页。

② （宋）李光：《琼州双泉记》，《四库全书》第 1132 册，商务印书馆 2006 年版，第 771 页。

③ （宋）李光：《戏作金粟汤赞》，《四库全书》第 1132 册，商务印书馆 2006 年版，第 771 页。

他曾写道："缅怀东坡老，陈迹记旧痕。空余载酒堂，往事孰与论。"① 诗中透露出李光对苏东坡的无限崇敬之情。此诗有一个长长的题目，"绍圣中，苏公内翰谪居儋耳，尝与军使张中游黎氏园，爱其水木之胜，劝坐客醵钱作堂，黎氏名子云，因用扬雄故事，名其堂曰载酒堂。予始至儋，与琼士魏安石杖策访之，退作二诗"，里面详细记载了载酒堂建立及其名字的来源。另一首诗题目是："东坡载酒堂二诗，盖用《渊明始春怀古田舍》韵，遂不见于后集。予至儋，始得真本，因追和其韵。"根据这个记载我们可以推测出，苏东坡的这两首诗在李光发现之前已经失载了，正是因为李光的努力才能够流传下来。所以说，正是凭借李光后来的不断强化，苏东坡在书院文化中崇高的地位才得以确立。

虽说海南古代教育的兴盛始于苏东坡，但从实际意义上来讲，尤其是就官学而言，李光的贡献可能会更大。东坡来琼后虽感叹过官学的荒废，但没有做出什么改变，因为我们从他的作品里并没有发现郡学复兴等类似的记录。而李光则不同，他不仅一直关心着海南教育的发展，而且直接参与了郡学的修复，这在他的诗作《郡学落成之初，八月二十二日陪郡守同来，仍榜"郡学"二字，遒劲结密，观者兴叹。是日燕郡僚并学职，郡守谓予本起诸生，俾予燕集，因成鄙句，呈逢时坐客》《二月一日诣新学瞻礼庙像》及《昌化军学记》里都有很详细的记载。"尼父道行千载后，坐令南海变东周"，诗中李光借用孔子的故事，表达了他想通过传播先进文化、兴办教育，进而改变海南当时那种蛮荒落后局面的远大志向，可敬！可佩！他在被贬儋州时所写的《昌化军学记》更是全面记载了琼州教育的发展历程，成为我们现在研究海南岛宋代教育史不可缺少的文献。正是有了苏东坡和李光在教育方面的前后呼应，才有了后来海南岛文化教育的兴盛。

3. 对当地风土人情的考察

李光在儋州六年的时间里，写了很多和当地民风民情相关的大诗作。其中《儋耳庙碑》就是其中一个典型的代表作，文中考察和记载了大量的儋耳民俗民风。开篇便说："昌化军，古儋州也。……其俗皆镂其颊皮如鸡肠，垂之连耳，因此为号，非自然也。"同时还记载了儋州当地的社

① （宋）李光：《载酒堂》，《四库全书》第1132册，商务印书馆2006年版，第612页。

会习惯："风俗俭约。妇人不曳罗绮，不施粉黛，女子自少小惟绩吉贝为生，故多跣足，富者穿履袜而已。"其中还提到了当地"妇人经营于外"的独特习俗。

随后《儋耳庙碑》文中展现了儋州人民祭祀冼夫人的盛况："夫人生有功于国，殁能庇其民。天有水旱，民有疾苦，求无不应。每岁节序，群巫踏舞，士女骈辏，箫鼓之声不绝者累日。自郡守已下，旦望朝谒甚恭。"从这里，我们可以看出当地老百姓的祭祀活动很隆重。这个情况和苏东坡所记载的已经有了很大的不同，苏东坡记载的场景是"一片凄凉，久绝祭祀"。苏东坡看到这种情况后很是痛心，试图复兴对冼夫人的祭祀，但是这个愿望在当时并没有实现。李光写的这篇文章，如果苏轼在泉下有知的话一定会倍感欣慰。同时，李光文中还说："近年风俗稍变，盖中原士人谪居相踵故也。"所以，冼夫人祭祀活动的复兴自然也有苏东坡的一份功劳。

同时，李光还在他的很多作品中描写了海南当地所特有的自然景物，这对我们现在考察海南岛的自然历史是有一定帮助的。当时的李光甚至已经有了一定的生态保护意识，他在《感松》的序里写道："海外独昌化宜松。父老云：'往年自报恩寺西行，皆松柏林也。州县无禁约，邦人折以为薪，根部坚润者以为明。'今惟十里外尚有之，三十年后无复种矣！感之作三小诗。"① 大概的意思是，由于缺乏远见和制度的约束，当地的百姓乱砍滥伐松柏树，差的用来当柴火烧，好的则用来照明，从而导致大片原始树林消失。人们这种只砍不种、只顾眼前利益的做法，让李光很感到忧虑，忧虑他们几十年后将无树可用，于是就写了这三首诗。三首诗阐发了森林对于人类和大自然的巨大作用，动之以情，晓之以理。李光作为岛上的暂住者、一个过客，却能这么热心地关注本土人民现在的生活，甚至还有他们将来的生活，这显得尤为可贵。由于历史的局限性，他虽然不可能像现代人那样清楚地知道保护自然资源的重要性，但确实已有了一些生态观念的萌芽。李光作为一名"罪谪"之人，他是没有权力来制止这种滥伐行为的，只好作诗三首，进行规劝。"题之寺殿柱中，以劝郡人有知

---

① （宋）李光：《感松》序，《四库全书》第1132册，商务印书馆2006年版，第668页。

者，庶几少弭乎！"① 这是李光的一片苦心，是希望当地居民能够生活得更好，更彰显了他生态关怀的精神。

4. 李光的安黎之策

第一，民族平等思想。

古代中国历朝政府都歧视边远少数民族，广大知识分子和普通老百姓也都视他们为蛮夷、化外之人，这种政策不利于民族的团结和国家的统一。苏东坡正是因为没有这种民族歧视感，平等地看待他们，才能发现他们身上的优点，进而才能与他们结下深厚的友谊。李光的民族观点和前辈苏东坡一样，不搞歧视，做到了"野老日往来，席地有棋局"。就是在黎人发生"叛乱"时，李光也能以平等的民族思想去分析问题，这尤为难得。

海南岛是一个少数民族占很大比例的民族聚居区，而且孤悬海外，加上文化、政治等方面的原因，历史上常常会出现黎人动乱、劫掠汉人的事件。因此，如何安黎，也就成为历代政府安定南部边疆必须考虑的重要问题。而那些被贬谪到海南岛的杰出人士，这时候就表现出了极为可贵的精神，他们不计个人得失，自觉调查研究，为国家安边献计献策。

李光被贬到海南岛的时候，黎事又一次引起遭贬士人的注意。他在长诗《海外谣并序》中就黎人滋事发表了自己的看法："琼、崖、儋、万四州，限在海外，地理险远，输赋科徭，率不以法。所出沉香翠羽怪珍之物，征取无艺，百姓无所赴诉，不胜其忿，则相煽剽刻。……致寇之因，实缘赃吏。"② 李光认为贪官污吏才是当地百姓被迫为"寇"的罪魁祸首，并对当地百姓的不幸遭遇表示了同情。"予惧叛民虽熄，而赃吏愈炽，因摭其起事之因，作《海外谣》一篇，庶几采诗者达之诸司，稍更旧法，精择廉吏，使吾赤子咸被恩泽，不甚幸欤？"③ 李光进一步表示，这种反抗光靠镇压是没有效果的，镇压只会使得官吏越发嚣张。最好的办法就是朝廷派几个能臣过来，变革以前的做法，则皆大欢喜。

第二，对奸佞墨吏的无情批判和对循吏廉吏的热情赞扬。

---

① （宋）李光：《感松》，《四库全书》第 1132 册，商务印书馆 2006 年版，第 668 页。
② （宋）李光：《海外谣并序》，《四库全书》第 1132 册，商务印书馆 2006 年版，第 611 页。
③ 同上。

奸佞墨吏是国家的蛀虫、百姓的祸害，而循吏廉吏则是国家的栋梁、百姓美好生活的有力保障。所以，无论是对奸佞墨吏的痛恨和批判，还是对循吏廉吏的颂扬和鼓励，都表现了他强烈的忧国爱民精神。李光在一诗中写道："富国要先除国蠹，利民须急去民蟊。"（《阜通阁》）最鲜明地表现出他憎恨国贼的原因。当秦桧死去之后，他则在《五月十三日北归雷化道中》唱道："今兹果何年，天诛此凶奸。群妖既荡尽，善类稍北迁。"表达了他看到奸贼灭亡、国家有望时的愉快心情。对于海南岛上的墨吏，苏轼、苏过、李纲等，也都进行过抨击。

另外，他们对关心百姓的优秀官吏进行了歌颂鼓励。当临皋令秦元发调任吉阳军时，李光写诗相送，赞扬他"累任海外有廉声"，并鼓励他："耕桑不扰民归业，香翠无求吏自清。"

赵　鼎

赵鼎（1085—1147），字符镇，号得全居士，北宋解州闻喜（今山西闻喜）人。崇宁五年（1106）考中进士，开始进入仕途，累官至河南洛阳令。宋高宗即位后，因张浚的推荐，出任司勋员外郎。1129 年，拜御史中丞，一年后出任枢密院事。1134 年，担任尚书右仆射、知枢密院事兼同中书门下平章事。

赵鼎的仕途不是很顺畅，甚至可以说是坎坷跌宕，他曾两度官居宰相，却又多次被贬。赵鼎最终被罢相的原因是"宋金和议"，当时赵鼎作为南宋政府的代表与金展开谈判，本着为国为民的想法与金方发生了激烈的争执，由于未能迅速完成议和而招致宋高宗的不满，再加上大奸臣秦桧的排挤，而最终被罢相。赵鼎虽不在朝堂之上，但忠君爱国之心却依然不变，最后被贬海南吉阳军时还在《吉阳军谢表》中写道："白首何归，怅余生之无几；丹心未泯，誓九死以不移。"赵鼎的这份忠贞爱国之心，以及他最后以死明志的做法，使得他的离世增加了几分壮烈，同时也使得海南人民更加敬重他。

两度为相，多次遭贬

准确说来，赵鼎的第一任宰相之位其实是自己主动辞去的。原因是在罢免大将刘光世的事情上，赵鼎和另一位宰相张浚之间产生了严重的分歧，赵鼎觉得朝廷不是很注重自己的意见，于是便主动辞去官位，以观文殿大学士的身份管理绍兴府。

总的来说，赵鼎和张浚之间的纷争更多的是"君子之争"，只是执政理念不同，赵鼎是"主守派"，张浚则是"主战派"。1137 年，赵鼎和张浚之间的角色发生了转换，张浚因淮西兵变而辞职，而赵鼎则复出为相。赵鼎复出后，通过自己的不懈努力一度使得岌岌可危的南宋王朝暂时转危为安，甚至有学者认为当时南宋政权出现了少有"中兴"的局面。同时，赵鼎还发现了岳飞这匹"千里马"。岳飞正是在赵鼎的推举下才登上了中国的历史舞台，北上抗金、大败金兀术，书写了一篇篇可歌可泣的英雄故事。可以说，赵鼎所做的一切进展都很顺利，直到秦桧的出现。善于阿谀奉承的秦桧因"每事惟公之命是从"，骗取了赵鼎的信任，并在他的推举下出任右相，补张浚离开后的空缺。

秦桧担任宰相后，不仅使赵鼎的命运发生了改变，甚至可以说南宋王朝的命运也随之发生了变化。1138 年，秦桧借着高宗对赵鼎在"宋金和议"上的表现大为不满的机会，向高宗屡进谗言，排挤赵鼎。最终使得赵鼎被罢相，"以忠武节度使出知绍兴府，寻加检校少傅，改奉国军节度使"①。赵鼎离开京城的时候，秦桧还惺惺作态地去为其送行，赵鼎对这种小人的做法很不以为然，不为礼，一揖而去。赵鼎的这种态度使得秦桧大为恼怒，从而使两人的矛盾不断激化，最终是以赵鼎绝食而死告终。客观地说，赵鼎和秦桧之争只是内部之争，是主和派内部不同意见之间的斗争。与秦桧的趋炎附势、为一己私利不惜出卖国家的利益不同，赵鼎是一个很有立场和原则的人，他所要的议和首先是为了避免战争，在此基础上他还要追求一个相对平等的和议，不能对金人一味退让，一味退让只会使得金人更加得寸进尺。正是因为赵鼎的据理力争，宋金的议和才陷入了僵局，这也使得他成为一心求和的宋高宗和秦桧的眼中钉。

于是，秦桧便乘机将赵鼎贬到了泉州，没过多久通过诬陷又将其贬到了兴化军、漳州，然后再将赵鼎贬到了岭南任潮州安置，"责清远军节度副使"。被贬到潮州后，赵鼎就已经意识到了自己的处境不妙，于是便不论政事、消极退隐，史料中有过这样的记载："在潮五年，杜门谢客，时

① （元）脱脱、阿鲁图：《宋史》卷三百六十，中华书局 1999 年版，第 8969 页。

事不挂口，有问者，但引咎而已。"① 尽管如此，秦桧等奸臣仍然不肯放过赵鼎。1144 年，赵鼎被诬曾经受贿，再贬海南吉阳军（三亚）。

赵鼎来到吉阳军后，就一直住在前朝（唐）宰相裴度后人的私宅里，直到三年后绝食身亡。在赵鼎去世一年后，抗金主帅胡铨也被贬，寓居于此 8 年。在遇赦离开前，胡铨特意写了一块匾额上书"盛德堂"悬于此屋，以纪念故友赵鼎。"盛德堂"现在位于三亚市崖城镇水南村。

虽被贬黜，不忘爱国

赵鼎被贬海南期间，也写了一些诗文，以抒发他的爱国情怀以及不甘被迫害的悲愤心情，如"凄然推枕，难寻新梦，忍听伊言语！更澜人静一声声，道'不如归去'"（《贺圣朝·道中闻子规》），写于 1144 年赴吉阳军途中。"分明一觉华胥梦，回首东风泪满衣。"（《鹧鸪天·客里逢春》）"举头见日，不见长安。漫凝眸，老泪凄然。山禽飞去，榕叶生寒。到黄昏也，独自个，尚凭栏。"（《行香子》）

对于热爱祖国、矢志不渝的人，人们从来都不会忘记他，赵鼎去世后，后人纷纷为他写诗、立传，对他大为赞颂。抗金主帅胡铨在诗里深情地写道：以身去国故求死，抗议犯颜公独难。阁下大书三姓世，海南惟见两翁还。一丘孤穴留穷岛，千古高名屹泰山。天地只因悭一老，中原何日复三关。（《哭赵忠简》）明代的尹之逵对赵鼎咏叹道："中兴贤相推公首，远窜何当瀛岛间？九死丹心仍魏阙，千秋豪气壮河山。可怜王业终南渡，尚念宫车未北还。为问当年诸宰执，更谁堪与济时艰？"（《宋赵忠简公鼎》）明朝海南本土的大才子王佐也赋诗一首："身骑箕尾壮山河，气作中原胜概多。立赞建康开左纛，左挥羯虏倒前戈。孤忠惟有皇天在，万口莫如国是何？直待崖州沧海涸，英雄遗恨始消磨。"（《赵忠简公鼎》）这些作品对赵鼎卓越的政治才干表示了佩服，被他的忠贞爱国之情所深深地打动，以及对他悲壮的人生结局表示了无限的哀叹。海南人民尤是如此，对于这位谪居海南三年之久，并死于此的宰相，心里充满了无限的敬意。

就算是赵鼎被贬海南吉阳军的时候，他依然还是心怀着祖国和人民的安危，在他的谢表里我们可以看到不少"丹心未泯""誓九死以不移"这

① （元）脱脱、阿鲁图：《宋史》卷三百六十，中华书局 1999 年版，第 8969 页。

样充满雄心抱负的句子。这些都表明，即使是身处谪贬海南崖州这样的逆境，也都没能改变赵鼎的志向。后来，甚至就连他的对头秦桧也不禁感慨："此老倔强犹昔。"① 秦桧在感叹之余，进一步加强了对赵鼎的看管和迫害。赵鼎在海南的 3 年，过的是"与世隔绝"的日子，他心力交瘁地寄居在水南村，与外界的联系甚少。而他的那些门人故吏惧于秦桧的权势，也大都断绝了同他的往来，甚至连书信都不敢写。当时，只有广西将军张宗元，同情赵鼎的处境会偶尔给他送一些生活用品。张宗元的这种偶然举动，竟然也招致了秦桧的不满，他不但将张宗元调离了广西，而且还责令赵鼎所在的吉阳军监视其举动，并每个月都得按时上报赵鼎的情况。绍兴十七年（1147），更是通过诬陷，"诏赵鼎遇赦永不检举"。

赵鼎在当时已经意识到，以秦桧的为人只要自己一天不死他的迫害就绝对不会停止。为了避免祸及自己的家人，赵鼎就想以死明志，以自己的死来结束秦桧的迫害。他曾让人给儿子赵汾带话说："桧必欲杀我。我死，汝曹无患；不尔，祸及一家矣。"② 他甚至事先就给自己写好了墓志铭："身骑箕尾归天上，气作山河壮本朝。"③ 这里的"骑箕尾"，现在比较普遍的一种看法是指代国家重臣之死。墓志铭写好不久，赵鼎便在水南村寄居的家中绝食而死，得知他的死讯"天下闻而悲之"。赵鼎在死之前留下了最后一个愿望"属其子乞归葬"，但是这个"归葬"的愿望在当时并没有实现，朝廷没有同意他的这个请求。无奈之下，赵鼎的儿子只好将其葬在海南的昌化县（今海南昌江）旧县村。次年，赵鼎终于才"得旨归葬"，而其留在昌化的墓，当地人民还是给保留了下来，成为衣冠冢。昌化的衣冠冢坐北向南，墓碑上书"大宋状元内侯宰相赵鼎公之墓"。对于赵鼎，海南人民是由衷的敬佩，每到清明等重要的节日，海南的百姓都自发从各地赶到衣冠冢扫墓，缅怀一代名相"赵鼎公"，直到现在亦是如此。令人感到惋惜的是，衣冠冢的墓碑在"文化大革命"时期已经被毁。我们现在所能看到的墓碑，是旧县村村民筹资重新所作。

绍兴二十六年（1156），赵鼎的冤情终于得以昭雪，朝廷不仅恢复了

---

① （元）脱脱、阿鲁图：《宋史》卷三百六十，中华书局 1999 年版，第 8970 页。

② 同上。

③ 同上。

他的官职和封号，后孝宗还追赠其为太傅，谥号忠简，并追封丰国公，配享高宗庙庭。

通过史书上的各种记载，我们可以知道，赵鼎绝对无愧于他的谥号——"忠简"。这位命运多舛的南宋宰相，四岁时就失去了父亲，在母亲樊氏的抚养教育下，不仅精通百家学问，更是在朝堂上展现了自己卓越的政治才能，一度使得南宋政权出现了中兴的局面。但由于其直言不讳的性格，加上秦桧等奸臣的诋毁陷害，最终竟然落得个如此悲惨的结局，真是可悲可叹！

图帖睦尔

图帖睦尔（1304—1332），蒙古可汗，元朝的第八位皇帝，汗号"札牙笃可汗"。图帖睦尔是元武宗的次子，元明宗的弟弟。图帖睦尔与中国历史上的其他皇帝不一样，他曾两次在位，但是在位时间都不长，两次加在一起才四年，庙号为文宗，谥号圣明元孝皇帝。

帝位争夺的牺牲品

图帖睦尔作为皇子，身份自然是十分的高贵。但在元朝历史上，却有着"元文宗出居海南"的一幕。元大都（北京）与海南相隔万里之遥，在古代交通条件极为不便的情况下，一位身处"庙堂之高"的皇子为何与海南产生了联系？这当然是和元朝血雨腥风的帝位纷争有关。元朝由于其特殊的民族原因，自忽必烈以后，历代皇帝都经过了一番激烈的、你死我活的血腥斗争之后才登上皇位。从某种程度上来看，图帖睦尔正是皇位之争的牺牲品。

元世祖忽必烈去世以后，皇太子铁穆耳，在大臣伯颜的帮助下将其长兄甘麻剌等反对派镇压后，才继承皇位，他就是元成宗。同时，铁穆耳也拉开了元朝血腥皇位争夺战的序幕。1307年，铁穆耳驾崩，由于没有指定皇位继承人，当时的皇后和左丞相阿忽台欲立安西王忙歌剌之子阿难答为帝。而右丞相哈剌哈孙则对这个决定非常不满，因此便暗地里通知怀宁王海山和他的弟弟爱育拔力八达二人分别从一北一南带兵回大都夺取皇位。爱育拔力八达因为路程较近，便抢先占领了大都。不久，海山也领兵来到了大都城外。由于海山的兵锋更盛，迫于压力，爱育拔力八达不得妥协退让，让哥哥怀宁王海山继承汗位，自己则为皇太子，成为皇位第一继承人，并且兄弟二人约定汗位在兄弟叔侄之间代代相承下去。武宗海山死后，爱育拔力八达按照约定继承了汗位，也就是后来的元仁宗。仁宗爱育拔力八达即位后不久，立马违背了他和武宗海山之间的约定，压根就没打算在自己死后将皇位交给自己的侄子，转而立自己的儿子为皇太子；同时，为了消除大侄子将来对儿子帝位的威胁，仁宗还想方设法将他调出了大都，封其为周王以出镇云南。这一举动，立马招致了其侄的不满，遂发动兵变，通过武力夺取了皇位是为明宗，图帖睦尔即其弟。当时的图帖睦尔因为年幼，并没有卷入此次纷争，但只要他还有继承皇位的机会，就随时可能被卷入皇位的纷争之中，而历史的发展也很好地印证了这一点。

关于图帖睦尔出居海南的时间、地点

关于元文宗图帖睦尔来到海南以及离开海南的时间，史书上都有明确的记载：

> （至治元年）五月丙子……壬午，迁亲王图帖睦尔于海南。[1]
> 至治元年五月……于是出帝居于海南。[2]
> 泰定元年春正月已未……已酉，命诸王远徙者悉还其部。召亲王图帖睦尔于琼州，阿木哥于大同。[3]

从上面的三条记载我们可以清楚地知道，图帖睦尔来到海南的时间是至治元年五月，即1321年，离开海南则是在1324年。

元文宗图帖睦尔生于大德八年（1304）[4]，来到海南时应该是17岁（1321），离开海南时已满20岁（1324），计算下时间，图帖睦尔在海南居住的时间正好是两年半。

图帖睦尔流放海南的时候带的随从人员应该不是很多，因为他当年才17岁还没有正式封王，只是一名普通的皇室成员。因此，图帖睦尔也就

① （明）宋濂：《元史》卷二十七，中华书局1999年版，第415页。
② （明）宋濂：《元史》卷三十二，中华书局1999年版，第475页。
③ （明）宋濂：《元史》卷二十九，中华书局1999年版，第435页。
④ （明）宋濂：《元史》卷三十二，中华书局1999年版，第475页。

没有置常侍官属的权力，更何况他还是被流放到海南的。根据史料，我们现在只知道图帖睦尔带着一名叫"撒迪"的侍从，"朕在琼州、建康时，撒迪皆从，备极艰苦，其赐盐引六万，俾规利以赡其家"①。由此可见，图帖睦尔流放海南的日子过得也不是很轻松。

图帖睦尔到海南后的居住地，正史中有明确记载："己酉，命诸王远徙者悉还其部。召亲王图帖睦尔于琼州。"②

由此可知图帖睦尔住在当时的琼州，更具体一点，根据《正德琼台志》、道光《琼州府志》和咸丰《琼山县志》上的记载，是在琼州城城南，也就是现在海口市琼山区府城镇附近。

图帖睦尔在海南的生活

在海南的琼山县、定安县和文昌市一带，有一个民间传说，传说里的男主人公就是元文宗图帖睦尔，而女主人公则是一名叫李青梅的女子。李青梅是当时安抚司都元帅陈谦亨家里的一名歌姬，不仅长得漂亮而且还能歌善舞，因此图帖睦尔对李青梅是一见钟情，就想封她为妃。但青梅因有婚约在先，就婉拒了他。图帖睦尔无奈，只得赋诗自哂，"怅然北归"。虽然这只是一个民间传说，但也并非完全凭空捏造。《正德琼台志》就有过这样的记载，元帅陈谦亨家有侍娃名青梅，通词翰，善歌舞，声色并丽。至治间，文宗在潜邸，慕之。尝示其家，以觊窥之。意不就，因赋诗云：自笑当年志气豪，手攀银杏弄金桃。滇南地僻无佳果，问着青梅价也高。道光《琼州府志》卷四十四中也有同样的记载。根据这个民间传说，海南省琼剧院的周斗南和李放两位先生编写了琼剧《青梅记》，演出的效果非常好。后来，《青梅记》还曾代表海南进京做了汇报表演，并获得了国家级大奖。

元代的各位皇帝，由于历史的原因，文化素养普遍不高，能称得上精通汉文且能作诗的，大概就只有元末的文宗图帖睦尔和顺帝了。清代的学者顾嗣立在他的《元诗选》中收录了图帖睦尔的两首诗，一首是他的《自集庆路入正大统途中偶吟》，另外一首则是《望九华》。后来，台湾的

---

① （明）宋濂：《元史》卷三十二，中华书局 1999 年版，第 485 页。
② （明）宋濂：《元史》卷二十九，中华书局 1999 年版，第 435 页。

学者姜一涵通过考证，认为这两首诗是文宗仅存的传世之作。按照他的这种观点，如果《正德琼台志》记载没有错误的话，那么我们前面所提到的那首因求青梅未果而赋的诗，就应该是目前发现的图帖睦尔的第三首诗了。

元文宗图帖睦尔对海南的影响

1324 年离开海南后，图帖睦尔就再也没有登上海南岛。但他与海南的缘分并没有随着他的离开而结束。图帖睦尔即位以后，做了两件对海南影响深远的事情。

1. 引起了海南地名及行政建制的变化

1329 年，图帖睦尔将他即位之前所居住过的四个地方都改了名字，"建康曰集庆，江陵曰中兴，琼州曰乾宁，潭州曰天临"①。随着文宗的赐名，元朝政府接着在十月份，相应地把"琼州路军民安抚司"改成了"乾宁军民安抚司"。同时，"升定安县为南建州，隶海北元帅府，以南建洞主王官知州事，佩金符，领军民"②。定安县作为一个新建立的县（1292 年），却能够升级成州，那它究竟有什么特别之处呢？原来，当年图帖睦尔谪居海南的时候，其他官吏都不是很注重他，唯有定安县的王官"事之以礼"，对他很是尊敬，并给予了他很大的帮助。所以图帖睦尔在即位以后，为答谢王官当年的恩情，特将定安县升为南建州，并让王官掌管全州。南建州州治所在地位于现在的琼牙乡，建置一直延续到了明洪武初年，直到朱元璋登基以后才将其恢复成了定安县。

2. 兴建大兴龙普明寺

蒙古族历来对于佛教很是尊崇，元朝的历任统治者更是一个比一个狂热。元朝的每一任皇帝即位后，首要的大事当然是镇压反对派以巩固自己的统治，除此之外还有一件非常重要的事情就是营建新寺，"世祖建大宣文弘教寺，赐永业，当时已号虚费。而成宗复构天寿永宁寺，较之世祖，用增倍半。若武宗之崇恩福元，仁宗之承华普庆，租榷所人，益又甚焉。

---

① （明）宋濂：《元史》卷三十三，中华书局 1999 年版，第 494 页。
② 同上书，第 495 页。

英宗凿山开寺，损兵折农，而卒无益"①。作为元朝统治者的一员，文宗图帖睦尔自然也不例外，甚至是有过之而无不及。文宗在位只有 4 年的时间，却先后建了数座大型寺院，其中就包括 1329 年开始修建的海南乾宁（琼州）大兴龙普明寺。

1329 年九月，大兴龙普明寺开始修建，在此之前图帖睦尔为了更好地修建寺庙，还特意设立了一个品级高达正四品的大兴龙普明营缮提点所，提点所直接归隆祥总管府管辖。次年（1330）正月，"赐海南大兴龙普明寺钞万锭，市永业地"②。同年二月，图帖睦尔将提点所又改为营缮都司。根据史料的记载，大兴龙普明寺的工程十分浩大，以至于开工后工匠的数量严重不足，于是政府就地征集了大量的黎人来充当劳工。就算如此，由于工程过于庞大，寺庙修了两年多的时间还是未能完工，而旷日持久的工程最终则导致了海南黎族人的"反抗"，史载："隆祥司使晃忽儿不花言：'海南所建大兴龙普明寺，工费浩穰，黎人不胜其扰，以故为乱'。"③ 热衷修建寺庙的文宗在 1332 年农民运动结束后，便立即将闽海金宪阿刺护世派来做监工，继续大兴龙普明寺的修建。大兴龙普明寺建成后，规模庞大，雄伟壮丽，可以说冠于岭海。同时，文宗还特命翰林学士虞集为此寺撰文。虞集不惜笔墨，写了洋洋洒洒近千言的纪文，文章至今仍存。

关于大兴龙普明寺的具体位置，由于该寺已于咸丰年间被毁，我们只能通过地方志等史料来进行推测。根据史料的记载，大兴龙普明寺就在当年图帖睦尔在琼州的府邸所在地，也就是我们前面已经提到过的琼州城城南。而且史料进一步提到，大兴龙普明寺是在观音阁（观音阁是文宗在海南期间修建于自己府邸里的一个小佛寺）的基础上建成的。由此，大兴龙普明寺的具体位置得以确定。

---

①　（明）宋濂：《元史》卷三十，中华书局 1999 年版，第 455—456 页。

②　（明）宋濂：《元史》卷三十四，中华书局 1999 年版，第 507 页。

③　（明）宋濂：《元史》卷三十五，中华书局 1999 年版，第 518 页。

第四章　海南古代书院

　　海南岛在古代属于蛮荒之地，加之远离中原文化发达地区，文化十分落后。隋唐以后，海南岛长期被作为中央政府流放罪人、贬谪官员的地方，这些从中原来的人，为海南带来了先进的生产技术和文化。特别是历代被贬谪到海南的官员士大夫，他们都是当时知名的知识分子，他们的到来，对海南文教的发展起到了极大的推动作用。作为海南文教发展象征和主要载体的书院，其早期发展也与被贬谪到海南的官员士大夫有直接联系。此后，海南本地出身的官宦、缙绅、百姓以及中央派来的地方官，他们或自筹、或出资、或出力、或首倡，以各自不同的方式在海南推动书院建设，促进了海南书院的发展及文教的繁荣。

第一节　海南书院的历史流变

　　"书院"最初是作为政府机构起源于唐代，是国家藏书、修书之所。据《新唐书·百官志》集贤殿书院注记载："开元五年（717），乾元殿写四部书，置乾元院使，有刊正官四人，以一人判事；押院中使一人，掌出入宣奏，领中官监守院门；知书官八人，分掌四库书。六年（718），乾元院更名丽正修书院，置使及检校官，改修书官为丽正殿直学士。八年（720），加文学直学士，又加修撰、校理、刊正、校勘官。十一年（723），置丽正院修书学士，光顺门亦置书院。十二年（724），东都明福门外亦置丽正书院。十三年（725），改丽正修书院为集贤殿书院。"① 可见，最初的书院是皇宫的附属机构，负责修书、藏书，以供皇帝查阅。后

---

① （宋）欧阳修、宋祁：《新唐书》卷四十七，中华书局1962年版，第1212页。

来在全国范围内兴起的书院，是地方上兴建，并延请名师宿儒聚徒讲学，兼具讲学、藏书、祭祀三大功能的教育机构。

海南书院起源于文人聚徒讲学。最早在海南聚徒讲学的人是唐代初年的王义方。贞观二十年（646），时任太子校书的王义方受刑部尚书张亮案牵连，被贬为儋州吉安县（今昌江黎族自治县）县丞。王义方在吉安县召集黎族首领筛选生徒，讲授儒家经书，祭祀孔子，首开海南文教。史载："吉安介蛮夷，梗悍不驯，义方召首领，稍选生徒，为开陈经书，行祭奠礼，清歌吹龠，登降跪立，人人悦服。"① 王义方在吉安聚徒讲学，不属于正规意义的教学活动，但他的讲学以及带领生徒举行祭孔仪式体现出了书院三大功能中的两项，是为海南书院兴起的滥觞。

宋代，政府重视官学的发展，海南官学在这一时期迅速发展起来，两宋时期，海南初步实现了一州一学的官学体系，海南文教得到了较快的发展，为书院的出现奠定了一定的人文基础。古代，包括海南在内的岭南地区书院的设立大多与被贬谪到这一带的官员有直接关系。北宋绍圣四年（1097），苏轼因"乌台诗案"获罪，流放海南昌化军，任职琼州别驾。苏轼的到来，直接促成了海南最早的两所书院的建立。这两所书院均以"东坡"命名，最初之目的都是为了纪念苏轼，这两所书院分别位于琼州治下的琼山县（今海口市琼山区）和昌化军治下的义伦县（今儋州市中和镇）：

海南的两所东坡书院历宋入元，年久失修，几近倾圮。元朝政府鼓励书院的发展。在此形势下，治琼的地方官对宋代遗留下来的两所书院进行了积极修整，如元泰定四年（1317），时任南宁军判的彭应雷对儋州东坡书院进行了重建。此外，元代琼山东坡书院开始有山长负责日常的教学管理，招收了一定数量的学生，同时有可收租赋 70 石的学田，书院的教学、管理、生源、经费等都有了初步保障，其运转开始走上正轨。

明代是海南书院发展的第一个高潮期。明朝初年，由于政府注重发展官学，不重视书院建设，在明初 100 多年间，海南岛书院的发展相对迟缓。明宪宗成化年间（1465—1487），海南的书院逐渐发展起来，嘉靖至万历年间（1522—1620）海南书院的发展进入鼎盛时期。明中后期，科

---

① （宋）欧阳修、宋祁：《新唐书》卷一百一十二，中华书局 1962 年版，第 4159 页。

举制度腐败，官学逐渐沦为科举附庸，与此同时，理学得到进一步发展，以王守仁、陈献章为代表的理学大师及他们的门人、弟子在全国各地宣讲本派学说，这些活动直接推动了书院在各地的建设及发展。在全国书院蓬勃发展的大背景下，海南也出现了一个创办书院的高潮。有明一代，海南共建有书院 20 所，其中，嘉靖、万历两朝建的书院就有 11 所。① 明代海南书院的兴盛，使海南岛出现了大批人才，其中一些人参加科举，进入官场，他们忠直耿介、心系百姓，无论在朝在野都享有盛名，如丘濬、海瑞、唐胄等。海南书院的兴盛直接推动着人才大量涌现，而人才的兴旺又反过来推动了海南书院的发展，二者互为因果，相互促进。当然，海南书院在明代的发展也经历过一些曲折，明中后期，中央政府曾四次下令封闭全国书院，这对海南书院的发展造成了一定程度的冲击，使当时海南书院的发展再一次陷入低迷状态。此外，倭寇在中国沿海地区的肆虐更是重创了海南书院，直接导致了一部分书院的毁废。

清初，由于政府压制书院的发展，海南书院的发展十分缓慢，雍正时期（1723—1735），清朝政府对书院的政策作出重大调整，开始扶持书院的发展，强化对书院的控制，这使得海南书院进入一个新的发展高潮期。乾隆以后，海南岛内共兴建、修复前代书院 33 所，数量之多前所未有，规模也较之前扩大。② 和全国其他地方一样，这一时期的海南书院的科举化功能日益加强，书院日渐成为科举的预备学校。清朝中期以后，西方列强入侵中国，科举制不能适应现代科学技术的冲击，传统的书院教育体制已经无法满足社会对培养新式人才的需要，于是，书院便和古老的科举制一起走向没落，并最终退出历史舞台。清朝末年，科举制被废除，海南的书院随即陆续改为新式学堂。

第二节 海南书院的类型及分布

海南书院经历了一千多年的发展，到明清时期，基本形成了类型多元、分布范围广的发展格局。海南书院的类型可以按所在区域分为城市书

---

① 胡素萍、章佩岚：《海南古代书院》，海南出版社 2008 年版，第 28 页。

② 同上书，第 44 页。

院、乡村书院和少数民族书院三类。海南书院的分布状况随着时间的推移及书院教学功能的强化呈现一定的规律性。

　　海南的城市书院建在府、州、县治内及其周围，原因有三，一是方便政府对其进行管理及加强控制；二是各级行政区的中心城市往往交通相对便利，经济也发展较好；三是一地的行政中心往往也是该地的文化中心，这些都利于书院的建设。城市书院面向所辖府、州、县招收学生，其规模较大，是府、州县各级行政区的中心学校。明清时期，琼州府是海南岛上的最高行政机构，与琼山县同治一城，其治所在今天的海口市府城镇，明清两代，在琼州府治兴建、改建、扩建的书院前后共有 10 所，比较有名的是粟泉书院（清代改名为苏泉书院，其前身是宋代为纪念苏轼而建于琼山县的东坡书院）、琼台书院（清雷琼兵备道焦映汉建）。明代海南岛设有三州：儋州、万州、崖州，隶属于琼州府。清代崖州被改为直隶州，儋州、万州仍为琼州府属州。明清时期，海南岛上州城及其附近比较有名的书院有振德书院（明儋州知州潘时宜建）、万安书院（明万州知州茅一桂建）、朱崖书院（清崖州知州宋锦建）、东坡书院（清儋州知州裴镶重建）。明代海南的行政区划，在一府三州（琼州府、儋州、万州、崖州）之下，辖有 13 县（琼山、澄迈、临高、文昌、会同、乐会、定安、宜伦、昌化、感恩、万宁、陵水、宁远）和诸土司。①清代对海南岛的行政区划做了部分调整，设一府（琼州府）、一直隶州（崖州）、二属州（儋州、万州），下辖县由原来的 13 个变为 10 个（琼山、文昌、澄迈、临高、安定、乐会、会同、昌化、感恩、陵水）。除琼山县外，明代在剩下的 12 个县中有 6 个县在县城建有书院，而清代在其余 9 个县的县城中都建有书院。明清两代海南岛上各县城的书院中，比较著名的有尚友书院（定安县）、蔚文书院（文昌县）等。城市书院为海南各个行政区内的文化普及做出了突出贡献，同时培养了大量人才，促进了海南社会的发展。

　　乡村书院是中国古代书院中数量最多、分布最广、最低一级的书院。凡是不建在府州县城、通都大邑及其近郊者，凡是建于乡村但不属于一家一姓的家族书院，无论官建、民建，皆属乡村书院。② 海南岛远离中原，

---

　　①　李勃：《历代建制沿革考》，海南出版社 2005 年版，第 107 页。

　　②　陈谷嘉、邓洪波：《中国书院制度研究》，浙江教育出版社 1997 年版，第 7 页。

交通闭塞，社会发展落后，城市较少，大部分人口散居在乡村，很少有机会能够进城，中原先进文化也很难传布到海南岛的广大乡村地区。在此情况下，古代居住在海南广大乡村地区的部分有识乡绅，以各种形式在乡村推动书院建设，就近面向乡村招收学生，满足乡村普通百姓教育子弟、读书仕进的需要。明清两代，在海南全岛共建有 60 多所书院，其中有 22 所是乡村书院。① 这些乡村书院有的是由某个有名望的乡绅单独创建的，如明初贡生陈文徽创建的桐墩书院；有的是由某个乡绅个人倡建，然后众乡人响应，有的捐资、有的出力，共同创建，如海口的海门书院、定安的敦睦书院、文昌的溪北书院等；有的是由官府创建，如定安的居丁书院、崖州的龙山书院等。乡村书院招生的范围比城市书院要小，一般只招收参与过书院建设的乡村的子弟入学；官府创建的乡村书院其招生范围要广一些，可以囊括数个乡村。乡村书院是海南古代最基层的书院，承担了古代海南乡村社会普及教育的任务，乡村书院弥补了城市书院无法辐射到偏远地区的缺陷，对海南社会整体文化水平的提高发挥了无可替代的作用。

对海南少数民族推行教化，视黎汉为一家的思想由来已久。早在宋代，被流放到海南的苏轼就已经产生了这一思想，他在《和陶劝农六首并引》诗中曾写道："咨而汉黎，均是一民。"② 苏轼对黎汉百姓一视同仁，主张在黎族百姓中推行教化，传播中原先进文化，这一主张被后来的有识之士继承了下来；同时，黎族百姓也虚心向化，注重对汉族先进文化的学习，据南宋庆元年间（1195—1200）琼州都监庄芳的《琼州通守刘公创办小学记》记载："虽黎獠犷悍，亦知遗子就学，衣裳介麟，踵至者十余人。"③ 这是古代黎族百姓积极向汉族学习先进文化的一个生动写照。经过几个世纪的发展，到清代，海南岛的少数民族聚居区也纷纷建起了书院，比较有代表性的是丽泽书院、顺湖书院、双溪书院等。这些书院招收黎族子弟入学，帮助黎族百姓学习汉族先进文化，促进了少数民族地区的文明开化。

由于海南北部在地理上接近大陆，使得海南的北部地区更便于受中原

---

① 胡素萍、章佩岚：《海南古代书院》，海南出版社 2008 年版，第 83 页。

② 林冠群：《新编东坡海外集》，海南出版社 1992 年版，第 64 页。

③ （明）唐胄：《正德琼台县志》卷十七，海南出版社 2006 年版，第 361 页。

文化影响，加之古代被贬谪到海南的官员最先到达的是海南北部，他们同时也把中原的先进文化和生产技术带到海南北部地区，这些因素直接促成了海南北部地区的社会经济及文化的发展程度要比岛内其他地区高。因之，早期的书院主要分布在海南岛的北部地区。这些书院又多是为了纪念被贬谪到海南的名宦而建，例如建于琼山和儋州的两所东坡书院，就是为了纪念苏轼。早期的书院其功能更多的是祠祀性的，东坡书院的重要职能就是祠祀苏轼。这一因素使得书院的分布除了地理上集中于海南北部外，还呈现出以人为中心的特点，即书院大多建于名人显达出没过的地方。随着时间的推移，随着名儒、乡贤及地方官参与书院的建设与讲学活动，海南书院的教学功能逐渐增强，书院的分布范围开始扩大。明代中期以后，书院的官学化趋势加强，海南岛内各地的经济和文化得到了一定程度的发展，这为岛内各地创建书院奠定了相应的文化和经济基础，加之地方官把在辖境内创建书院看作政绩的象征，在此形势下，书院的分布不再集中于岛的北部地区，而是遍及整个海南岛。海南书院的分布特点由按经济、人文的发达程度分布转变为按行政区划分布。海南书院分布特点的变化，从一个侧面体现出海南整体经济、文化水平的提高。

第三节　海南书院的运转机制、教学体系及布局变迁

书院的正常运转需要有一个相对完善的运转机制。书院的运转机制包括管理机制和教学体制两方面的内容。明代中期以前，书院的管理机制还不完善，办学经费也得不到保障，因此不能持久运转。明代中后期直至清代，随着书院官学化的趋势不断加强，渐趋完善的书院管理机制慢慢建立起来，对书院产业的有效经营，也使得书院的运转经费有了比较稳定的保障。在这种形势下，海南书院的教学体系不断完善，其布局也呈现出多样化的发展趋势。

海南书院的管理系统主要由以下几类人员构成：山长，既是书院的主持者，通常情况下也是书院的主讲老师，在有些书院（如定安的尚友书院），山长又被称作掌教。监院，地位仅次于山长，主管书院日常的各项工作，相当于书院的行政首脑。主讲，即教师，负责配合山长开展教学活动。学长，规模较小的书院有的不设监院，而设一名学长，负责协助教

学，领取津贴。斋长，负责对学生进行考勤，督促学生学习，组织考试，发放膏火等事务。主祭，负责管理和主持祭祀事务。礼房，管理书院各项杂事，其具体职责见光绪《定安县志》载《尚友书院章程》："礼房逢招考官课期，造册出示，写榜纸。"① 总理（此职在海南各书院中只见于尚友书院），负责生徒招生与考试、书院田租的征收，年终要将书院账目清理造册上报，总理有协助其办事的助手，称分理。首事，参与书院管理或主管书院某一具体方面的工作。院役，管理书院后勤杂务的人员，如膳夫、门子等。除了以上所列各类执事外，海南书院通常还有本地绅士参与管理。作为书院最重要管理者的山长一职，要么由官府任命，要么则由地方乡绅推举。可见，地方绅士在书院的正常运转中发挥着重要的作用。总体来看，明清两代海南书院组织机构合理，各类执事职权明确，书院山长的选拔、生徒的招收及书院日常事务的管理都有章可循，这给海南书院的正常运转提供了制度保障，推动了海南书院的发展。

书院的正常运转光有制度保障还不够，还必须有稳固的经费支撑。书院的经费是指为了保证书院开展正常的活动而投入和消费的人力、物力、财力的总和，是书院赖以生存和发展的基础，其重要意义不言而喻。② 海南古代书院的经费主要来自四个方面：一是官府拨给的田产，这是官办书院的主要经费来源，书院收取这些田产的田租用以维持其运转，也有一部分民办书院的田产是官府拨给的。二是地方官和地方乡绅的捐款，书院多利用这些捐款去购置田产，出租给佃农，收取田租用于书院开销。三是书院自身的商业经营活动，有的书院会投资购买所在城市的店铺，出租门面，赚取租金，如位于琼州府城的琼台书院在嘉庆二十四年（1819）"契买琼山县署前仁和坊民房一所，坐北向南，正屋三楹，并两廊厨舍共十二间，用价银五百一十圆。每年收租钱三十钱文"③。也有的书院将多余的钱借贷出去，赚取利息。四是民众的捐款。经费来源渠道的多元化，使海南书院有了比较稳定的收入，而书院作为社会公共机构，经费开支名目繁多，必须建立有效的经费管理机制，合理支配书院收入，否则，其存续时

① （清）吴应廉、王映斗：光绪《定安县志》卷二，海南出版社 2004 年版，第 178 页。
② 胡素萍、章佩岚：《海南古代书院》，海南出版社 2008 年版，第 165 页。
③ （清）李文烜、郑文彩：咸丰《琼山县志》卷四，海南出版社 2004 年版，第 220 页。

间亦不能长久。要对书院经费进行有效的管理，首先，要保护好书院的田产不被他人侵占，因为田产是维持书院长久发展的根本保障。其次，要科学合理地利用书院经费，少花钱多办事。明代中期以前，海南书院的经费管理制度还不完善，这种情况在明代中期以后逐渐得到改观。到了清代，海南书院大多制定了管理田产及经费的条规章程，建立了一套以当地家境殷实的乡绅为董事的书院财产管理体系。正是因为海南书院的经费来源稳固，经费开支科学合理，经费管理机制比较完备，才使得海南书院在明清时期能够实现长足发展。

书院作为一种教育组织，开展教学活动是其最基本的职能，而完备运转机制的建立，是为书院开展正常的教学活动服务的。书院的教学体系包括课程设置、考课方式和学规的制定等几方面内容。在课程设置上，海南书院和全国其他地方的书院一样，基本教材是四书、五经，另外，宋代以来一些理学大师的著作、讲义、语录、注疏也是海南书院要求学生必读的书目。明代中期以后，书院逐渐官学化，开始成为科举的附庸，在此趋势下，清代海南书院的教学重心转向考课，考课以八股文为主，以朱熹的《四书章句集注》为立言根据。海南书院的教学，除老师讲授外，十分重视学生自学，学生自学的过程中要做读书笔记，山长会定期查看学生的读书笔记，以检验学习效果。为了激励学生刻苦学习，书院会按成绩的优劣对学生进行分等级奖励。海南书院在管理书院日常事务的条规、章程之外，特别制定了学规，用以规范管理书院的教学活动。学规又称学约，一般会被公布于书院的显眼之处，它的内容包含书院的教学宗旨，学生进德、为学的主要内容和基本方法，以及学生在书院生活的一些基本规则，学规有勉励学生努力求学的作用。海南书院具备了比较完善的教学体系，这使得明清两代海南书院的教学活动颇具成效，培养了大批人才。

海南书院从建立之日起，一直处在不断的变化发展之中，这不仅体现在书院运转机制的完善和教学体系的完备上，也体现在书院布局的变迁上。大体上，海南书院的布局从宋代到清代经历了一个由小到大、主体建筑由少到多、由并无统一的布局规则到基本具备统一的布局规则的发展过程。到清代，海南书院的布局基本定型，只是在规模上不同的书院存在大小之别。书院建筑以讲堂为中心，沿着中轴线对称布局。中轴线上纵贯排列着讲堂、祭堂、藏书楼等主体建筑，少则二三进，多则四五进，主体建筑两侧配以斋舍、厢房及其他建筑，形成层次分明、有主有次的院落结构，书院整体上显得严谨庄重。从书院的布局变化中可以大致窥测出海南书院在特定历史时期的兴衰状况，某种意义上说，海南书院布局上的变迁就是海南教育发展情况的一个侧影。

第四节　海南书院的社会影响及启示

从宋代至清代，海南书院的发展历经一千多年的时间，虽然在数量、规模和学术成就等方面与中原文教发达的地区还存在一定差距，但单就远离中原文化发达地区、僻处海隅的海南岛而言，书院的发展对于文教事业的发展，对于人才的培养，对于重视教育的传统的形成，发挥了不可替代的作用，影响深远。海南书院在一千多年的发展过程中，其办学成果是显著的，给了今天的人们以深刻的启示。

清代林之椿在《序宝粹书趣藏书目录》中评价海南文教的发展时曾说："海南偏僻处炎荒，教化之开，始于南宋，嗣后明贤辈出，有海滨邹鲁之称。"[①] 姑且不论林之椿所谓海南教化开始于南宋是否准确，但可以肯定的是海南教化之开与书院的发展有紧密的联系，甚至可以说海南教化之开最主要的推动者就是书院。由宋代至清代，由于书院的发展，海南文教事业不断向前发展，海南的整体文化水平与文教发达地区的差距也在不断缩小。明清时期，海南书院的发展出现了两个繁荣期，与此同时，海南的文化也出现了繁荣的局面，这是海南书院的发展推动海南文教事业发展的有力证明。

书院作为封建时代的一种教育机构，与政府创办的官学共同承担起为国家培养人才的责任。海南古代书院由于设施完备，运转机制和教学体系健全，加之常有名师宿儒担任山长，主持教学，这使得书院在社会上享有很高的声誉，其影响力有时候甚至超过了官办的府学和县学。因此，海南书院往往能吸引岛内优秀学子前去求学，为社会培养了大批人才。在这方面，琼台书院可谓是海南书院的典范，据《琼台书院志》记载："自书院

---

① 转引自［日］小叶田淳《海南岛史》，中国社会科学院广东民族研究所1964年编印，第54页。

建后，文风丕振，会试始有登第馆选，此后，春秋或隽，皆书院诸生，一代之风气，科名之得人，可见一斑。"① 琼台书院创建前，海南岛籍科举中试的人很少，琼台书院建立之后，情况大为改观。清代海南参加科举的生徒，有探花一人，进士 31 人，举人 170 多人，这些中试的举子中大部分曾是琼台书院的学生，如嘉庆十四年（1890）殿试中探花的张岳崧就是琼台书院的生员，他也是海南岛有史以来唯一的探花郎。总的来说，海南古代书院培养了大量人才，并通过对人才的培养推动了海南社会的进步。

书院推动海南文教事业发展、为海南培养了大批人才的同时，也使海南形成了重视教育的优良传统。海南书院不同于官学（府学、县学）只建于府城、县城这类行政中心，而是冲出城市，遍及乡里。整体而言，书院的招生范围比官学广，其影响力甚至可达边远的山村。作为一种教育兼文化传播机构，书院在海南比官学有更广泛的群众基础，受书院传播文化知识的影响，历经千年，海南广大人民群众由衷地尊重知识，尊重文化，这种对文化知识的尊崇使海南人形成了重视教育的共识，这种共识最终演变成了海南人重视教育的传统。这一传统很好地体现在书院的兴办上，由宋至清，海南书院数量总体上呈上升趋势，书院规模也在逐渐扩大，而在书院的每次兴建、改建或者扩建的过程中，地方官、乡绅、普通百姓以及其他社会人员都以高昂的热情参与其中，他们有的捐钱，有的出力，每个人都把建设书院作为自己分内的事，正是因为有这股强大的社会助推力，书院才能在海南蓬勃发展起来。如今，书院虽然已经退出了历史舞台，但海南人重视教育的传统却保留了下来，推动着海南教育事业不断向前发展。

书院对海南社会的影响一直延续至今，我们在重新审视海南书院留给我们的丰富遗产的同时，要深入总结海南书院发展的有益经验，将这些经验消化吸收，可以推动当代海南文化教育事业的发展。归纳起来，海南古代书院的发展给了我们以下几个方面的启示。一是教育的发展需要政府给予足够的重视及社会各界给予大力支持。教育是一项公共事业，政府若不重视，社会各界若不给予支持，它就丧失了发展的基础，有走下坡路的危

① 转引自谢越华《琼台三百年》，海南出版社 2002 年版，第 8 页。

险。二是我们当前的学校教育要注重德性教育，塑造学生良好的人格。古代海南书院大多以涵养心性、进德修身为其办学宗旨和立院之本，培养出来的人才大多具有良好的道德品行，以经世济民为己任，而今天的社会道德缺失严重，我们必须向古代书院学习，从年轻的学生抓起，重拾国人的道德信心。三是做到教学与学术相结合。没有学术做支撑的教学是空洞的，只有将教学与学术结合起来才能真正提高学校的教学质量。四是因材施教，重视学生自主学习能力的培养。让学生在自主学习的过程中，掌握新知识、新技能，增强学生适应社会的能力。

第五章　自觉阶段

——琼学的形成与发展

第一节　廖纪及其主要思想

一　廖纪生平

廖纪（1455—1532），字廷陈（时陈），号龙湾，海南琼州府万州陵水县（今海南省万宁市礼纪镇，此地原属陵水县管辖，1959年后划归万宁市管辖）人。廖纪是海南陵水县第一位进士，其为官历经明孝宗、武宗、世宗三朝，官至少保兼太子少傅和吏部尚书，是明世宗前期的重要臣工，同时，他也是明朝杰出的政治家和儒学家。廖纪一生为官廉洁、正直，民间称他为廖天官，是海南"十大廉吏"之一。《明史》共为五位海南文人①立传，其中就有廖纪。廖纪还与丘濬、海瑞两人一起被人们誉为"南海三星"。

廖纪原籍海南，生于直隶东光县。按其族谱记载，宋朝末年，廖氏一族为避乱世，从福建莆田迁居海南。宣德年间（1426—1435），廖纪的父亲廖瑄（号淡庵，海南琼州府万州陵水县人）因廖纪的祖父廖有能获罪逮系京师，因而举家北迁（一说因经商迁徙），在直隶东光县（今河北省衡水市阜城县）落居。廖纪的父亲廖瑄因博通经史，善写书法，便在当地一边教书，一边经商，后来成为当地的富人。明景泰六年（1455），廖纪出生于直隶东光县，其母王氏。从史实记载来看，廖纪籍贯为明朝广东琼州府万州陵水县（即今海南省万宁市礼纪镇贡举村、三星村、前进农场一带），出生于直隶东光县，所以，说廖纪是河北人或海南人都有一定

---

① 《明史》共为邢宥、丘濬、唐胄、海瑞、廖纪五位海南文人立传。

的道理。

　　廖纪天性淳厚，自幼聪明好学、胸怀大志、性格沉稳。其父博学多才，这对廖纪影响很大，使他从小就有较强的仕官意识。后来他师从名师邹野渔，学业长进很快。但是廖纪的科举之路并不顺利，经历了三次科举落榜，直到第四次考试才考中。成化十六年（1480），25 岁的廖纪科举考试不幸落榜，在他心灰意冷的时候，他的同乡丘濬（当时任国子监祭酒）安慰并鼓励了他，于是廖纪在太学继续学习，准备再一次参加科举考试。不幸的是廖纪再一次落榜。但是廖纪并没有气馁，而是加倍刻苦学习。弘治三年（1490），第四次科举考试中廖纪终于蟾宫折桂，中进士，并被任命为考功司郎中，从此踏入仕途。

　　明朝嘉靖十一年（1532）八月，廖纪在家中过世，享年 78 岁。为了悼念廖纪，明世宗罢朝一天，并追封廖纪为太子少傅，谥号僖靖，同时赐于九坛①祭祀，并责令工部为其举办葬礼，给予其极高的礼遇。

二　廖纪主要为官履历

　　廖纪在朝为官，经孝宗、武宗、世宗三朝，历时 36 年，官至正一品，可谓位高权重，是明朝权力中心名副其实的重臣之一。廖纪死后被追封为太子少傅，这足以见得廖纪一生对国家贡献之大。

　　（一）主要为官履历

　　廖纪的为官履历，在《明实录》第一百四十三卷"嘉靖十一年十月"甲午条中有这样的记载：

　　　　甲午，赠故少保兼太子太保吏部尚书廖纪少傅，赐祭葬如例，谥僖靖。纪，河间府东光县人，由进士授吏部考功主事，历员外郎中、太仆、太常少卿、太常卿、工部右侍郎，改吏部，升南京吏部尚书，改兵部，致仕。起吏部尚书，加太子太保，乞致仕，许之，加少保……②

---

　　① 九坛，即天坛、地坛、祈谷坛、朝日坛、夕月坛、太岁坛、先农坛、先蚕坛和社稷坛诸坛。这些地方都是明清帝、后进行各种祭祀活动的地方。

　　② 《明实录·明世宗实录》卷一百四十三，台湾"中央研究院"历史语言研究所 1962 年版（影印"红格钞本"），第 3336 页。

根据《明实录》中的《武宗世宗实录》《明史·廖纪传》和李时《光禄大夫少保兼太子太保吏部尚书赠少傅廖公纪墓志铭》（以下简称《廖纪墓志铭》）等资料的记载，廖纪的主要为官经历如下：

（1）明弘治年间（1488—1505）

弘治三年（1490），科举及第，中进士，任吏部考功主事。

弘治五年（1492），授考功司郎中文选郎中。

（2）明正德年间（1505—1521）

正德四年（1509）十月升为太仆寺少卿。

正德五年（1510）十二月，任太常寺少卿，提督四夷馆。

正德七年（1512）七月，升为太常寺卿，仍兼提督四夷馆。

正德九年（1514）十月，升为工部右侍郎，同时管理易州山厂柴炭。

正德十二年（1517）六月，升为吏部右侍郎。

正德十四年（1519）夏四月，升为左侍郎。

正德十六年（1521）春正月，升为南京吏部尚书。

（3）明嘉靖年间（1522—1566）

嘉靖元年（1522）四月，调任南京兵部尚书。

嘉靖元年（1522）十一月，退辞归乡。

嘉靖三年（1524）十月，复出，起用为吏部尚书。

嘉靖五年（1526），任《献皇帝实录》监修官。

嘉靖五年（1526）七月，《献皇帝实录》书成，加封为太子太保。

嘉靖六年（1527）四月，因与桂萼等奸臣政见不合，称病归乡。

廖纪一生为人正直朴素，清而不激；为学勤奋刻苦，老而不倦。在"大礼议"之争中廖纪辞官归乡，省亲祭祖后整日研习经典，撰写了《庸学》《论孟》《四书管窥》等著作。

（二）为官的品行

廖纪为官36年，正值明朝各种社会矛盾错综复杂爆发的时期，这一时期是社会各个阶级和阶层卷入纷争，社会各种矛盾不断激化的时期。一方面，统治阶级加重赋税方面的剥削，并逐渐走向贪腐；另一方面，官僚之间拉帮结派，相互倾轧，竞相巧取豪夺，从而形成了特务统治和宦官专权的局势；最后，这种局面导致百姓生活困苦和大批流民出现，甚至时常会爆发小规模的农民起义。在这种社会关系复杂、恶化的形势下，廖纪虽位高权重，但为人却一直正直不阿、不畏强权，并表现出了廉洁、恪尽职守的高贵品质。

1. 廉洁

廖纪是海南著名的"十大廉吏"之一。他一生勤政为民，为官清廉，明朝官吏俸禄极低，廖纪虽位高权重，仍能不为钱财所动，不以手中职权私饱中囊，做到羡万金而一无所染。这足以显示出廖纪为官的清廉和品行的高洁。关于这一点，在方鹏所著的《大司马龙湾廖公传》有这样明确的记载：

> 升工部侍郎，总易州山厂，履任浃旬，弊去八九。尝曰："欲正人，先正己。"如赁房钱、菜园钱、夫价余银，有司供亿岁不下千两，公绝不受。势要岁觅薪炭数万斤，亦绝不与。大约岁省八府银数万余两。民大感悦，由是声闻益隆。推改吏部，愈公愈严，门无谒客，僚属相谓曰："人皆有乡曲，有亲故，公独无。"深叹以为不可及。①

同时，李时所撰写的《廖纪墓志铭》也有类似的记录：

> 公亦节介不渝，期副所荐。乡有士将游仕途，奉贽谒，冀蒙二天公不辞，既完璧克赆以归。其清而不激，类如此。历迁考功郎中，再转文选，雅不阿时宰，士类高之。升太仆少卿、太常卿，皆有实政纪录。寻擢工部右侍郎，督理易州山厂。时岁羡余将万金，公一无所染，悉以上供所用，因以为例。②

2. 恪尽职守

廖纪为官 36 年中，一直勤恳工作，励精图治，为革除明朝时弊，竭

---

① （明）方鹏：《矫亭存稿》卷之九，第 16 页，转引自薛家《明代海南先贤廖纪的仕宦意识》，《海南师范大学学报》（社会科学版）2010 年第 6 期。

② （明）焦竑编：《焦太史编辑国朝献徵录》卷之二十五，参见（明）国骏富辑《时代传记丛刊·综录类 26》第 110 册，明文书局 1991 年版，第 193 页。

诚尽力，并在其任期内取得了一定的成绩，受到后人的赞扬。

廖纪在南京吏部任职时，针对当时"廉陛不严，纪纲渐废"的局面，采用极为严格的官吏考核措施，大刀阔斧的进行改革，使明朝吏治得到了很大的改善。

廖纪在担任南京兵部尚书后，对南京城防武备出现的诸多弊端忧心忡忡，在做了详细、深入的调查研究后，有针对性地采取了行之有效的措施。虽然后来廖纪因受谗言所累，被罢去官职，各项措施被中途废止，但这些改革措施也收到了一定成效。

他在任职吏部尚书之后，向明世宗提出了正士风、重守令、惜人才三大谏的整治措施。在明世宗没有采纳"惜人才"的情况下，廖纪仍心系国家的利益，不惜忤逆明世宗和张璁等权臣的意思，坚持推荐、保护那些有才能的官员，并要求恢复那些因受过处分而降职的官员的职位，其中包括在"大议礼"中因反对过明世宗而受处分的官员。这在《明史》中有确切的记载：

> 三边总督杨一清召还内阁，璁等欲起王琼，纪推彭泽、王守仁，帝不允……五年正月，御史张衮、喻茂坚、朱实昌以世庙礼成，请宥议礼得罪诸臣，璁、萼亦以为请，章俱下吏部。纪等列上四十七人，卒报罢。御史魏有本以劾郭勋、救马永谪官，给事中沈汉等论救，帝不听。纪从容为言，且荐永及杨锐。帝纳之，有本得无谪。[①]

廖纪这种恪尽职守的品质受到了后人的高度赞扬。这一点在《工部右侍郎廖纪暨妻郭氏李氏诰命》中有确切的描述：

> 首列职于郎曹，久分司于邦治。进居太仆佐长僚，而马政聿修，载陟奉常督译馆，而词翰惟谨。践扬既久，谙练益深。比允协于金言，遂超升于今职。乃能躬行三事，表率群僚。革弊除奸，才实精于觉察；奉公持正，志不屈于世强。心惟独劳，事皆有济。誉望允孚于

---

① （清）张廷玉等：《明史·列传第九十》卷二百〇二，中华书局 1974 年版，第 5324 页。

中外，操持罔间于初终。①

　　廖纪之所以这样做，是为了恪守"举人代任"这一吏部尚书的职责，然而在当时的社会环境和政治背景下，这种品质十分难能可贵。

　　3. 不畏权贵，正直不阿

　　一般来说，勤于正事、为官廉洁的官吏都不畏权贵、正直不阿。从廖纪恪尽职守的品行中就能反映出他正是这样的一位官员。方鹏在《大司马龙湾廖公传》中有这样描述廖纪的品行：

> 持平守正，间不容私。有赂权要求吴江令者，有权要为其侄求锦衣经历者，公执不可。或曰："祸且至矣。"公谓："奉法受祸，某不敢辞。"②

　　"凡势权所役夺之，俾尽还伍，戎政用肃"，如此行事，必然会给廖纪招来祸事，但他以国家利益和天下苍生为重，坦然处之，宁可丢官也不为一己得失而徇私枉法。

　　根据史料的记载，明武宗年少时，整日沉迷于嬉戏、作乐，终日与宦官为伍，从而造成了宦官刘瑾权擅天下、结党营私，并利用内阁大臣焦芳、刘宇，吏部尚书张彩，兵部尚书曹元，以及锦衣卫指挥杨玉、石文义等心腹之人排陷异己的局面。当时正直的官员大多受他迫害，但廖纪不畏强权，"极口斥其不然"，宁可不做官，也不肯依附于阉臣乱党，因此受到了人们很高的评价。李时在其撰写的《廖纪墓志铭》中称他为"不阿时宰"。

　　在"大议礼"事件中，张璁、桂萼等人逐渐掌握了实权后，拉帮结派，攻击异己，凡反对他们的官员均遭到打击。他们为了扩展党羽拉拢廖纪，推荐廖纪任职吏部尚书，但廖纪并不为之所动，而是以乔宇、杨旦比自己有能力进行推辞。此后，廖纪上任吏部尚书，不但不因张璁等人的推

---

　　① （清）冯樾等：《（康熙）东光县志》卷八，转引自林日举《历明三朝的官员廖纪》，《海南师范大学学报》（社会科学版）2012 年第 9 期。

　　② （明）方鹏：《矫亭存稿》卷之九，转引自薛泉《明代海南先贤廖纪的仕宦意识》，《海南师范大学学报》（社会科学版）2010 年第 6 期。

荐而投其所好，不与之同流合污，而且凡事据理力争，并多次与明世宗及张璁等人相抵牾。特别是在何渊提出建世室祀兴献帝的建议的时候，廖纪明知明世宗已经认可此事，但并不畏惧，而是立即上书《请罢何渊世室疏》对其进行驳斥。

正是因为廖纪一直坚持守正，不肯阿附于任何一个官僚集团，因此他遭到了多方的弹劾、攻击，甚至一度因此而辞官归乡。为此，廖纪本人在《宥以言官以彰圣德用将才以固根本疏》中这样描述："虽尝竭愚摅虑，补救一二，偶因言官论劾，旋以衰疾乞休，遂归。衷情耿耿，恒以负任为愧。"①

方鹏在《大司马龙湾廖公传》也非常同情地说："（廖纪）偶以目疾，月余不视事。挟旧怨者以为言……闻者为天下惜之。"②

三　廖纪的主要思想及著述

廖纪不但是明朝中期的重臣之一，而且还是一位著名的政治家和思想家。

廖纪的政治活动和学术活动，主要集中在明朝正德年间和嘉靖年间。但明朝自正德年间起，统治集团内部的各种矛盾不断激化，出现了宦官专权、地方王侯反叛的情况；百姓民不聊生，出现了农民起义和少许民族起义频发的局势；再加上外部北蒙古贵族的不断侵扰，明朝处于内外交困的社会政治危机之中。这些矛盾的空前激化，致使明王朝开始由盛转衰。

自元朝起，居于统治思想地位的一直是程朱理学，但是，随着明朝各种矛盾的空前激化，程朱理学便日益显得僵化，并越发暴露出其空疏误国、虚伪迂腐的弊端。大多数信奉程朱理学的人，要么空谈性理之学，整日死背程朱之书，而在面对现实问题时束手无策，最终成为一批毫无作为的迂腐之徒；要么醉心于追逐功名利禄，成为"口谈道德，而心存高官，志在巨富"的伪君子。这种社会状况正如明末李贽在《三教归儒说》中

①　（明）贾三近：《皇明两朝疏抄》卷十二，参见《续修四库全书》史部第 465 册，上海古籍出版社 1996 年版（影印万历刻本），第 426 页。

②　（明）方鹏：《矫亭存稿》卷三九，转引自薛泉《明代海南先贤廖纪的仕宦意识》，《海南师范大学学报》（社会科学版）2010 年第 6 期。

所形容的那样："阳为道学，阴为富贵，被服儒雅，行若狗彘。"①

廖纪以极为敏锐的政治眼光，一针见血地指出：要想拯救这种社会危机，就必须深刻地揭露程朱理学所带来的"士习大坏"的弊端，以此来"正士风"；同时，要通过对程朱理学以及佛老的"空寂寡实之学"进行批判，以此来大力倡导"经世之学"。他在《嘉靖四年九月上"正士风，重守令，惜人才疏"》中说道：

> 国家所赖以制治保邦、修政之事，惟在多士。士风淳，则人皆务实；士风漓，则人皆务名。祖宗朝人材未必如今日之盛，而当其时士习淳朴，绝无伪巧，勉修职业，不务虚名。故事治民安，国家赖之。正德以来，士多务虚誉而希美官，假恬退而为捷径。或因官非要地，或因职业不举，或因事权掣肘，或因地方多故，辄假托养病致仕。甚有出位妄言，弃官而去者。其意皆藉此以避祸掩过，为异日拔擢计，而往往卒遂其所欲。以故人怠于修职，巧于取名，相效成风，士习大坏。②

（一）廖纪的主要著述

廖纪一生著述甚为丰富，基本上都是对程朱理学进行批判的。在诸多著作中，廖纪最主要的著作有《庸学》《论孟》《四书管窥》③《少业毛诗》《童训》《沧州志》以及若干奏疏。由于各种原因，这些著作已经佚失了一部分，我们很难再寻到。而当前我们最常见的廖纪著作是若干奏疏和《大学管窥》《中庸管窥》二卷，以及其附在《中庸管窥》后的两篇文章《性学原》《心学原》。

（二）廖纪的主要思想

廖纪的思想主要集中体现在《庸学》《论孟》《四书管窥》及其若干

---

① （明）李贽：《续焚书》卷二，中华书局 1961 年版，第 77 页。

② 《明实录·明世宗实录》卷五十五，台湾"中央研究院"历史语言研究所 1962 年版（影印"红格钞本"），第 1342 页。

③ 按《明史艺文一四书类》记载："廖纪，《四书管窥》四卷。"但我们今天只能见到《大学管窥》《中庸管窥》两卷，而《论语管窥》和《孟子管窥》无法找到。朱彝尊在他的《经义考》中也说："廖氏纪《四书管窥》二卷，未见。"

奏疏中。但是由于部分著作现已佚失，我们也只能依据现有的《大学管窥》《中庸管窥》、奏疏以及其他资料，来梳理廖纪的主要思想。

从思想上来看，廖纪是以王阳明等人为代表的心学实学派别中的重要成员，他不仅在政治上同情和支持因"大礼议"之争而被罢官的王阳明及其弟子，而且在思想上特别是心性学说上，与王阳明的思想十分相近。

1. 推崇儒家经典之古本，批判程朱之今本

《大学》《中庸》《论语》《孟子》是儒家四部经典之作，合称"四书"。针对"四书"，南宋淳熙年间，朱熹集"四书""五经"于一体，编撰了《四书章句集注》。针对朱熹的《中庸章句集注》，正德十三年（1518）王阳明编撰了《大学古本》《大学古本序》《中庸古本》等书。受其影响，明朝嘉靖五年（1526）廖纪撰写《大学管窥》和《中庸管窥》二卷书。廖纪与王阳明虽然在学术倾向上存在一些差异，但他们的主要思想基本上是一致的。廖纪也推崇《中庸古本》批判程朱学派的《中庸今本》（亦称改本）；推崇《礼记》中的《大学古本》批判程朱学派的《大学今本》（亦称《大学改本》）。

廖纪指出，《中庸》和《大学》"实相表里"，是"贯六经之道，纲目功效，秩然有序而不紊，诚千圣传授之心法，百王致治之大经"[1]。而程朱学派的《大学今本》，廖纪则认为他们支离了《大学》原著，违背孔子、曾子本意，使后来之人只知"今本"不知"古本"。

廖纪在《大学小序》中批评道：

> 《大学》一书，乃孔子所遗，曾子所受，而门人所记也。汉儒收入《礼记》第四十二篇，程子表而出之。愚尝详味古本，纲目分明，次第不紊，初无经、传之别，亦无阙文错简之误。每于熟思之余，偶有一得之见，并所闻切当之论，书于逐节之下，以备遗忘。积数十年，不觉成集，以求正于有道之君子。今本《大学》乃更二程子并朱子改定，分经补传，于古本小异。朱子《章句》注释详矣，学者宗之已五百余年，不复知有古本，深为此惧。故释古本全文以示后

---

① （明）廖纪：《中庸管窥·中庸序》，明嘉靖六年（1527）刻本，影印衍圣公孔昭焕家藏本。

学，非敢求异，盖欲其观古本、今本之不同而知所用力也。①

可见，廖纪对朱熹的《大学章句》表示异议，担心学者以后再也不知道古本，不重视古本，所以他要求恢复古本，以求正于有道者，并使后世的学者能"观古本、今本之不同，而知所用力也"。

2. 天命之性——廖纪的人性一元论

在程朱学派的思想中，人性有"天地之性"和"气质之性"之分，其中"天地之性"是"理"，而"气质之性"是"气"，这两者共同构成了人性的根本。对"理"和"气"的理论，廖纪并没有发表新的观点，但在人性论上，他既反对程朱学派将人性二分为"天命之性"和"气质之性"的二元论，又不赞成杨慎、罗钦顺所主张的"气质之性"的人性一元论思想，而是主张"天命之性"的人性一元论思想。《性学原》说：

> 夫何孔孟既没，性学不明？荀子曰："人之性恶，其善者伪也。"杨子曰："人之性善恶混"，皆昧乎性之本善而兼以恶言之也。张子曰："天地之帅，吾其性。"又曰："形而后有气质之性，善反之，则天地之性存焉。"是不知性出乎天而纯乎理，兼以地与气质言之也。其诸异乎圣贤之论矣，荀与杨也。语焉不详，择焉不精，无足怪者。张子，世之大儒也，后学之所宗也，张子言之于前，学者述之于后。达而仕者曰："我知性有天地之性也，有善恶之性也，有气质之性也。"穷而学者曰："我知性有天地之性也，有善恶之性也，有气质之性也。"穷达一词，牢不可破，是皆舍圣贤之论，而宗儒先之说，信其言，而不求之心者之过也。其不思也甚矣，其不知也亦甚矣。②

廖纪在坚持"天命之性"一元论的同时，对人性的内涵做了阐述。

首先，廖纪认为"人性"是源于天命（天理或理）的。在《中庸管窥》中廖纪这样论述："天命即《诗》'维天之命'，天以是命降于人，

---

① （明）廖纪：《大学管窥》，明嘉靖六年（1527）刻本，影印衍圣公孔昭焕家藏本。
② （明）廖纪：《中庸管窥·中庸序》，明嘉靖六年（1527）刻本，影印衍圣公孔昭焕家藏本。

而人禀于有生之初，所谓性也。""性乃天命之谓，舍天命而言性者，非性矣。"①

其次，廖纪认为人性即是天德或至善。因为天命本身就是至善，而人性源于天命，所以人性就是天德或是至善。随后，廖纪对天德的内涵进行了解释，他说："天德，即上文仁义礼知之德，至诚能全天命之本然，故曰天德。"又说："至善者，性无不善，即天命之本然，如仁敬孝慈之类是已。"② 所以，在廖纪的思想认识中，所有人性本身都是善的，不存在也不应该存在性恶的说法。

最后，廖纪认为，现实社会中之所以会表现出来所谓的人性之恶，完全是由于人们的气质不同造成的。虽然人们的气质各不相同，但"气"会影响和侵蚀人，使人产生私欲，一旦私欲蒙蔽了原本善良的人性，人性就会在现实社会中表现出性恶。对此，廖纪说："人莫不有是道，而为私欲所坏，苟能修治，去其私欲之蔽，以复其初，是乃由于学习，所谓教也。"③

对于人性在社会中表现出来的恶，廖纪极力主张通过格物致知，诚意正心，来达到恢复人善良本性的目的。他在《大学管窥》中曾这样明确地指出："明德者，人秉天之明命，具于心而明无不照也。人莫不有是明德，但蔽于私欲而昏之者众，故当格致诚正以明之，而复其初也。"④

正是基于上述观点，廖纪才批判程朱学派的人性二元论违背了古代圣贤的本意，他说："圣贤论性，其大原皆出于天而不出于地也。"又说："圣贤论性，皆本善而无恶，纯乎理而不杂于气质也，彰彰明矣。"⑤ 廖纪否认宋代以来的思想家所谓的"气质之性"的说法，并认为是程朱学派的人性二元论使世人陷入了错误的思想，迷途而不知返。

在天命之性理论的基础上，廖纪既不同于张载、朱熹的"心统性情"

---

① （明）廖纪：《中庸管窥·中庸序》，明嘉靖六年（1527）刻本，影印衍圣公孔昭焕家藏本。

② 同上。

③ 同上。

④ （明）廖纪：《大学管窥》，明嘉靖六年（1527）刻本，影印衍圣公孔昭焕家藏本。

⑤ （明）廖纪：《中庸管窥·性学原》，明嘉靖六年（1527）刻本，影印衍圣公孔昭焕家藏本。

学说，也不同于二程的（"心有主则实"，"体用合一"和"心有主则虚"，"人性一理"）的实心观。

3. 心性一理——廖纪的心性理论

在心学上，程朱学派的观点主张心和理是合一的，而人的心性是有体、用之分的。其中，人心之体指心的根本或本原，也即仁义礼智之天理；而人心之用则是指心的表现或显现，亦即由人的感官而产生的情欲。程朱学派认为体和用二者共同统一于人的心性之中。廖纪在赞同程朱学派心学观点的基础上，提出体、用合一，"心性一理"的新命题，并以此命题来诠释中庸之道。

第一，廖纪认为心、性、理是合一的。

廖纪首先将"心"二分为"道心"和"人心"，他认为"道心"属"性"，"人心"属"情"，而性是心之体，情是心之用。以此来看，心、性、理就自然是合一的，它们都是体，是本原，只不过，在"心"中，唯独人心是用，它是人心在现实中的显现，即情欲。他在《性学原》中论证说：

> 盖性即道心也，情即人心也，心性一理也，先圣后圣，其揆一也。窃尝庄诵而精思之，夫天下之心一而已矣，而有道心、人心之异者，何哉？盖人禀天命之性，浑然在中，寂然不动乃天道之本然，故谓之道心也。感物而动，喜怒哀乐之情，发皆中节，乃接乎人事，故谓之人心也。当其寂然在内，无声臭之可求，无形迹之可窥，微妙而难知也。要当研精以察之，而务知之极其明。及其感物而动，如火之始然，如泉之始达，危大而难制也，要当专一以守之，而务制之中其节。道心能明，则不偏不倚，而中之体立矣。人心能制，则无过不及，而中之用行矣。①

心、性、理合一，廖纪的这种思想倾向与程朱学派的观点基本一致。但同时，既然心、性、理三者是合一的，那么廖纪自然不会认同张载、朱

---

① （明）廖纪：《中庸管窥·性学原》，明嘉靖六年（1527）刻本，影印衍圣公孔昭焕家藏本。

熹的"心统性情"之说，也不会赞成二程心学思想中的"心有主则实"（程颢）和"心有主则虚"（程颐）的理论观点。他在《性学原》一文中分别这样解释：

> 以心统性情之言求之，道心性也，人心情也，由中形外，心皆统之，何二之有？
>
> 盖心本至虚也，若"有主则实"而非虚矣。然以有主则实之言推之，心譬则室也，人譬则主也，居中御外，人皆主之，何虚之有？人本一心也，若道心为主，人心听命，则人有二心矣。①

从廖纪对程朱学派的批判中，可以看出他对待学术的态度和他的人品是一致的，他以敏锐的学术眼光理性、严谨地对待学问，从不盲从权威，从而彰显了独立思考的精神和批判、创新的精神。

第二，廖纪以"心性一理"之命题对"中庸"之道的诠释。

在廖纪看来，"中庸"和"中和"在本质上是一样的：如果从"体"的角度来看中庸，那么中庸显现出的则是"中"；如果从"用"的角度来看中庸，那么中庸显现出来的则是"和"。所以，"中和"只不过是中庸在不同角度的表达而已，二者在实质上没有差别。对于这一观点，在《中庸管窥》中，廖纪这样进行明确的阐述：

> 以性情言之，则曰中和；以德行言之，则曰中庸。然中庸之中，实兼中和之义。②

在体用合一、"心性一理"观点的基础上，"中和"（中庸）一词中的"中"自然就是指心、性或天理，而"和"则是人心中的情欲，也即是喜怒哀乐。对此，廖纪在《中庸管窥》中是这样论述的：

> 夫道原于性，性具于心，无形而难知；情见于外，有迹而易见。

---

① （明）廖纪：《中庸管窥》，明嘉靖六年（1527）刻本，影印衍圣公孔昭焕家藏本。
② 同上。

情者何？喜怒哀乐是也。当其未发而在内，寂然不动，不偏不倚，所谓中也。及其已发而形外，感而遂通，不乖不戾，所谓和也。谓之中者，即天命之性，乃天下之人共具之大本也。谓之和者，即率性之道，乃天下之人共由之达道也。君子既全性、道于己，使中有不致，则天下之大本不立矣。和有不致，则天下之达道不行矣。①

实际上，廖纪是在体用合一、"心性一理"的理论基础上，用"性"来阐释"中"，用"情"来阐释"和"。继而，廖纪又在《中庸管窥》说：

以我之中以中天下之不中，致使天下之人皆归于中，所谓立天下之大本者是已；以我之和以和天下之不和，致使天下之人皆归于和，所谓经纶天下之大经是已。②

廖纪用这种心性论来阐释中庸之道，从而把中庸之道解释成为涵养心性、治国、平天下的大道。这既是廖纪对程朱学派心学观点的补充和发展，同样也是他在心学理论上的最大贡献。

4. "爱人之诚心，亲民之实学"的"明德亲民"论

廖纪批判程朱学派的理论，是因为他怀有诚挚的忠君之情和强烈的忧患意识。廖纪认为，程朱学派的理论空洞、僵化且迂腐，正是这样的理论内容才导致了社会中出现"士习大坏"的状况，因此必须在思想上根除这种"空寂寡实之学"。廖纪在批判程朱今本，并在提出自己的性学理论和心性学说的基础上，倡导"爱人之诚心，亲民之实学"的"明德亲民"论。

《大学》有云："是故君子先慎乎德。有德此有人，有人此有土，有土此有财，有财此有用。德者本也，财者末也。外本内末，争民施夺。是故财聚则民散，财散则民聚。是故言悖而出者，亦悖而入；货悖而入者，

---

① （明）廖纪：《中庸管窥》，明嘉靖六年（1527）刻本，影印衍圣公孔昭焕家藏本。
② 同上。

亦悖而出。"①

对此，廖纪在《大学管窥》中这样解释：

> 此承上文所当慎者莫先乎德，盖谨于好恶为慎德。得众则有人，得国则有土，有人有土，则财用所自出矣。故德为本，财为末。本，内也；末，外也。苟以德为外，以财为内，必至于争民。上争乎下，则下必夺其上矣。外本内末，则财聚；争民施夺，则民散；先德后财，则财散；有人有土，则民聚。言之出入，以况财之出入，皆必然之应也。②

继而廖纪在《大学管窥》中又指出：

> 盖道之大本，在于修身，而其用不外乎治人。明德则治人之本立，新民则治己之用行，此圣贤之学，体用之全，不可偏废者。③

这种"明德""亲民"的理论，是一种重视实践和解决现实问题的经世实学，它既能体现出廖纪诚挚的忠君爱国之心，同时也反映出廖纪对民生疾苦的关心。正如罗钦顺在他所撰写的《赠大司马廖公参赞南京守备机务序》中赞许的那样："自得官京师三十余载，间将使指，曾不逾千里外，而四方吏治之得失，民情之疾苦风俗之媺恶，鲜不究知。盖其留心于世务然也。"④

此外，廖纪自小就有较强的仕宦意识，为官三十六年，他一心致力于天下苍生的福祉，志在报国。从他恪守职责、"留心世务"、加强南京城防武备以及后来的"正士风，重守令，惜人才"，努力地进行吏治改革等事情上来看，廖纪恪守尽职、不畏强权、正直不阿的为官品质也充分地体现了他"臣子事君，当务诚实"的高贵品德和正义凛然的爱国之心。

---

① 王国轩译注：《大学·中庸》，中华书局 2007 年版，第 31 页。
② （明）廖纪：《大学管窥》，明嘉靖六年（1527）刻本，影印衍圣公孔昭焕家藏本。
③ 同上。
④ （明）罗钦顺：《整庵存稿》卷七，参见（清）永瑢《文渊阁四库全书》第 1261 册，台湾商务印书馆 1986 年版（影印文渊阁本），第 169 页。

总之，廖纪的思想和王阳明的思想十分接近，他批判程朱学派的腐朽思想，同时也认同程朱理学在统治思想中的主导地位。廖纪力图通过对圣贤的经典之作进行重新诠释，针对社会现实阐述自己的学术观点，来挽救当时社会思想中的道统危机，希望以此能够拯救当时社会中的政治危机。

廖纪一生廉洁、正直、不阿，在中国古代史中，他是一位品德高尚的政治家、思想家，同时也是一位敢于针砭时弊、大胆改革的思想家。

第二节　丘濬及其主要思想

一　丘濬简介

丘濬（1421—1495），字仲深，号深菴，又号玉峰，别号海山老人，明海南琼山县府城西厢下田村（今海南省海口市琼山区府城镇金花村）人。当时同辈们称他为琼台先生或琼山先生，明代史家称赞他为"中兴贤辅""当代通儒"，后世对他的评价也非常高，将他列为海南四大才子①之一，并与海瑞合称为"海南双璧"。丘濬以博学著称于世，其一生著述颇丰，主要著有《世史正纲》《大学衍义补》《家礼仪节》《朱子学的》《世史正纲》《琼台会稿》《琼台类稿》《伍伦全备忠孝记》等著作。在诸多著作中，《大学衍义补》最为著名。

丘濬于景泰五年（1454）登进士第，一生为官历景泰（1450—1456）、天顺（1457—1464）、成化（1465—1487）、弘治（1488—1505）四朝，先后任翰林院编修、翰林院学士、国子监祭酒、礼部尚书、文渊阁大学士等职，曾参与《寰宇通志》《英宗实录》《大明一统志》《续资治通鉴纲目》《宪宗实录》的编纂工作，是明朝的重臣，也是明朝颇有影响的政治学家、经济学家、史学家和思想家。明弘治七年（1494），丘濬升任户部尚书并兼任武英殿大学士，弘治八年（1495）丘濬因病卒于任上，赠太傅左柱国，谥号文庄。

---

① 丘濬（1421—1495）与明朝号称"海青天"的海瑞（1514—1587）、著名诗人王桐乡（1428—1512）以及清朝海南唯一的探花郎张岳崧（1773—1842）合称"海南四大才子"或"四绝"。

二 丘濬生平

丘濬出身医学世家，原籍福建晋江。元朝时期，丘濬的曾祖父丘均禄（字朝章，号硕菴）被派往广东渡琼任职，后来因为战乱，落居广东琼山县府城西厢下田村（今海南省海口市琼山区府城镇金花村），永乐十九年（1421）十一月十日丘濬在此地出生。丘濬的祖父丘普（字思贻）任琼州临高县医学训科，丘濬的父亲丘传在丘濬七岁时不幸病逝。丘濬和他的兄长丘源（曾在国子监读书，是位有名的中医）均由其祖父丘普和母亲李氏抚养长大。

丘濬的祖父丘普为人乐善好施，其良好的品德为丘濬树立了很好的榜样，影响了丘濬人格的发展。李氏出自书香门第之家，不但知书达理、贤惠善良，而且年轻守寡，坚贞不移，为丘濬树立了正统儒家的道德楷模。家族的影响不但使丘濬自幼就具有勤奋好学、乐善好施的品质，而且对他继承正统儒家思想产生了极大的促进作用。

丘濬自幼胸怀大志，他不但聪颖过人，思维敏捷惊人，而且从小练就了读书过目不忘、出口成章的本领。丘濬自幼嗜学，一生博览群书，《（康熙）广东通志》曾这样描述：

> 濬生有异质，读书过目成诵，日记数千言。六岁矢口为诗歌，多警语。曾咏五指山，识者知为国器。稍长，博观群籍，虽释老、伎术无不阅览。①

明宣德二年（1427），丘濬开始接受正统教育。明正统四年（1439），丘濬被按察副使童贞提拔为"郡庠生"（即秀才）。明正统九年（1444），丘濬在广东参加乡试，考中举人。明正统十年（1445）丘濬成婚。明正统十一年（1446）丘濬赴京赶考，屈居乙榜，任命为学堂教谕。但是丘濬拒绝了任命，决定再一次参加科举。明正统十三年到明景泰二年（1448—1451）丘濬在国子监备考，但不幸再次落榜，遂归家。明景泰五

---

① （清）金光祖：《（康熙）广东通志》第十六卷（下），康熙十四年（1675）修，三十年（1697）刻本，第112页。

年（1454），34 岁的丘濬终于科举及第，考中进士，被选入翰林院任庶吉士，自此丘濬开始踏入仕途。

明孝宗弘治七年（1494），75 岁的丘濬因眼疾，请辞归乡，未获批准，后来被加封为太子太保兼户部尚书、武英殿大学士。明孝宗弘治八年（1495）春，丘濬因病去世，享年 75 岁。为悼念丘濬，明孝宗罢朝一天，并追封丘濬为左柱国太傅，谥号文庄，赐葬琼山县府城西八里水头村五龙池之原，并赐在丘濬的故乡建立专门悼念其的祠祀。

三　丘濬为官履历及主要著述

丘濬为官 42 年（1454—1495），先后经历了明景泰、天顺、成化、弘治四朝，官至武英殿大学士，正一品，是明朝权力中心的重臣之一。其一生功勋卓著，备受后人推崇。明朝著名的文学家凌迪知（1529—1600）在《国朝名世类苑》中称其为明朝历史上的"中兴贤辅"。

（一）为官履历

丘濬曾任翰林院编修、侍讲学士、翰林院学士、国子监祭酒、礼部侍郎、礼部尚书、文渊阁大学士等职，明孝宗时丘濬官至户部尚书、武英殿大学士。对此，《赠特进左桂国太傅谥文庄丘公墓志铭》这样记载：

> 公举初举进士，改翰林庶吉士。与修《寰宇通志》书成，擢翰林院编修。宪宗皇帝即位初，开经筵，以公充讲官，有白金文绮之赐。成化元年，以九载秩满升侍讲，修《英宗皇帝实录》成，升侍讲学士，丁母夫人忧，解官归服，阕诣京复旧职，奉命修《宋元通鉴纲目》成，升翰林院学士。十三年升国子监祭酒，十六年进礼部右侍郎，仍掌监事。二十三年冬，升礼部尚书，掌詹事府，修《宪宗皇帝实录》，公充副总裁。弘治四年八月，《实录》成，加太子太保职如故。是岁十月，命公兼文渊阁大学士，入内阁司制诰，曲机务。公三上章辞，上不允，久之乃就职。七年，升少保户部尚书武英殿大学士，仍兼太子太保。自始仕至今，四十有二年矣。[①]

---

① （明）何乔新：《椒邱文集》，卷三十，转引自李焯然《丘濬评传》，南京大学出版社 2005 年版，第 275—276 页。

　　根据《明史·丘濬传》①、清末王国栋的《丘濬年谱》②、王万福的《明丘文庄公濬年谱》、周伟民和唐玲玲的《丘濬年谱》③ 以及李焯然所著的《丘濬评传》④ 等资料的记载，丘濬的主要为官经历大致如下：

　　1. 明景泰年间（1450—1457）

　　景泰五年（1454），34 岁：科举及第，中进士，任翰林院庶吉士，后任《寰宇通志》纂修。

　　景泰七年（1456），36 岁：《寰宇通志》成，授翰林院编修。

　　2. 明天顺年间（1457—1464）

　　天顺二年（1458），38 岁：任《大明一统志》纂修。

　　天顺四年（1460），40 岁：任会试同考官。

　　天顺八年（1464），44 岁：任经筵讲官。

　　3. 明成化年间（1465—1487）

　　成化元年（1465），45 岁：擢升侍讲，主试应天府；《英宗睿皇帝实录》编纂。

　　成化三年（1467），47 岁：《英宗睿皇帝实录》成，升翰林院侍讲学士。

　　成化五年（1469），49 岁：任殿试读卷官。

　　成化十一年（1475），55 岁：任会试副总裁。

　　成化十三年（1477），57 岁：《宋元通鉴纲目》成，升翰林院学士，国子监祭酒。

　　成化十六年（1480），60 岁：加封礼部侍郎，仍掌国子监事。

　　4. 明弘治年间（1488—1505）

　　弘治元年（1488），68 岁：升礼部尚书，掌詹事府；任《宪宗纯皇帝实录》副总裁。

---

　　① 参见（清）张廷玉《明史·列传第六十九》卷一百八十一，中华书局 1974 年版，第 16 册。

　　② （清）王国栋：《丘濬年谱》，研经书院，光绪二十四年（1898）版。

　　③ 周伟民、唐玲玲：《丘濬年谱》，《海南大学学报》（人文社会科学版）2000 年第 1、2、3 期。

　　④ 李焯然：《丘濬评传》，南京大学出版社 2005 年版。

弘治三年（1490），70 岁：任廷试读卷官；三次请辞归乡，未许。

弘治四年（1491），71 岁：《宪宗纯皇帝实录》成，升太子太保，兼礼部尚书，同年十月升文渊阁大学士，曲机务，请辞，未许。

弘治五年（1492），72 岁：请辞归乡，未许。

弘治七年（1494），74 岁：升少保兼太子太保，任户部尚书，武英殿大学士。

弘治八年（1495），75 岁：因病卒于任上；追封为左柱国太傅，谥号文庄，赐葬琼山县府城西八里水头村五龙池之原，并赐建专祠祀于乡。

丘濬为官 40 多年，其品行清廉刚直，有"布衣卿相"之誉，也被后人祀为琼州府乡贤。丘濬在任期间一方面主张以德治国，力图通过积极倡导道德来巩固当时的朝政；另一方面，丘濬是经世实学派的先行者，他提倡努力发展国家经济。与此同时，他还撰写了大量的著述，其中最著名的是《大学衍义补》。

（二）丘濬主要著述

丘濬一生著述颇丰，除官修书《寰宇通志》《明一统志》《英宗实录》《宪宗实录》之外，他还独自撰写了《世史正纲》《家礼仪节》《朱子学的》《大学衍义补》和诗文汇集《琼台会稿》等著作。丘濬的著作有266 卷被收入清乾隆年间修纂的《四库全书》之中，他也成为海南历史上著作被收入《四库全书》最多的一位作者。此外，丘濬还著有《成语考》《投笔记》《五伦全备忠孝记》等传奇作品，以及《群书抄方》《本草格式》等医药论著。丘濬的才识深为古今学者所称颂。明朝吴伯与在《国朝内阁名臣事略》中称他为"当代通儒"。明万历年间，焦竑在其著作《玉堂丛语》一书中，对丘濬作出了高度评价：

> 世称丘文庄不可及者三：自少至老，手不释卷，好学一也；诗文满天下，绝不为中官作，介慎二也；历官四十载，仅得张淮一园，邸第始终不易，廉静三也。①

丘濬著作后世流传甚广，版本较多，有的真伪难辨。我们根据《四

---

① （明）焦竑：《玉堂丛语》卷七，中华书局 1981 年版，第 227 页。

库全书》《明史·丘濬传》《丘濬年谱》及《丘濬评传》等资料的记载，选择史志目录可见的或有确切依据的资料，对其进行整理。丘濬的主要著述大致如下：

1. 丘濬官修主要书目

《寰宇通志》（1428—1457，119 卷）	景泰五年—景泰七年（1454—1456）
《大明一统志》（90 卷）	天顺二年—天顺五年（1458—1461）
《英宗睿皇帝实录》（361 卷）	成化元年—成化三年（1465—1467）
《宪宗纯皇帝实录》（293 卷）	弘治元年—弘治四年（1488—1491）
《宋元通鉴纲目》（27 卷）	成化九年—成化十二年（1473—1476）

2. 丘濬主要理学著作

《家礼仪节》（8 卷）	成化十年（1474）
《大学衍义补》（160 卷）	成化十五年—成化二十三年（1479—1487）
《琼台会稿》24 卷	天启元年（1621）丘尔谷、丘尔懿汇编
《朱子学的》（2 卷）	天顺七年（1463）
《琼台类稿》（52 卷）	弘治二年（1498）丘敦、蒋冕汇编
《琼台吟稿》（20 卷）	弘治二年（1498）丘敦、蒋冕汇编

3. 丘濬主要史略

《平定交南录》（1 卷）	成化二十二年（1486）
《世史纲要》（30 卷）	成化十七年（1481）
《成语考》（2 卷）	成书时间不详

4. 丘濬主要传奇著作

《投笔记》	正统十一年（1446）

《举鼎记》　　　　　　　　　　　　　　　　天顺元年（1457）

另有《罗囊记》《五伦全备忠孝记》成书年代不详。

除上述所列著作，丘濬还著有《本草格式》《重刊明堂经络前图》《重刊明堂经络后图》《群书抄方》等医学著作。其中《本草格式》现已散佚，仅存书序；《群书抄方》是丘濬博览三十六家医书，抄录而成的效方验方；《重刊明堂经络前图》与《重刊明堂经络后图》是丘濬仿照宋代针灸医学家王惟一《铜人腧穴针灸图经》样本，详加考订重绘而成，现已散佚。

关于丘濬主要的诗词、奏疏等作品详见附录。

丘濬一生学儒而通医，著述多达 20 余种、数量达 300 多卷，其中被《四库全书》收录者多达 266 卷。丘濬著述文风雄浑壮丽，见解精辟、独到，备受后人推崇，一些作品还曾多次被官方或私人重编、翻印。丘濬著述的内容广泛涉及了经济、哲学、史学、文学等不同的领域，其所包含的深邃思想对匡正当时文风、推进社会改革和政治变革有着十分重要的意义。

四　丘濬的主要思想

丘濬自幼嗜学，涉猎广泛，正所谓是"自六经诸史，九流笺疏之书，古今词人之诗文，下至医卜老释之说，靡不探究"①，其主要思想涵盖经济思想、政治思想、哲学观念、法律思想、边防主张、民族思想、教育思想、图书馆建设、人才思想、科学意识等领域。弘治时刑部尚书何乔新将丘濬的贡献归为四项：一是撰述丰富；二是匡正文风；三是纠正考核官吏方法的弊端；四是"以宽大启上心，以忠厚变士习"。他指出："公（丘濬）之在位，调儒均平，百吏奉法，百度惟贞。"② 丘濬博学之至，才识之深，深为古今学者所称颂。明正德年间，唐胄在其所编纂的《琼台志》中这样评价丘濬："文为国萃，位登保傅，天既生公，夺之何速！立言则

---

① （明）何乔新：《赠特进左柱国太傅谥文庄丘公墓志铭》，参见《椒邱文集》卷三十，上海古籍出版社 1991 年版，第 121 页。

② （明）唐胄：《冢墓·丘文庄公濬墓》，参见《正德琼台志》第四册卷二十七，上海古籍书店 1964 年版（影印宁波天一阁藏明正德残本），第 25 页。

多，蓄未尽施，方策所存，百世之师。"① 明晚期，吏部尚书、大学士叶向高在《琼台会稿序》中认为丘濬是为数不多的"经国之业"者。

丘濬学识渊博，观察敏锐，是明中叶重要的阁臣，也是明朝中叶重要的经济学家、政治学家、史学家和儒家学者。综观其思想，我们不难发现丘濬对社会秩序、为君之道、为臣之道、民风、天下风俗进行深入阐述，构建了一个"天下和平"的理想政治模式。

（一）丘濬的政治理想模式

丘濬继承了儒家"大同之世"理想政治模式的思想精华，并吸收了老庄"无为而治"和法家"天下公平"的思想，提出了"天下和平"的理想政治模式。简单来说，这种理想模式是一个以等级分明、君主圣明、官吏泽民、百姓和睦为显著特征的理想社会。

1. 等级分明、君主圣明

儒家重礼治，礼治重等级。接受传统儒家教育的丘濬认为"天下和平"的理想政治首先要有一个等级分明、上下尊卑有序的社会等级秩序。正所谓"君君、臣臣、父父、子子"，理想的政治模式自然要在政治上有等级、尊卑、贵贱之分，在家庭中自然要有长幼之别，每个人都要在政治角色和社会角色中各司其职，规范行事。

第一，君主要通过育民履行自己的政治职责，以确保其王位和统治。君主作为国家政治的最高统帅，对理想政治模式的实现至关重要。为此，君主要通过上行下效来实现对天下的治理。《大学》有云："古之欲明明德于天下者，先治其国；欲治其国者，先齐其家；欲齐其家者，先修其身；欲修其身者，先正其心。"② 君主个人的德性对于整个国家和社会的稳定和谐非常重要，所以丘濬认为君主首先要通过修身不断地约束自己的行为、提高自己的素养，成为圣明之君，才可以使国家实现"无一人之不得其所、无一物之不遂其性、无一处之不得其安"的理想状态。对此，丘濬论述道："'欲修其身者先正其心，心正而后身修。'是知修身之本又在乎正心也。正心以修身，则不好声色之奉，不崇土木之饰，不事异端之

---

① （明）唐胄：《冢墓·丘文庄公濬墓》，参见《正德琼台志》第四册卷二十七，上海古籍书店1964年版（影印宁波天一阁藏明正德残本），第25页。

② 王国轩译注：《大学·中庸》，中华书局2007年版，第4页。

教，不为田猎之举，不作无益之事，不好珍异之物，不兴出境之师，不用
非法之刑，凡非所当好者，皆不之好，凡非所当为者，皆不之为。如此，
则不尽民之力，不尽民之财，不尽民之情，则无一人之不得其所，无一物
之不遂其性，无一处之不得其安矣，孰谓天下平，不由乎人君之一身哉？
此人君之为治，所以贵乎正心，而大臣之事君，所以必格君心之非也。"①

此外，丘濬认为君主还要以圣人为榜样，公而无私，一心为百姓苍生
谋利益，才得成为圣明之君，实现天下和平的理想社会。

第二，父子、夫妇、兄弟之间要严格区分名分，严守各自的行为规范
和道德准则。丘濬指出："名分之在人家者，尤严于男女之际，妇人尊卑
大小，本无定位，随其夫以为尊卑大小，其名分显著灼然，知其为尊为
卑，为昭为穆，以之定昏姻、别内外，而淫乱贼逆之祸不作矣。此名所以
为人治之大，而不可不慎者也。"②

可见，丘濬是在提醒君主注重家庭伦理秩序，使每个人都严守自己为
父、为子、为夫、为妻、为兄、为弟的行为规范和道德准则，使每个家庭
都和谐有序，从而保证整个社会的稳定。

2. 官吏致君泽民

在"天下和平"的理想政治模式中，官吏对上要尽忠，对下要尽责，
有"致君泽民"的能力。为此，官吏不但要严守尽职的基本行为准则，
还必须具备贤能、正直、有德的基本素质和道德修养。丘濬认为君主在选
择官吏的时候，要"量其德，询其知，度其力，而轻授之尊位，与之大
谋，委之大任"③，这样才能充分发挥官吏的个人能力，实现"天下和平"
的理想盛世。

3. 百姓民风淳朴

理想政治模式要具备"民风淳朴"的社会状态，即人人都有"仁让
之善"，人人都能够做到"讲信修睦"，这也是丘濬一直希望实现的理想
政治蓝图。

"仁让之善"是"孝、弟、慈"的道德标准。丘濬认为，人人具备了

---

① （明）丘濬：《大学衍义补》（下）卷一百六十，京华出版社 1999 年版，第 1399 页。

② （明）丘濬：《大学衍义补》（上）卷二，京华出版社 1999 年版，第 14 页。

③ （明）丘濬：《大学衍义补》（上）卷一十二，京华出版社 1999 年版，第 110 页。

"孝、弟、慈"的道德，即拥有了"仁让之善"。丘濬说："由是一家之中，人人皆孝、皆弟、皆慈，而无一人不可教者。由是即所以立于身，行于家者，而教于人。孝以为忠，弟以为顺，慈以为爱。人之仁夫如是，则仁让之善，积于一家。而仁让之化，形于一国。所谓不出家，而教成于国也。"①

但是，丘濬同时指出，要让人人都拥有"仁让之善"是很困难的，君主要想使人人都具备"孝、弟、慈"的"仁让之善"，就必须施仁政。他说："民心莫不有所欲，亦莫不有所恶。于所欲者，则趋之；于所恶者，则避之。人君知民所欲者在仁，则施仁之政以来之。所恶者在不仁，则凡不仁之政，一切不施焉。"②

"讲信修睦"是人与人之间关系融洽的理想社会状态。丘濬在《大学衍义补》中把这种理想状态描述为这样一种"大同"世界。"然其所谓讲信修睦，故人不独亲其亲，不独子其子，老有所终，壮有所用，幼有所长，鳏寡孤独废疾者皆有所养，男有分，女有归，凡若此者，非但五帝时为然，凡夫为治皆不可不然也。夫然，则普天之下、亿兆之众，人人各止其所，而无一人之或失其所矣。为治而至于使天下之人无一人之不得其所，由一人积而至于亿兆人，人人皆然，而在在无不然，岂非大同之世乎？"③

"天下者，一国之积也；一国者，一家之积也；一家者，一人之积也。"④ 丘濬认为所有人都有"仁让之善"，这是基本的道德准则，人人都能够做到"讲信修睦"，才能使各种社会关系融洽，才能使整个社会呈现民风淳朴的状态，并最终实现"天下和平"的理想。

最后，丘濬认为人人尊奉各自应遵守的道德规范和行为准则，各司其职，各行其是，将最终形成人"无异心"、家"无殊俗"、国"无异政"之天下风俗同一的理想状态。丘濬指出"天下殊俗"是由于道德不统一造成的。他主张用儒家经典言论统一道德，并建立学校加强对儒家经典思想的宣传和教化民众的力度。对此，丘濬在《大学衍义补》中是这样论

---

① （明）丘濬：《大学衍义补》（中）卷六十七，京华出版社1999年版，第578页。
② （明）丘濬：《大学衍义补》（上）卷一十三，京华出版社1999年版，第121页。
③ （明）丘濬：《大学衍义补》（下）卷一百五十八，京华出版社1999年版，第1382页。
④ （明）丘濬：《大学衍义补》（下）卷一百六十，京华出版社1999年版，第1398页。

述的:

> 国国自为政、家家自为俗者,由道德之不一也。道德之所以不一
> 者,由乎王道衰而礼义废、政教失也。使文武之君常存,而道德之教
> 不息,礼义兴行,政教不失,上焉而君有所依据以为治,中焉而臣有
> 所持循而辅治,下焉而民莫不守其制而不敢易。遵其化而不能违,如
> 此,则亿兆家如一家,千百国如一国,千万世如一世矣。①

总之,丘濬从社会秩序、为君之道、为臣之道、民风、天下风俗的角
度,构建了"天下和平"的理想政治模式。围绕如何实现这一理想政治
模式,并针对明朝中期的社会弊病和各种矛盾,丘濬从哲学理论到政治思
想,从经济建设到法律变革等不同视域阐述了涉及国家政治生活方方面面
的内容。

(二) 丘濬的哲学思想

自元朝起,程朱理学备受推崇,并稳据权威地位。丘濬自幼熟读四书
五经,是程朱理学坚定的奉行者,并著有理学作品《朱子学的》二卷。
《朱子学的》汇集朱熹的言论而成,全书以穷理、格物为宗旨,以"下学
上达"为纲进行分类编述。其中上卷为"下学",以"进德"为宗旨,由
下学、持敬、穷理、精蕴、须看、鞭策、进德、道在、天德、韦斋十篇构
成;下卷为"上达",以"成德"为宗旨,由上达、古者、此学、仁礼、
为治、纪纲、圣人、前辈、斯文、道统十篇构成。

丘濬的理学思想基本以程朱理学的内容为主,但其在阐述中,又存在
着异于程朱理学的思想。

1. 理欲之辩

在程朱理学之中,理和欲、善和恶、义和利都是二元对立的。丘濬认
同这种观点,认为都是对立的,所谓"利之所在,民不畏死"②,丘濬认
为人人都有满足自我利益的私欲,趋利性是人的活动的基本特征。但是作
为一名儒家学者,他必须平衡二者的关系,解决这个问题。

---

① (明) 丘濬:《大学衍义补》(中) 卷七十八,京华出版社 1999 年版,第 665 页。
② (明) 丘濬:《大学衍义补》(上) 卷二十五,京华出版社 1999 年版,第 242 页。

　　按照程朱理学的观点，理和欲的对立可以通过"存天理，灭人欲"的修养途径来加以克服。但是丘濬认为私欲是人在活动中的基本特征，单纯通过修养的方式似乎并不可以彻底克服。为了解决理欲之间的对立，丘濬发展了程朱学派的理论，他试图"以义为利，以礼制欲"来平衡二者之间的关系。

　　丘濬认为，人们不应该粗暴地"制欲"，应该从动机的角度出发，对具体问题进行具体分析。从动机的角度来讲，如果"利"的目的是为了自己则是"恶"的，反之，若是为了他人，则是"善"的。对此，丘濬认为："利之在天下，固不可禁，亦不可不禁……利之为利，处义之下害之上。利以为人，则上合于义，而利在其中。利以为己，则下流于害，而未必得利。是故圣人之制事，无往而不以义。惟义是主，择其有利于人者，而定为中制。使天下之人，皆蒙其利，而不罹其害焉。"①

　　因此，"欲"之善恶之分关键在于人的动机，应该在义的基础上，协调义和利的关系，使之趋向统一。同时，对于那些把程朱理学归于"道问学"，把陆九渊理学归于"尊德性"，让两者进行折中、平衡的做法，丘濬坚决反对。他认为，程朱理学传承孔孟衣钵，并以"涵养须用敬，进学则在致知"为宗旨，并没有顾此失彼，反而是陆九渊之学，"以读书穷理为意见，而注心于茫昧不可执着之地"②，从而偏废了"博学"等问学进路。

　　2. 审几论——诚意正心之补

　　儒家经典《大学》中有"诚意正心"一说，但真德秀在《大学衍义》中把"诚意正心"的宗旨解释成"崇敬畏""戒逸欲"，丘濬认为这种解释略欠完备。受朱熹对诚意解释中"审几"③一词启发，丘濬将《大学》中讲到的"诚意正心"与"审几"联系起来，并在《大学衍义补》中进行了一番论述。

　　丘濬认为"几"是"动之微"，其存在依据于"理"。世间万物的出现都有最初的起始状态或萌芽，即"几"。与"几"相一致，孟子"四

---

　　① （明）丘濬：《大学衍义补》（上）卷二十七，京华出版社1999年版，第254页。

　　② 周伟民等点校：《丘濬集》卷七，海南出版社2006年版，第3204页。

　　③ "几"，源于《周易》，指吉凶善恶的征兆，《易传》解释为"动之微"。其本义基本可以理解为以事物为根据，并通过人的直觉感受到的征兆，具有神秘色彩。

端"中的"端"便是人性之初。在《大学衍义补》的自序中，丘濬这样进行论述："人心初动处，便有善恶之分。然人心本善，终是善念先生，少涉于情，然后方有恶念耳……四端在人者，随处发见。人能因其发念之始，几微才见、端绪略露，即加研审体察，以知此念是仁，此念是义，此念是礼或是智……孟子所谓'端'与《大易》所谓'几'，皆是念虑初生之处。但《易》兼言善恶，孟子就性善处言尔。是故几在乎审，端在乎知。既知矣，又在乎能扩而充之。知而不充，则是徒知而已。然非知之于先，又曷以知其为善端而充之哉？此君子所以贵乎穷理也。"①

丘濬对"几"的认识与传统观点不同，他认为"几"并不神秘，人们完全可以通过"穷理"也就是理性认知来把握它，并以此掌握事物的动态。他说："谨微之道，在于能思……皆于念虑初萌之先，事几未著之始，思之必极其熟，处之必极其审，然后行之。如此则不至于倒行逆施，而收万全之功矣。苟为不然，率意妄行，徒取一时之快，而不为异日之图，一旦驯致于覆败祸乱，无可奈何之地，虽圣人亦将奈之何哉。是故君子之行事也，欲防微而杜渐，必熟思而审处。"② 接着丘濬又指出："是以君子临事贵于见几，作事贵于谋始。为大于其细，图难于其易。勿谓无害，其祸将大；勿谓无伤，其祸将长。"③

丘濬第一次将"几"与孟子"四端"中的"端"联系起来，肯定人的理性认知，并要求在事物的发展过程中，要通过理性认识从全局把握"几"或"端"，从而促进事物的发展。

丘濬的主要哲学思想既是对传统儒家思想的继承与推崇，又是对程朱学派理学思想的发展；既为其政治、经济法律等思想提供了理论依据，又体现了丘濬理论联系实际、经世致用的务实精神。

（三）丘濬的政治理论——治民思想

在其哲学理论的基础上，丘濬认为虽然实现"天下和平"的途径很多，但是民为国之本，如果天下百姓生活不好，那么不管君主是否圣明，官吏是否恪守职责，也不管如何教化民众，都不会实现"天下和平"的

---

① （明）丘濬：《大学衍义补》（上）卷首，京华出版社 1999 年版，第 7—8 页。
② 同上书，第 14 页。
③ 同上书，第 17 页。

理想社会。所以，"治民"是实现"天下和平"理想政治模式的根本途径。围绕着如何"治民"的问题，丘濬从理论和具体实践途径两个方面进行了论述。

1. 丘濬的民本思想

丘濬认为虽然民众地位卑微，但却是国家社稷的基础，民众是否安居乐业关系到国家安危、政权兴亡，正所谓"民惟邦本，本固邦宁"。对此，丘濬从三点加以论述。

首先，民众是国家和君主得以产生和存在的根源性依据，所谓"立君为民"。其次，民众是国家的人口基础，在国家的诸多必备要素中它居于最重要的地位。最后，民众是国家和君主的财富源泉。

综上所述，丘濬得出国家、社稷、君主都是为民而设立的，民众是国家政权及其统治者的民意基础；君主为政，要致力于爱民、治民、养民、恤民，而天下兴衰也在于民众。所以丘濬认为君主治国兴邦之根本在于治民。接着，丘濬对其治民思想进行了论述。

2. 丘濬"治民"思想的理论阐述

第一，"国之政本"在"治民"。因为"国以民为本"，民众是国家赖以存在的根基，所以国家政治的根本在于"治民"。为此，丘濬提出无论是君主还是官吏都要以民为本，要把治理民众、保障百姓生活作为政治的首要内容。他在《大学衍义补》第十三卷中的《固本邦》一文中说：

> 国之所以为国者，民而已，无民，则无以为国矣。明圣之君，知兴国之福在爱民，则必省刑罚，薄税敛，宽力役，以为民造福。民之享福，则是国之享福也。彼昏暴之君，视民如土芥，凡所以祸之者，无所不至。民既受祸矣，国亦从之。无国则无君矣。国而无君，君而无身与家，人世之祸，孰有大于是哉。推原所自，起于一念之不恤民也。[1]

第二，"国之安危"在"治民"。因为民众是国家赖以存在的基础，所以国家政治稳定与否就在于"治民"效果的好坏。丘濬提醒君主在治理民

---

[1] （明）丘濬：《大学衍义补》（上）卷十三，京华出版社 1999 年版，第 120 页。

众时要施行有效的"治民"措施，既要关注民众的生存状态，又要关注民众的心理动向，否则，民众强大的力量是会推翻整个王朝的。对此他这样论述："人主之于百姓，要必使之皆乐其生，而重其死，则祸乱无从作矣……为人上者，诚能省刑罚，薄税敛，不穷兵以黩武，不营作以劳人，则民咸有乐生之愿，而无轻死之心。祸乱不作，而君位永安，国祚无穷矣。"①

第三，"国之兴衰"在"治民"。所谓"天下盛衰在庶民"②。一方面，百姓生活的好坏直接关乎整个国家的综合实力；另一方面，百姓生活是否富裕直接关乎国家是否富裕。所以，丘濬认为国家的兴衰在于统治者治理民众的好坏。

第四，"国之强弱"在"治民"。丘濬认为"治民"效果的好坏直接关系到国势的强弱。如果"治民"效果好，则民数多，民数多则表明国势强，反之则表示国势弱。他这样说："庶民多，则国势盛。庶民寡，则国势衰。盖国之有民，犹仓廪之有粟，府藏之有财也……古人有言，观民多寡，可以知其国之强弱。臣窃以为，非独可以知其强弱，则虽盛衰之故，治乱安危之兆，皆于此乎见之。"③

于是丘濬将"养民"提高到国家政治的根本地位，主张通过农业的发展来保障民众的衣食；通过赈济、抚恤等措施救助民众的生活，从而达到养民、固本安邦的目的。

综上，丘濬从"国之政本""国之安危""国之兴衰""国之强弱"四个方面阐述了"治民"是实现"天下和平"理想政治模式的根本途径，并要求统治者给予高度的重视。在《大学衍义补》中，丘濬针对明朝政治现状，对如何"治民"这一问题提出了具体的对策和建议。

3. 丘濬"治民"思想的实践措施

从总体上看，丘濬治民思想包括了立君为民、君臣规范、君臣民关系、养民教民措施等一系列从理论论证到实际操作层面上的内容。

（1）天立君为民的思想

丘濬继承了传统的天生万物思想，认为天地孕育人类万物，并使其得

---

① （明）丘濬：《大学衍义补》（上）卷十三，京华出版社 1999 年版，第 122 页。

② 同上书，第 126 页。

③ 同上。

以安乐生存，但是天却不能亲自治理民众，因此上天为了养育万民而设立君主。他说："天生烝民，不能自治，而付之君。"① 又说："天生民而立君以牧之，是君为民而立也。君无民则无以为国，而君又安能以一人之身而自为哉。"② 君主作为上天的代理人，奉天之命来治理国家，管理群众，教化百姓，养育庶民。在现实政治中，君主一人的能力是有限的，于是上天又让众臣辅助君主完成使命。

另外，丘濬继承和发展了传统的天立君以养民的思想，认为："天之道在生民，人君之命亦在生民。"③ 简而言之，"天道尚公"，上天为了万民的福祉、为了天下之利而立君主，君主之所以能够拥有至高无上的权力和地位，并不是为了满足君主个人的权欲。所以作为君主及其辅臣必须要本着"天下为公"的原则，趋民所欲，避民所恶，施仁政，得民心。只有这样君主才能成为名副其实的真正君主，否则君主将会失去民心，从而失去天下。他说："民心莫不有所欲，亦莫不有所恶，于所欲者，则趋之；于所恶者，则避之。人君知民之所欲者在仁，则施仁之政以来之。所恶者在不仁，则凡不仁之政，一切不施焉。去其不仁而所施者无非仁，则有以得民之心。而民之归之，不啻如水就下，兽走圹矣。苟为不然，反其好恶之常，民心所欲者，则不之施，而所施者，皆其所不欲者也。如此，则失民之心矣。既失民心，民是以视其欲之所在而趋就之，则是吾为之驱之也。呜呼，有天下国家者，尚鉴诸此，其无为人驱民哉。"④

对于君主如何得民心，丘濬这样论述："国以民为本，君之固结民心，以敬为本。人君诚能以敬存心，兢兢业业，以临兆民，如以朽败欲断之索，以驭夫并驾易惊之马，惟恐其索之断绝，而马之惊轶，以致吾身之坠。惕然恒存此心以临乎民，必不肯非法以虐之，非礼以困之，而使之得以安其身，保其命，以遂其仰事俯育之愿。则有以固结其心，而宗社奠安矣。"⑤

可见，丘濬认为上天作为万物的主宰生化万民，又为了教养万民而设

---

① （明）丘濬：《大学衍义补》（上）卷十八，京华出版社 1999 年版，第 181 页。

② （明）丘濬：《大学衍义补》（上）卷十三，京华出版社 1999 年版，第 121 页。

③ （明）丘濬：《大学衍义补》（上）卷五，京华出版社 1999 年版，第 43 页。

④ （明）丘濬：《大学衍义补》（上）卷十三，京华出版社 1999 年版，第 121 页。

⑤ 同上书，第 120 页。

立了君主；君主作为上天的代理人，其根本就在于教民、养民，实施仁政，体现上天爱民之意，为苍生民众带来安定、富足的生活。

丘濬的这一思想为古代君主制和君主的权力找到了天赋论的依据，但他本人的主要意图却在于强化君主的责任意识，突出"治民"是为君为臣之人的首要任务，点明君权的意义和价值所在。

（2）为君治民之道

尽管天立君是为民，但君主的权力和地位在政治权势上却是至高无上的，所以君主在治民的过程中地位和作用是十分重要的，他的言行将直接关系到政治的明暗、百姓生活的好坏。围绕"正朝廷"和"固邦本"两大中心，丘濬在"天为民立君"的思想基础上提出了理想的为君之道。

第一，正心养德。

儒家政治思想特别注重君心、君德的修养。在丘濬看来，君心是教化人民的根本，是国家治平之关键；君德是一切政治方略和礼法规范之贯彻执行的关键。对此丘濬说："董子所谓'正心以正朝廷，正朝廷以正百官，正百官以正万民，正万民以正四方'者，正谓此也。"[①] 又说："善恶难易之机，由于君之一身。……所谓机者，在于君身，则其心之意也。"[②]

也就是说，天下大治系于君主正心，君心正则大臣忠心事君，国家少弊政，天下治平，所以为君者必须通过正心的方式来限制个人的欲求和行为，加强君主的德行修养，从而使朝纲正，使万民得以教化。

继而丘濬指出，为君者仅依靠正心诚意来加强道德修养是不够的，他必须还要通过"审几微"加强自我道德修养。他说，天下之理分善、恶两类，但二者都和事物有着密切的关系。事物的发展是一个由微而著的过程，如果能知其微，审其几，就能够依据这些细微的迹象，及时把握事物发展的态势和结局，从而判断它是善还是恶，是否合乎天理。这样，对于不符合天理的事情，为君者就能够尽早采取必要的防范措施，达到防微杜渐的效果。丘濬指出为君者可以通过慎独，"察几熟思而后行""防奸萌之萌动""防奸萌之渐长""炳治乱之几先"，从而达到"审几微"而正心养德。

---

① （明）丘濬：《大学衍义补》（上）卷一，京华出版社 1999 年版，第 9 页。

② （明）丘濬：《大学衍义补》（中）卷六十七，京华出版社 1999 年版，第 578 页

第二，器与名，不可以假人。

所谓名即名分，所谓器是指象征权势的器物。丘濬认为名与器是君权、君威的代表，对君主治理天下具有重要的意义。"与之名与器，即与之以政"①，所以为君者一定要"谨司其出纳之权，不轻以假借于人"②。如果将名与器授予不当之人，则会使君主独掌的权力旁落于他人之手。他说：

> 人君失其所司之柄矣。失其所司之柄，则亡其为政之体。亡其为政之体，则失其为君之道。国家将何所恃以自立哉？③

实际上，丘濬是在要求为君者独占君权，防止权力下移，以确保君主的权威。

第三，选才任官以治民。

为完成治民之重任，丘濬认为君主必须要有股肱之臣的辅佐。他引用元朝儒学家吴澂的话说："天下之事，皆天之事。天以此事付之君，君不能自治而分之人，是庶官所治之事，皆代天而为之者也。"④ 又说："为治之道在于用人，用人之道在于任官。"⑤ 可见，官吏的职责就在于辅佐君主，泽被百姓，这对于君主治民来说是不可或缺的。

既然君主治民在于任官，那么君主就必须居于统领地位，选择恰当的有才之人担任官吏去完成具体的治民措施。如果君主仅凭其个人的喜好去任免官吏，那么这种行为必然会对治理国家造成极大的危害。基于这种原因，丘濬在如何选拔和任用官吏的问题上提出了自己的看法。

首先，丘濬认为要坚持选"贤"与"能"的基本原则。他主张："人君之任官，惟其贤而有德，才而有能者，则用之。"⑥ 丘濬反对任人唯亲、任用己私的做法，主张以贤德和才能作为选拔官吏的标准和原则。

---

① （明）丘濬：《大学衍义补》（上）卷二，京华出版社1999年版，第15页。

② 同上。

③ 同上书，第16页。

④ （明）丘濬：《大学衍义补》（上）卷五，京华出版社1999年版，第40页。

⑤ 同上。

⑥ 同上。

　　其次，在用人制度上，丘濬认为不能仅凭其资历而任官。因为这种排资论辈的做法不但难以选到合适的官吏，而且还会使贤德之才积压于下，最终导致吏治腐败、政令不行。当然丘濬并不主张完全摒弃这种按资历用人的制度，他说：

> 　　天下之事，其利害得失，恒相半。而朝廷所立之法亦然……量其事而设其官，随其官而用其人，必使官与事称，人与官称。守一定之法，而任通变之人，使其因资历之所宜，随才器之所能，而量加任使，非不用资格，亦不纯用资格。①

　　实际上，丘濬是主张区分不同的情况，不同人的才能，变通地用人。

　　最后，在考核官吏方面，丘濬认为"不殃民"是为官的基本条件，真正贤德的官吏要能深入体察百姓的欲求，顺势而为，政令宽厚，民风淳朴，政绩显著。在考核官吏的时候，要注意到综合性、全面性和真实性，对于那些弄虚作假、名不副实的官吏要进行劝惩。同时丘濬还主张设立监督机构，逐级分层以官治官。

　　第四，谨于礼，以正名分。

　　承前所述，丘濬认为"天下和平"的理想政治首先要有一个等级分明、上下尊卑有序的社会等级秩序，这是国家社会稳定的前提。而贯穿于社会等级秩序中的是礼制。所以，丘濬把礼制视为人君之大柄、政治之根本、教化之方略。

　　首先，从为君者的角度来看，君主个人遵守礼制对于政治的公正、合理具有关键的意义，它也决定了整个国家和社会的稳定和谐。"人君为治，欲正天下之纲纪，先正一家之纲纪。家之纲纪，伦理是也。伦理既正，则天下之事如掣纲然，一纲既张，万目之井然者，各得其理矣。"②上行下效，丘濬认为为君者必须遵礼、修德、守道，躬孝悌，以身示教。与此同时，名分与礼规范着为君者的社会位置及社会角色，防止其出现僭越社会秩序的行为。所以"人君为治，所以必谨于礼，以正名分，而防

---

① （明）丘濬：《大学衍义补》（上）卷十，京华出版社 1999 年版，第 94 页。
② （明）丘濬：《大学衍义补》（上）卷二，京华出版社 1999 年版，第 10 页。

其陵替之渐也"①。

其次，从君臣之间的关系来看，为政必先正其名，所以君与臣都要按照礼的原则，相互扮演好各自的角色。君主设立官吏是为了治民，其中，君主是元首，官吏是重要的辅臣，所以丘濬认为君主对臣子要礼敬，臣子对君主要忠心辅佐，泽被百姓，否则国家就会因疏于治理而陷入混乱。丘濬从治平天下的角度，把等级分为天子、诸侯、大夫、家臣、庶民五大类，明确规定了其不同的政治权利和义务，以正其名，并严禁各类人僭越擅权。

这里丘濬继承了传统的德礼为治平天下之根源的思想，秉持为政必先正其名的观点，认为为君者必须上下尊卑各安其位，名实相符，而不违背伦理，才能合法地治国理政。在此基础上，丘濬提出了为君者必须正心养德的观点。

第五，公赏罚之施以成君之道。

赏罚是我国古代主要的治国理政的政治措施和社会调控手段之一。丘濬认为为君之道要突出赏罚之于君权的重要性。

首先，丘濬认为赏罚是为君者承天命而为之，赏是君主体察天命，彰显上天之德；罚是天讨，彰显天威。他说："人君之爵赏刑罚皆承天以从事，非我有之得私也。"② 所以，赏罚都是为政大事，为君者必须要依循天命谨慎、认真地对待，切不可根据自己的好恶随意进行赏罚。

民心所同即天命所在，所以为君者进行刑赏必须符合民意，不可独断。"赏一人也，必众心之所同喜；刑一人也，必众心之所同怒。"③

其次，丘濬认为为君者要将赏罚大权控制在自己手中。因为赏罚是"人君君国驭众之大权"，如果将赏罚大权控制在自己手里，那么就能确保君总于上，臣分于下的君臣关系，这样君臣之间的关系也比较容易理顺。在《正朝廷·公赏罚之施》中丘濬说："人君为治之大柄，曰庆赏刑罚而已……人君持其柄于上，以驭乎下。大臣计其治于下，以辅乎上。则纲纪立而主威不至于下移。诛赏行而人心不敢以懈怠。人君君国驭众之大

---

① （明）丘濬：《大学衍义补》（上）卷二，京华出版社 1999 年版，第 17 页。

② （明）丘濬：《大学衍义补》（上）卷三，京华出版社 1999 年版，第 18 页。

③ 同上书，第 19 页。

权，诚莫有先于此者矣。"①

第六，为君之言行禁区。

除上述观点之外，丘濬还对为君者提出了诸多言行的禁区。这里我们主要介绍两点。

首先，为君者不可惶谏，应该广开言路。丘濬认为从谏如流不仅是为君者必备的政治道德之一，而且它还有利于下情上达，上情下通，使为君者更好地管理国家政事。如果为君者惶谏将导致上下奎蔽，国家衰亡。丘濬把广纳谏言视为最重要的治平之策，对此他还提出了为君者纳谏的诸如"导之以谏""和以召之，虚以受之""远谗债"等诸多具体举措。

其次，为君者不可专利。因为君主是承天意"为天守财""为民聚财"，天下之财并非君主私人所有。丘濬认为，人皆有好利之心，"吾之欲取之心，是即民之不欲与之心"②。如果为君者取之、用之合乎天道之公，则为义；如果为君者出于私欲而取之、用之，则是利而非义。丘濬认为："利之为利，居义之下，害之上。进一等，则为义，经制得其宜，则有无穷之福；退一等，则为害，经制失其宜，则有无穷之祸。"③

所以，丘濬主张通过"平均天下"使人人能够各得其分，各遂其愿，从而实现"天下和平"的理想政治模式。与此同时，他还认为为君者要做到不专利，"平均天下"，关键在于推行俭约之政。

总之，丘濬在其理想政治模式的指引下，以为君、驭臣、治民为主线，勾勒了实现这一蓝图的主要途径。他的这些思想既是对传统儒学的继承和发展，又是针对当时明朝的现实弊病进行深入观察、剖析之后，提出的改良之策。丘濬的这些思想有其积极、务实的闪光之处，但同时也有其维护封建正统、拘泥于成规的局限之处。

（四）丘濬的经济思想

治民以实现"天下和平"，其中一个居于基础地位的因素就是经济。丘濬的经济思想其实也是他治民思想中的重要举措。在《大学衍义补》中丘濬用了23卷之多的篇幅来阐述他的经济思想，其内容涉及了赋税、

---

① （明）丘濬：《大学衍义补》（上）卷三，京华出版社1999年版，第19—20页。

② （明）丘濬：《大学衍义补》（上）卷二十，京华出版社1999年版，第200页。

③ （明）丘濬：《大学衍义补》（上）卷二十四，京华出版社1999年版，第236页。

土地、工商、货币等方方面面，论述十分完备。在我国古代经济思想史中，丘濬的经济思想占有非常重要的地位，所以，我们将作为一个独立的领域，单独做一个粗浅的介绍。

在丘濬看来，社会动荡的原因在于百姓穷苦。从明朝的这种社会经济状况出发，丘濬认为应该以富民为主线，以"人人各得其分，人人各遂其愿"为总纲，从关注民生着手，在土地分配问题、发展工商业的措施和货币政策等方面进行改革。

1. 丁田相配的限田法

土地对百姓的生产和生活具有绝对的意义，是满足和保障百姓最基本的物质生活需求的必要条件，同时也是封建制度的基础。明代中期开始，官僚地主通过各种手段大量兼并农民的土地，导致大量农民无立锥之地，无以聊生。农业是天下的根本，"农以业稼穑，乃人所以生生之本，尤为重焉"①。丘濬认为治民、养民必须要保障农民的土地。他这样说："人君之治，莫先于养民。而民之所以得其养者，在稼穑树艺而已"②。之后又论述道："人君诚知民之真可畏，则必思所以养之安之，而不敢虐之苦之，而使之至于困穷矣。夫然，则天禄之奉，在人君者，岂不长可保哉。"③

丘濬提醒君主必须要意识到土地对于治平天下的重要性，对于当时土地大量兼并的现象必须要着手解决。针对当时的状况，丘濬也提出了自己的看法。他认为不能简单地恢复古代的井田制④，因为井田制不适合当时土地私有的现状，也没有考虑到人性贪婪的一面；如果一定要对土地占有情况有所限制，就要在尊重现有土地占有情况的前提下，顺势而为。因此他提出"配丁田法"，简单来说就是对现有土地数量不进行限制，对将来土地的数量按照人口的数量管理和限制土地配给。丘濬在《大学衍义补》中提出了相应的具体措施，这些措施是："惟自今年正月以后，一丁惟许

---

① （明）丘濬：《大学衍义补》（上）卷一，京华出版社 1999 年版，第 5 页。
② （明）丘濬：《大学衍义补》（上）卷十四，京华出版社 1999 年版，第 128 页。
③ （明）丘濬：《大学衍义补》（上）卷十三，京华出版社 1999 年版，第 119 页。
④ 井田制是西周时盛行的土地政策，因道路和渠道纵横交错，把土地分隔成"井"字形而得名。井田属周王所有，它以交贡赋的形式强迫庶民耕种，并不得买卖和转让。井田周边为私田，中间为公田。

占田一顷。于是以丁配田。因而定为差役之法，丁多田少者，许买足其
数。丁田相当，则不许再买。买者没入之。其丁少田多者，在吾未立限之
前，不复追咎，自立限以后，惟许其鬻卖。有增买者，并削其所有。（民
家生子将成丁者即许豫买以俟其成。）以田一顷，配人一丁，当一夫差
役。其田多丁少之家，以田配丁，足数之外，以田二顷，视人一丁，当一
夫差役。量出雇役之钱。田少丁多之家，以丁配田，足数之外，以人二
丁，视田一顷，当一夫差役。量应力役之征。若乃田多人少之处，每丁或
余三五十亩或至一二顷；人多田少之处，每丁或止四五十亩，七八十亩，
随其多寡，尽其数以分配之。此外又因而为仕宦优免之法，因官品崇卑，
量为优免，惟不配丁，纳粮如故。其人已死，优及子孙，以寓世禄之意。
（如京官三品以上，免四顷。五品以上三顷。七品以上二顷。九品以上一
顷。外官则递减之。无田者，准田免丁，惟不配丁，纳粮如故。）立为一
定之限，以为一代之制。名曰'配丁田法'。既不夺民之所有，则有田
者，惟恐子孙不多，而无匿丁不报者矣。"[1]

从丘濬的叙述来看，丁田相配的土地政策主要包括以下几个方面：

第一，每家（包括地主和农民）占有田地的多少，要以家中人口的
数量为依据，按丁配田，并以此作为征收赋税徭役的依据。

第二，拥有田地超出标准数量的，只允许卖田不允许买田，并按一定
的标准增加赋税徭役。如果私自买田，则给予没收。

第三，拥有田地不足标准数量的，除了可以按一定的标准买足田地
外，还可以按一定的标准减少赋税徭役。

第四，丁田相当者，也不许买田，并按标准征赋税徭役。

第五，无田者准田，免徭役，但要交赋税。

第六，对于官僚按一定标准实行优免之法。

丘濬这种丁田相配的方法虽然是为了满足广大农民对土地的强烈要
求，解决土地兼并问题，以挽救明朝统治所面临的危机，但是，以买卖的
形式进行土地的再分配是不现实的。因为在贫富差距悬殊的条件下，农民
欲买田而无钱，官僚地主也不会为钱而卖田。这种方法并没有触动官僚地
主阶级的利益，只是在赋税和徭役方面做了平均，但是在客观上，丁田相

---

① （明）丘濬：《大学衍义补》（上）卷十四，京华出版社 1999 年版，第 134 页。

配政策确实在一定程度上减轻了农民的负担。

2. 薄赋敛的税收政策

赋税是国家机器得以运转的必要基础，沉重的赋税也是我国古代社会造成各种矛盾不断激化，社会动荡不安的重要因素之一。明朝农民不堪重赋，流离失所，致使明王朝面临各种危机。对此，丘濬在继承古代薄赋敛思想的基础上，提出了轻徭薄赋的税收主张。

首先，税收在以粮食为主。在丘濬看来粮食在饥荒时可以充饥，而货币只能作为交换媒介，不能充饥。所以，"田赋之入，止于米粟"①，税收只征粮食，不折征银两。对此他这样论述：

> 自古识治体者，恒重粟而轻钱，盖以钱可无而粟不可无故也。后世以钱物代租赋，可谓失轻重之宜，违缓急之序矣。故为国家长久之计者，宁以菽粟当钱物，使其腐于仓庾之中，备之于无用，不肯以钱物当菽粟，恐一旦天为之灾，地无所出，金银布帛，不可以充饥，坐而待毙也。②

其次，在赋税的税率方面，丘濬主张永久地按照收入的10%征收实物税。封建社会中，农民的收入是与土地直接挂钩的。土地的数量永久不变，而人口的数量却是在变动的。所以丘濬主张税收应该以土地的数量为依据，而不应该以人头数为依据。他认为："臣窃以为，土地，万世而不变，丁口有时而盛衰。定税以丁，稽考为难。定税以亩，检核为易。"③

针对当时流亡人数增多，定居者分摊的税额越来越重的问题，丘濬明确提出取消"摊税法"，以土地为标准重新核定税额的具体方案。丘濬建议在每年十月以后，行政部门清查各地户口，对于流亡者，以其遗弃财产征税，若无财产，方能免税。他这样阐述："（民数）逃去开除者若干，移来新收者若干，其民虽逃，其产安在？明白详悉开具，即所收以补所除，究其产以求其税。若人果散亡，产无踪迹，具以上闻，核实免除。"④

---

① （明）丘濬：《大学衍义补》（上）卷二十二，京华出版社1999年版，第210页

② 同上书，第213页。

③ 同上书，第214页。

④ （明）丘濬：《大学衍义补》（上）卷二十二，京华出版社1999年版，第215页。

　　丘濬认为永久的实行这种税率可以限制肆意征收苛捐杂税；以土地作为征税依据，也有利于平均赋税，从而减轻民众的负担。但实际上，这种税收政策的效果是有限的，甚至在个别情况下还会加重了民众的负担。

　　最后，丘濬提倡开源节流以保证国之上下财用有余。他认为节流是历代理财的关键，特别在财政上一定要量入为出、开源节流，以避免浪费社会财富。他说："荀卿本末源流之说，有国家者不可以不知也。诚知本之所在则厚之。源之所自则开之。谨守其末，节制其流，量入以为出，挹彼以注此，使下常有余、上无不足。"①

　　丘濬认为政府每年都要做好财政预算，并根据每年财政收入的情况决定财政支出的数额。具体而言，就是国家预算收入项目要以编制年度的实际收入为依据，根据政府的收入多少来决定财政开支，避免盲目开支造成人民负担加重。对于财政不足部分应该心中有数，尽量补足，做到留有余地，特别是遇到灾荒之年，更要尽量减少各方面的开支，能省则省。

　　总之，丘濬所提倡开源节流、轻赋减税等主张，是针对当时政府所面临的危机而提出来的，其实用性和针对性都比较强。他的这些政策在一定程度上利于减轻对农民的赋税剥削，但它不可能从根本上拯救明王朝。

　　3. 发展工商业

　　丘濬虽然有重农的思想，但他并不主张抑商。在丘濬看来，工商业是个人获取财物和利益的重要途径。民富才能国富，所以他十分重视工商业的发展。

　　第一，反对国家垄断工商业，主张发展民间工商业。

　　在丘濬看来，"昔人谓市者，商贾之事。古之帝王，其物货取之任土作贡而有余，未有国家而市物者也"②。经营工商业以谋求利益的行为是商贾的行为。天立君而为民，国家的主要职责在于养民。如果国家靠政治权力垄断工商业，那么国家就是在堵塞百姓谋取利益的道路，在与民争利。所以，国家应该给私人经营工商业的权利。如若不然，必定会给经济带来诸多弊端，进而危害到国家。他指出："官与民为市，物必以其良，

---

① （明）丘濬：《大学衍义补》（上）卷十六，京华出版社 1999 年版，第 157—158 页。
② （明）丘濬：《大学衍义补》（上）卷二十五，京华出版社 1999 年版，第 246—247 页。

价必有定数。又有私心诡计，百出其间，而欲行之有利而无弊，难矣。"①所以，必须允许民间经营和发展工商业，使有者得以售，无者得以济，既满足不同人的需求，又使经济繁荣、国家富强。

丘濬主张放开原来属于政府经营的盐、铁、茶等商品，允许私人经营这些行业，而国家只对他们进行征税。在丘濬看来，盐、铁等商品都是"天地生物""天生物以养人，非专为君也，而君专其利，已违天意矣"②。更何况，放开这些物品的经营权，不但能调节市场，平衡物价，而且能繁荣经济，增加国家的税收。所以，国家应该禁止少数人垄断这些物品的经营，确保百姓能够共同分享它们。

丘濬还非常重视海外贸易，主张废除海禁。自明初以来，政府禁止民间商船出海经商，外国商船进口贸易只准和明朝政府之间进行。丘濬认为这种做法不现实，而且也不利于对外贸易的发展。

首先，海外贸易的利润极高。"利之所在，民不畏死"，所以，单靠海禁政策不可能杜绝走私活动。其次，出口的商品以茶和丝绸为主，这两者在运输中易于走私，难以杜绝。鉴于此，反倒不如放开海禁，加强管理。再次，废除海禁既对百姓有利，又可以使国家税收得到充盈。最后，实行海禁的重要原因之一是杜绝倭寇之患，但只有日本"屡为沿海之寇"。因此丘濬认为朝廷可以只与暹罗、爪哇等与明王朝没有地缘关系且不会造成边患的国家进行贸易。

发展工商业是为了养民、富民。丘濬看到了民生疾苦，本着经世致用的精神，提出了一系列的观点，其中很多观点都是积极进步的，但是在这些观点之后，他却提出了"安富论"。

第二，"藏富于民"的"安富论"。

丘濬继承了儒家传统"藏富于民"思想，提出了"安富论"。在他看来，"天生众民"本来就有贫富的差别，试图通过"夺富与贫"来消除这种差别是不可取的，也是不实现的。现实的做法是通过平衡物价，减轻徭役和赋税等方面的政策和措施，使"富者安其富，贫者不至于贫，各安

---

① （明）丘濬：《大学衍义补》（上）卷二十五，京华出版社1999年版，第241页。
② （明）丘濬：《大学衍义补》（下）卷一百一十三，京华出版社1999年版，第978页。

其分，止其所得矣"①。

　　丘濬认为富民对于国家财政同样具有巨大的支撑作用。他说："然贫，吾民也；富，亦吾民也。彼之所有，孰非吾之所有哉？"② 富民与国家财政相互支撑，使彼此不会出现匮乏。丘濬还把安富和救荒结合在一起，认为富人对于民众和国家都是非常有益的，必须要保护富民的利益。

　　丘濬的"安富论"在当时儒家经济思想中是一个比较新颖的观点，这种观点在明朝中期之后广泛流行。但是究其实质，丘濬提出"安富论"是出于其阶级局限性和历史局限性的限质，为剥削阶级进行的一种辩护。

　　4. 关于货币问题

　　明朝中期虽然仍然是自给自足的自然经济占据主导地位，但商品经济在当时已然有了很大的发展。货币在商品经济中是一个非常关键的因素。但是明朝中期私铸、盗铸成风，货币政策十分混乱。对此，丘濬对货币及其政策提出了自己的观点。

　　第一，丘濬对货币的认识。

　　首先，货币起源于人们的物物交换，它是交换的媒介。丘濬指出，当以物易物无法满足人们交换的需要时，货币就产生了。他说："以物易物，物不常有，故有货币之设焉。"③ 其次，货币的价值与商品的价值在交换时必须等值。"必物与币两相当值，而无轻重悬绝之偏，然后可以久行而无弊。"④ 同时，丘濬在一定程度上反对纸币，特别是滥发纸币。因为他认为"然皆必资以力，后能成其用"⑤，纸币没有相应的价值，滥发纸币是为君者为了满足自己私利的行为。

　　再次，货币具有价值尺度和流通手段的职能。对此，丘濬明确指出："钱以权百物，而所以流通之者，商贾也。"⑥ "盖天下百货，皆资于钱以流通。重者不可举，非钱不能以致远。滞者不能通，非钱不得以兼济。大

---

① （明）丘濬：《大学衍义补》（上）卷二十五，京华出版社 1999 年版，第 242 页。
② 同上书，第 247 页。
③ （明）丘濬：《大学衍义补》（上）卷二十六，京华出版社 1999 年版，第 251 页。
④ 同上。
⑤ （明）丘濬：《大学衍义补》（上）卷二十七，京华出版社 1999 年版，第 259 页。
⑥ （明）丘濬：《大学衍义补》（上）卷二十六，京华出版社 1999 年版，第 249 页。

者不可分，非钱不得以小用。货则重而钱轻，物则滞而钱无不通故也。"①

在上述阐述中，丘濬正确认识到货币的起源和商品等价交换的基本原则，提出了很多超前的见解，这其中甚至暗含了劳动价值论的观点。但其反对纸币的思想是不正确的。

第二，丘濬的货币政策。

针对当时混乱不堪的货币制度，丘濬首先提出要由政府垄断货币的发行。他指出"钱之弊在于伪"②，并说："钱币乃利权所在，除其禁则民得以专其利矣。利者，争之端也……操钱之权在上，而下无由得之。是以甘守其分耳。苟放其权，而使下人得以操之，则凡厌贱而欲贵，厌贫而欲富者，皆趋之矣，非独起劫夺之端，而实致祸乱之渊丛也。"③

就具体措施而言，丘濬主要主张清查私铸场所、没收假钱、政府铸防伪较高的新币以防止被伪造。

政府垄断货币的发行是为了抑制他人的贪欲，规范市场中的货币，促进经济的稳定和国家的安定。所以丘濬随后指出，政府虽然垄断货币的发行，但不可以以此谋求私利。否则民生大乱，有违天立君为民之意。

其次，丘濬主张以"三币之法"进行货币改革。三币即指银、宝钞、铜钱三种货币。针对这三种货币，在《大学衍义补》中，丘濬提出这样的主张：

> 臣请稽古三币之法，以银为上币，钞为中币，钱为下币。以中下二币为公私通用之具，而一准上币以权之焉……窃以为今日制用之法，莫若以银与钱钞相权而行，每银一分，易钱十文。新制之钞，每贯易钱十文。四角完全未中折者，每贯易钱五文，中折者三文，昏烂而有一贯字者一文。通诏天下以为定制。而严立擅自加减之罪。虽物生有丰歉，货直有贵贱，而银与钱钞交易之数，一定而永不易。行之百世，通之万方。如此，则官籍可稽，而无那移之弊。民志不惑，而无欺给之患。商出途，贾居市，皆无折阅之亏矣。既定此制之后，钱

---

① （明）丘濬：《大学衍义补》（上）卷二十六，京华出版社 1999 年版，第 249 页。
② （明）丘濬：《大学衍义补》（上）卷二十七，京华出版社 1999 年版，第 259 页。
③ （明）丘濬：《大学衍义补》（上）卷二十六，京华出版社 1999 年版，第 250 页。

多则出钞以收钱，钞多，则出钱以收钞。银之用，非十两以上，禁不许以交易。银之成色以火试白者为准。宝钞铜钱，通行上下，而一权之以银，足国便民之法，盖亦庶几焉。①

白银为上币，是货币体制的基础和标准；宝钞为中币，铜钱为下币，两者价值的大小以白银作为衡量标准；限制铜钱和宝钞的发行量，保持二者与白银之间的正常折算比例，防止通货膨胀。丘濬这种以白银作为基础，将银、宝钞、铜钱三币结合的做法，不仅对当时混乱的货币制度进行了规制，而且还顾及了民间商贸交易的习惯，并以极大的便利性促进了当时经济的发展。"三币之法"与当代以黄金为本位的货币制度十分相似，在明朝当时的历史条件下，这一措施可谓是一创举，同时，这种措施在中国的货币史上也有着极为深远的影响。

（五）丘濬的法律思想

明朝自朱元璋起以重典治国，甚至故意曲解"明刑弼教"的含义，于是酷刑渐渐流入。至明朝中叶，内有宦官持政、厂卫勾结，外有异族入侵、倭寇猖狂，从而使朝政不纲，司法混乱，百姓苦不堪言。为了挽救社会危机、适应当时的政治需要，丘濬对明朝的现状做了深刻的反思，并在继承中国古代"明德慎刑"思想的基础上，总结和发展了传统儒家学者关于法律和刑罚方面的思想。

1. 对"德主刑辅"的重新阐释

"明刑弼教"由传统儒家"德主刑辅"的思想演变发展而来，这种观点认为德礼是统治的主要手段，刑罚只是辅助。朱元璋故意忽视二者的本末关系，刻意突出了刑罚的钳制和惩戒作用，曲解"明刑弼教"的含义，意图以严酷的法律和刑罚加剧百姓的敬畏和恐怖心理，以达到推行教化统治的目的。

丘濬继承了儒家传统的"德主刑辅"思想，并总结了自明朝开国以来对德、礼、政、刑改造的成果，指出礼乐乃政刑之本。他说："礼乐者，刑政之本；刑政者，礼乐之辅……德礼政刑四者，凡经书所论为治之

---

① （明）丘濬：《大学衍义补》（上）卷二十七，京华出版社 1999 年版，第 259—260 页。

道皆不外乎此。"① 又说："德礼刑政四者，王道之治具也。"② 丘濬同时认为德礼政刑本末兼该，相辅相成，同为治平天下的不同环节和不同手段。对此，丘濬这样论述："人君以此四者为治于天下，不徒有出治之本，而又有为治之具；不徒有为治之具，而又有为治之法。本末兼该，始终相成。此所以为王者之道，行之天下万世而无弊也欤。"③

可见，丘濬不但认为要以德为主，以刑为辅，而且充分肯定了刑罚在国家治理和推行教化方面的巨大作用。在丘濬的思想意识中，刑罚不仅仅是辅助君主治国统民的工具，而且是与德礼相辅而行的、不可缺少的帝王统辖万民的工具。对此，丘濬做了具体的阐述。

首先，从德、刑的作用来看，德具有教育人们弃恶从善、遵礼守法和消除争讼的作用，是根本的、常用的统治方法。但德不具有强制性，所以刑罚是必要的、辅助性的、临时运用的必要措施。刑罚只能在犯罪行为发生之后予以惩戒，所以德是刑之本，用道德感化民众，使民众服从统治，要比以刑罚手段强制人们安分更为根本，更加有成效。

其次，从刑罚的目的来看，设"刑"以为立"德"，正所谓"刑以弼教"。因为刑罚不仅是为了使人"念咎而伏辜，或能改过以迁善"④，而且还具有"有罪者以治之，则不敢复为恶"的预防作用。对此丘濬这样论述："刑之制，非专用之以治人罪。盖恐世之人不能循夫五伦之教，故制刑之辅弼之，使其为子皆孝，为臣皆忠，为兄弟皆友，居上者则必慈，与人者则必信，夫必守义，妇必守礼，有一不然，则入于法，而刑辟之所必加也。"⑤

可见，在丘濬那里，德和刑是相辅而行的，刑罚的作用有赖于德教的实行，而德教本身的不足也依靠刑罚来弥补。

最后，"德"是衡量刑是否正义的标准。丘濬认为"礼乐者，政刑之本"，礼自然就是刑的根本。反过来，礼又以德为核心和本质，受德的决

---

①　（明）丘濬：《大学衍义补》（上）卷一，京华出版社1999年版，第7—8页。

②　（明）丘濬：《大学衍义补》（下）卷一百五十八，京华出版社1999年版，第1384页。

③　同上。

④　（明）丘濬：《大学衍义补》（中）卷一百零五，京华出版社1999年版，第894页。

⑤　（明）丘濬：《大学衍义补》（中）卷一百，京华出版社1999年版，第859页。

定和制约。"盖道德其理也。而礼则其理之有节文，而见于事，而可行者也。"① 所以，德是衡量刑的标准。

总之，丘濬秉持正统儒学思想，对"德主刑辅"思想进行了总结，并注入了自己的解释，从而对朱元璋歪曲"明刑弼教"之意进行了纠偏。丘濬这一做法不但强调了刑罚的重要性和必要性，同时站在传统儒家的角度正面回答了政治法律思想史中长期争论的"重德还是重刑"的问题。

2. 法的起源

法承"天意"来。在中国传统思想中，刑、罚就是指法。丘濬认为，从表面上来看，法是由君主制定的，但实际上君主不过是天意的承担者和发布者。他说："人君奉天道以出治，所以为治者德也，刑非所先也。民有不齐者，不得已而用刑以治之，姑以为一日齐民之用也。所以为治者，不颛颛在是也。"②"号令之颁、政事之施、教条之布，礼乐制度之具、刑赏征讨之举……非君之自为也，成天之意也。"③ 在《慎刑宪》篇中丘濬也多次强调，"刑，天讨也"，"刑无大小，皆上天所以讨有罪者也"。④丘濬以天命观的形式增强了君权和刑法的神圣性、权威性，但同时，他以"天意"为法的根源和标准，也暗含了限制君权滥用的含义。他认为，君主不能仅凭自己个人意志或一时的喜怒好恶制定、修改法令，而必须按照"天意"进行立法活动和司法活动；群臣百姓则应"奉君之法，而不奉君之意"。丘濬的这一思想是十分可贵的。

与此同时，丘濬认为世间法律并不是先天就有的，而是随着社会的发展逐步产生的。在人类的远古时期，并没有法律的存在。但是人人都有好利之心，随着人口增多，社会中必然会出现争夺和杀戮，于是法律就出现了。对此，丘濬在《大学衍义补》中这样论述："生齿日繁，种类日多，地狭而田不足以耕，衣食不给，于是起而相争相夺，而有不虞度之事矣。是以圣王随其时而为之制。"⑤ 又说："刑狱之原皆起于争讼。民生有欲不

① （明）丘濬：《大学衍义补》（中）卷七十八，京华出版社 1999 年版，第 668 页。

② （明）丘濬：《大学衍义补》（中）卷一百零一，京华出版社 1999 年版，第 864 页。

③ （明）丘濬：《世史止纲·序》，出自《编琼台稿》卷九，参见《文渊阁四库全书》第 1248 册，台湾商务印书馆（影印文渊阁本）1986 年版，第 183—184 页。

④ （明）丘濬：《大学衍义补》（中）卷一百，京华出版社 1999 年版，第 860 页。

⑤ （明）丘濬：《大学衍义补》（下）卷一百一十四，京华出版社 1999 年版，第 983 页

能无争，争则必有讼。"① "（先王）既分田授井以养之，立学读法以教之，又制为禁令刑罚以治之。"②

丘濬从社会物质领域的发展变化中寻求刑法产生和变化的具体原因，认为法应随社会的发展而发展，无疑，这种思想在当时是一种巨大的进步，同时它也为其反对"祖宗之法不可变"的迂腐的立法规则，提供了理论依据。

3. 立法原则

什么样的法才是顺承天意、符合天意要求的呢？对此丘濬认为应该通过适当的立法原则来实现。

第一，秉持中道原则。

丘濬认为，所立之法不应过于严厉也不应该过于宽松：法若过严，人民就会不堪重负；法若过宽，则达不到震慑众人的目的，使大家对刑罚无敬畏之心。所以，丘濬认为立法应该秉持中道原则，做到宽严相济，这样的法才是真正公正的符合"天意"的法。如若不然，法就会失"中"，从而导致社会混乱、法律废弛。

第二，"因时以定制，缘情以制刑"的原则。

丘濬认为既然法律源于社会的变化，那么法律就应该随着社会的发展而改变。因为事有轻重之分，时代不同，法律重点调整的行为也就不应该相同；同时，立法应兼顾人情，符合儒家应经合义的准则。所以立法要因时因地进行。对此，丘濬在《大学衍义补》中说：

> 先儒谓情之轻重、世之治乱不同，则刑罚之用当异。而欲为一法以齐之，则其齐也不齐，以不齐齐之则齐矣。惟齐非齐，以不齐齐之之谓也。先后有序谓之伦，众体所会谓之要，所谓法之经也。经一定而不可紊，权则因时而制宜。③

情况不一，世事不同，法律自然应该有所不同。如若不然，法律会失

---

① （明）丘濬：《大学衍义补》（中）卷一百零六，京华出版社 1999 年版，第 902 页
② 同上书，第 912 页。
③ （明）丘濬：《大学衍义补》（中）卷一百零一，京华出版社 1999 年版，第 865 页。

去原有的光彩，很难适应社会的需要，也不能实现法律的宗旨。

第三，"立法以便民为本"的规则。

丘濬在《慎刑宪》中多次强调立法时要注意刑罚的外在表述形式的问题。首先，法律条文的表述要明确、易于理解，以便于民众理解和遵循；其次，法应该公布于世，从而不至于因不知而误犯于法；最后，丘濬认为应该加强法律的宣传，加强普及和提高人们的守法意识。

4. 犯罪的原因

对于犯罪的原因，丘濬认为人们都有好利之心，在这一前提下，若百姓贫困、赋敛繁重、刑罚严酷，政治又出现官逼民反的现象，则必然会导致犯罪的产生。所以，丘濬认为，法应保护百姓的私有利益，对民众要"先富后教"，同时要提高社会道德风尚，进行德礼教化。

但是，明朝刑法严酷，无所不用；宦官擅政，厂卫勾结，重刑、滥刑时有发生，国家司法活动处于混乱之中。丘濬认为对明代刑狱之事要进行慎重的反省，他在对我国古代传统的"明德慎罚"思想进行扬弃的基础上，提出了"明与威并行"的执法观。

5. "明与威并行"的执法观

丘濬认为严酷的刑罚会失去民心，最终可能导致国家灭亡，所以丘濬在《慎刑宪》篇的开端就指出："明与威并行，用狱之道也。"① 所谓"明"主要是指在案件的审理过程中，要查清楚犯罪事实，正确运用法律，做到"明辨"；所谓"威"主要是指对犯罪活动达到刑罚和教育的效果；所谓"狱"既指对犯罪案件的治理，又指对罪犯的处罚。所以，要重视法律的运用和执行，以维护司法秩序。

丘濬认为刑有助于生生之理，刑是关系着百姓性命的大事，也是国家的命脉之所在。他说："人君居圣人大宝之位，当体天地生生之大德，以育天地所生之民，使之得所生聚，然后有以保守其莫大之位焉。"② 所以对待刑狱之事一定要慎之又慎。

第一，"明刑察狱"的原则。

丘濬认为对案件明察秋毫、进行公正的审判必须本着"明刑察狱"

---

① （明）丘濬：《大学衍义补》（中）卷一百，京华出版社 1999 年版，第 853 页。

② （明）丘濬：《大学衍义补》（上）卷一，京华出版社 1999 年版，第 2 页。

的原则进行。

首先，要谨慎地选择"明义理、备道德、通经学"的典狱官。丘濬认为典狱官"非明义理，备道德，通经学者不可以居之"①。他们必须具备中正的品质，对百姓要有体恤之情，对法律要有敬慎之心，同时又要寻求法外之意，探明经义，而不一味参照律典、恪守法条。

其次，要尊重客观事实、重视证据。丘濬认为要弄清楚案件事实必须要注重判案的证据，要尊重客观事实，而不能凭主观臆断或猜测进行断案。同时丘濬也反对严刑酷法，特别是刑讯逼供、滥用刑罚的行为。因为这样得到的证据往往是虚假的。

最后，对于犯法者，丘濬主张要按罪刑相应、疑罪从轻的原则进行谨慎量刑。同时，丘濬还区分主观故意和过失两种不同情况，按犯罪人主观恶意的大小适当判刑，使之既符合法律又兼顾人情。

第二，"威决治狱"的措施。

丘濬认为刑罚的目的不单纯是惩罚，更重要的是教育。法律既要教育犯法的人，又要教育未犯法的人，从而达到预防犯罪，实现社会长治久安的目标。如果仅追求惩罚的目的，就会导致轻罪重罚的出现，这并不是法律追求的效果和目的。所以，丘濬主张法律在执行的过程中要慎重对待死刑，废除肉刑、酷刑、株连等制度，同时认为应该改善犯人的待遇，对曾犯过罪的人要一视同仁。

上述法律主张都体现了丘濬的人道主义精神，但这并不意味着丘濬对犯罪持放纵和宽容的态度。丘濬认为要维护刑罚的权威性，已经生效的判决，不能随意变更或撤销，特别是关于赎刑和赦令的使用更要谨慎对待。

赎刑不能轻易地大范围实施，只能用在一些小罪上。因为赎刑不但会导致因贫富不同而产生法律不公，而且还会使人轻视刑罚，无视刑罚的尊严，轻易犯罪，从而加剧社会的不安因素。对于赦令也要谨慎对待，因为滥赦不利于治世。

总之，丘濬通过对法和德的宏观考察，既强调了刑罚的必要性和重要性，坚持了传统儒家的慎刑理念，同时又对朱元璋"明刑弼教"的解读进行了纠偏。丘濬在对法的起源、作用、制定、运用，以及诉讼、监狱管

---

① （明）丘濬：《大学衍义补》（下）卷一百一十一，京华出版社1999年版，第957页。

理等方面的论述中所主张的慎刑思想，对明中后期的法制指导思想的转变奠定了基础。

从整体来说，丘濬的哲学思想、政治理想、经济理想和法制理想都是围绕着他理想的政治构想而展开的，这些思想既是他对我国传统思想的继承、诠释和发展的结果，又是他以高度的批判精神深入观察、深刻剖析明代中期社会积弊、民间疾苦以及各种矛盾之后经过思考、总结的产物。

虽然由于历史局限性和阶级局限性的原因，丘濬的思想不可能跨越时代，也不可能不为封建统治而粉饰。但是，丘濬怀着一颗忠君爱民之心，以其渊博的学识和经世务实的精神直面明王朝的各种危机和矛盾，其难能可贵不言而喻。丘濬的思想不但对于当时的社会改革和政治变革起了巨大推动作用，而且对后人解读成化、弘治、正德数朝由盛转衰有着重大的参考价值。

丘濬无愧为我国古代思想史中著名的经济学家、政治学家、史学家和儒家学者。

　　附录：

丘濬主要诗词、奏疏等作品

宣德元年（1426）：《五指山诗》

正统七年（1442）：《雁集琼庠记》《许文正公论》

正统十二年（1447）：《初过梅关》《题张丞相庙》

正统十四年（1449）：《捣衣曲》《拟古》四首、《莆田柯氏祠重修堂记》

景泰元年（1450）：《夜宿江馆》《金陵即事》《客中重九》

景泰二年（1451）：《一笑辛未岁下第作》三首、《辛未岁过扬州怀古》《新河杂咏》二首、《辛未下第还至金陵寄友》《和李太白韵寄题金陵》《贪泉对》《书贪泉对后》《桐墩记》《林弁宗敬字说》

景泰四年（1453）：《岁癸酉赴京至羊城有感》《舟中遇重九示同行友曾光启》

景泰五年（1454）：《初人入翰诗》《初读书中秘预修天下志书》四

首、《槐阴书屋记》《述怀》《延祥寺浮图记》《明故赠翰林院编修费公孺人朱氏墓志铭》

景泰七年（1456）：《送邢侍御克宽归省诗后序》《赠乡友林廷宾南台御史序》

天顺元年（1457）：《友菊诗卷序》《送陈辑熙修撰使高丽诗》《甫中有怀》《雨中有怀》《说舟赠林宗敬》《考隶送张正夫》

天顺二年（1458）：《拟进大明一统志表》《送琼州叶知府序》《送陈廷玉教桂平序》《大司寇刘公哀辞》

天顺三年（1459）：《松轩记》《筠庄记》《送云南傅参议序》《李布政旌异卷》《送梁景熙知萧山县序》《南海亭岗黄氏祠堂记》《偏凉汀亭记》

天顺五年（1461）：《拟进大明一统志表》《送陈推官序》《送乡友冯元吉教谕序》《梦亡妻》

天顺六年（1462）：《赠广西江按察使诗序》《题蓝关图后》《别知己赋》《赠新兴贺知州序》《送钱学士使交南》《送王给事中使交南》

天顺七年（1463）：《心师轩诗序》《广东备御徭寇事宜》《朱子学的后序》《赠韩敬夫序》《送广东夏廉宪》《两广用兵事宜》《闻人说海北事有感》《题谢氏先人》《赠吕郎中序》《贺封礼部郎中俞公序》

天顺八年（1464）：《秋兴诗》七首、《送尚宝凌卿使交南》

成化元年（1465）：《留耕亭记》《两广用兵事宜》《两广备御猛寇事宜》《琼山县学记》

成化二年（1466）：《毛宗吉传》《学拙先生传》《独乐处士王公墓志铭》《史馆进书诗》《奉天侍宴》《寿夏太常八十岁诗序》《赠琼郡林同知序》《霸州县儒学记》

成化四年（1468）：《拟顺天府乡试录序》《赠廉州邢知府序》《石钟山赋》《东莞县儒学记》《陈庄靖公哀辞》《霸州庙学记》

成化五年（1469）：《赠曲靖蔡知府序》《送徐庶子归省序》《寿古藤两傅先生序》《都宪张公挽诗序》《南海亭岗黄氏祠堂记》

成化六年（1470）：《后怀幽赋》

成化七年（1471）：《琼山县学记》

成化八年（1472）：《南海县学记》

成化九年（1473）：《野花亭记》《张方伯入觐序》《水龙吟·癸巳初度》《学士庄记》《风入松·学士庄》《张文献曲江集序》《癸酉初度词》《封州县修城记》《琼州府学祭器记》《藏书石室记》《武溪集序》《崖州学记》

成化十年（1474）：《家礼仪节序》《甲午岁舟中偶书》四首、《甲午除夕》《题古康三洲岩》《梧州府宪学宫记》《重过新河有感》

成化十一年（1475）：《左右箴铭序》《题文公手迹后》

成化十二年（1476）：《丙申六月伏中雨中待朝偶成》《茅山复古堂记》《都察院左金都御史恭惠杨公神道碑铭》《可继堂记》《闲中有怀伯兄》

成化十三年（1477）：《太学私试策》《丁酉春偶书》《会通河土桥石闸记》《文公九代孙五经博士朱公墓志铭》

成化十四年（1478）：《送刘端本知兴化府序》《哭子昆》二首、《除夜》《故都御史姑苏韩公挽诗序》《除夕诗》《牧庵记》

成化十五年（1479）：《元旦试举》《鹧鸪天·己亥初度》《偶成杂感诗》《敕封翰林院编修文林郎丁公孺人蔡氏墓表》《明故乐游处士陆公墓表》

成化十六年（1480）：《寿封尚书刘公九十诗序》《天妃宫碑》《瀛洲桥记》《文昌邢氏族谱序》《程子全书序》

成化十七年（1481）：《辛丑初度》《岁暮书怀》《送林黄门使满刺加序》《赠琼州知府彭公赴任序》《送陈秉和南归诗序》《明故中顺大夫都察院左金都御史邢公墓志铭》《余姚县学士题名记》《哭邢克宽都宪》

成化十八年（1482）：《岁暮偶书》《太庙斋居》三首、《首尾吟》《送国子监司业费先生归荣序》《明故中顺大夫都察院左金都御史邢公墓志铭》

成化十九年（1483）：《书潘克宽十八学士图》《寿严陵先生七十岁诗序》《金侍郎传》《可继堂记》《郑德崇墓表》《义泉吁韩氏先茔表》

成化二十年（1484）：《甲辰初度》《明堂经络前图序》《明堂经络后图序》

成化二十一年（1485）：《定兴忠烈王平定交南录》《萧阁老先生像赞》《都察院右副都御史鲁公神道碑铭》

成化二十二年（1486）:《萧阁先生赞》

成化二十三年（1487）:《大学衍义补序》《进大学衍义补表》《梁父吟》《丁未秋偶书》

弘治元年（1488）:《拟贺耕籍田表》《戊申岁次韵》《尚约先生集序》《明故进阶荣禄大夫兵部尚书致仕王公神道碑铭》《送董尚矩庶子颁诏朝鲜》

弘治二年（1489）:《己酉秋思》《尚约先生序》《送琼州叶知府序》《余肃公传》《孔侍郎传》《海航处士赵君墓表》《寿致仕廉宪张公年七十诗序》

弘治三年（1490）:《闲中偶书》《送太子少保礼部尚书涪陵刘公致仕序》《赐进士题名记》《凤阳府重修儒学记》

弘治四年（1491）:《进呈宪宗纯皇帝实录表》《初人阁》《辛亥除夕》《入阁谢恩表》《入阁辞任第一奏》《入阁辞任第二奏》《入阁辞任第三奏》《欲择大学衍义补中要务上献奏》《辛亥思归偶书》《凤翔府重修儒学记》《唐丞相张文献公开凿大庾岭碑阴记》

弘治五年（1492）:《壬子再乞休致奏》《论厘革时政奏》《请访求遗书奏》《乞严禁自官人犯奏》《壬子岁庆成宴偶成》《请建储表》《请建储表二》《请建储表三》《内阁晚归口号》《壬子二月偶成》《壬子四月有感》《壬子九月偶书》《十月望雪》《闲中书怀》《颁历日有感》《除夕偶书》

弘治六年（1493）:《道南书院记》《科传胪侍班口占》《内阁晚回口号》《首夏偶书》《景姿处士钱君墓表》

弘治七年（1494）:《请昧爽视朝奏》《甲寅初度感怀》《甲寅进帙偶书》《感怀》《受一品封》

弘治八年（1495）:《京师元夕月园》

第三节　王佐与唐胄

王　佐

生平简介

王佐（1428—1512）字汝学，号桐乡。临高县蚕村都（今海南省临

高县博厚镇透滩村）人。父亲王原恺为世袭抚黎土舍官。母亲唐朝选是
琼山唐舟（监察御史）的侄女，生二女一男，王佐大姐王春，二姐王兰。
王佐 7 岁时，父亲去世，由母亲承担教养子女的重任。母亲知书识礼，让
王佐追随名师，曾受教于唐舟、丘濬。因勤奋好学，生性机敏，王佐深受
丘濬器重。经过唐舟、丘濬两位名师的指点，王佐获得了很大的教益，为
他日后的文学成就打下了基础。

　　明正统十二年（1447），王佐 20 岁，参加乡试中了举人。次年春试，
不幸落第。后来进京师太学（国子监）读书。王佐每次考试都名列前茅，
祭酒吴节、司业阎禹锡都称赞他，并向宰相李贤推荐，李贤也深信他将来
必成大器。可是，由于某些权势者的妒忌，多方压抑，王佐在太学待了
19 年，期间在庶吉士丘濬门下矢志攻读，苦心著述，誉满京都，但始终
没有考取进士。

　　明景泰六年（1455），代宗皇帝敕令监察御史彭烈、临高知县杨获等
亲抵透滩村，为其建立"礼魁坊"，以示表彰。

　　明成化二年（1466）出任广东高州同知。成化五年（1469），母亲病
故，王佐奔丧回家。成化十年（1475）改任福建邵武府同知。均遇盗乱，
力主边抚，分化贼势，境内得以安清。十六年（1480），调任福建乡试考
官，扩增府、州、县学，注重教化，反对行贿封举，深受生员拥护。弘治
二年（1489）改任江西临江府同知，直至退休。史载"所至以廉操闻，
遗爱于民"。①

著作成就

　　王佐一生好学，晚年归家常与密友谈论诗文，优游山林，养花种草，
著书自乐。七旬高龄跋涉琼州各地，遍访风土人物，广搜民俗掌故，修成
《琼台外纪》一书。唐胄所编《正德琼台志》几乎全部引录。主要著作有
《鸡肋集》《经籍目略》《琼台外纪》《庚申录》《原教篇》、《金川玉屑
集》《琼崖表录》等。其诗词后世给予了很高评价。明代琼州府提督副使
胡荣称其"诗词温厚和平，文气光明正大，当比拟唐宋诸大家"②。

----

① 本引注出自王佐公祠关于王佐生平说明所得。
② 同上。

《鸡肋集》和《琼台外纪》是王佐的代表作。《鸡肋集》有诗 302 首，杂文 82 篇，是他著作中的精华。《琼台外纪》是一部地方志书，记录了海南的风土人情，地理山川等掌故。《琼崖表录》是王佐写给皇帝的奏章，陈述珠崖的重要，指出汉弃珠崖、元设土舍的错误，语多恳切。他的诗，状物、写景，刻画入微；怀古抒情，清新隽永，多为爱国忧民之作。《天南星》中的"夫何生海南，而能济饥饱。八月风飔飔，闾阎菜色忧"和《鸭脚粟》中的"三月方告饥，催租如雷动""琼民百万家，菜色半分病，每到饥月来，此草司其命"都是王佐关心人民疾苦的表现。《哀使君》《哀四义士》和《海外四逐客》等诗篇，则通过悼念宋末琼州安抚使赵与珞、四义士（谢明、谢富、冉安国、黄之杰）抗元殉节和怀念抗金名臣李纲、赵鼎等人，以表达他的爱国思想。王佐特别推崇胡铨，一连写了《澹庵井》《茉莉轩》《夜宿胡澹庵祠》等诗。其中以《茉莉轩》二首，词多激愤，在读书人中广为传诵。至于他的《菠萝蜜》《食槟榔白》《禽言九首》《鹧鸪媒》《桐乡夏景》《金鸡岭》《益智子》等诗篇，识者推为上品。

王佐被誉为海南四大才子（丘濬、海瑞、王佐、张岳崧）之一，尤以诗文见长，世称"吟绝"。明进士户部侍郎唐胄说："《琼台外纪》一书，乃王桐乡先生精力所在"，又云"其词之中易温雅，气之光明隽伟，当比拟于古诸大家"。① 现代大文豪郭沫若（四川乐山人）称赞他为爱国诗人。明隆庆年间（1567—1572），琼州府海一带商民，于海口市关厂坊（今义兴街）立西天庙，奉祀王佐，现为海口市重点文物保护单位。

唐 胄

生平简介

唐胄（1471—1539）字平侯，号西洲。明代琼山府城东厢攀丹村（今海南省海口市攀丹村）人。明弘治十一年（1498）乡试第二名，弘治十五年（1502）会试夺魁，中进士，曾授户部广西司主事。不久，因父丧归家守孝。弘治十七年（1504）服丧期满，时宦官刘瑾擅权，因称病

---

① 王佐：《王桐乡摘稿》，唐胄：《传芳集》，海南出版社 2006 年版，第 173 页。

谢绝返京任职被罢免。正德五年（1510）刘瑾伏诛后，唐胄被朝廷留用，因目睹朝政腐败而无意当官，以母老乞终养。居家 20 年，致力搜集地方文史，撰铭刊书，著有《江闽湖岭都台志》、《琼台志》20 卷、《琼州三祠录》3 卷、《西洲存稿》、《传芳集》、《广西通志》等。他笃嗜白玉蟾诗文，精选其诗文成集，名《海琼摘稿》。后人集其诗文辑成《传芳集》。《明史》称为岭南人士之冠。他还创建养优书院，教育后学。

嘉靖元年（1522），唐胄应召赴京，复任为户部河南司主事，不久升本司员外郎。次年任广西提学佥事；五年（1526）升任云南金腾副使。再擢云南右参政、右布政使。十一年（1532）任广西左布政使，翌年升任都察院右副都御史，仅半年改任山东巡抚，时黄河泛滥成灾，他千里跋涉寻觅黄河故道，疏通三郡水，引灌荒田，变患为利，并发耕牛、种子，鼓励垦荒，发展农业，政绩显著。十四年（1535）任南京户部右侍郎，次年春调任北京户部右侍郎，秋转为左侍郎。时安南（今越南）遣使告莫登庸篡权，世宗欲发兵征讨，唐胄疏陈 7 条理由，竭力诤止。

唐胄是嘉靖登基后起用的官员，而且就任后屡得擢升，圣恩不薄。一般说来，唐胄如此际遇，本该诚惶诚恐，结草衔环，知恩图报。可是，在十七年（1538）嘉靖一意孤行，下旨"定明堂大飨礼"时，唐胄却不像四川巡抚都御史宋沧和湖南巡抚都御史吴山那样阿谀奉承，畏威保位，献白兔、白鹿，诈称祥瑞，而是忠于社稷，报效国家，冒死上疏，反对嘉靖定"献皇帝庙号睿宗"，被嘉靖关进监牢。是年冬获赦，准备重新起用，终因不堪精神和肉体上的折磨，卧病不起，最终去世。隆庆元年（1567）追赠都察院右都御史，赐谕葬。

纵观唐胄的一生，其为人为官，孝敬、好学、耿介、执着、清廉、善谋，获得后人的高度评价，被称为"岭南人士之冠"。他是明代因抗疏而入诏狱（皇家监狱）的第一位海南人，是明代有影响的全国著名人物之一。其忠诚正直、刚直不阿、坚持正义、敢作敢为、为政清廉等高尚品格和精神风貌，为后来著名的清官海瑞树立了光辉的榜样。他一生著述甚丰，为后代留下了许多非常宝贵的精神财富。其中《正德琼台志》是海南现存最早的、资料价值及编纂水平最高的一部地方志。他为海南、广西和云南等地的文化教育事业做出了一定贡献。

史书记载

胄上疏谏曰：知今日今日之事，若欲其修贡而已，兵不必用，官亦无容遣。若欲讨之，则有不可者七，请一一陈之：

古帝王不以中国之治治蛮夷，故安南不征，著在《祖训》。一也。

太宗既灭黎季氂，求陈氏后不得，始郡县之。后兵连不解，仁庙每以为恨。章皇帝成先志，弃而不守，今日当率循。二也。

外夷分争，中国之福。安南自五代至元，更曲、刘、绍、吴、丁、黎、李、陈八姓，迭兴迭废，而岭南外警遂稀。今纷争，正不当问，奈何殃赤子以威小丑，割心腹以补四肢，无益有害。三也。

若谓中国近境，宜乘乱取之。臣考马援南征，深历浪泊，士卒死亡几半，所立铜柱为汉极界，乃近在今思明府耳。先朝虽尝平之，然屡服屡叛，中国士马物故者以数十万计，竭二十余年之财力，仅得数十郡县之虚名而止。况又有征之不克，如宋太宗、神宗，元宪宗、世祖朝故事乎？此可为殷鉴。四也。

外邦入贡，乃彼之利。一则奉正朔以威其邻，一则通贸易以足其国。故今虽兵乱，尚累累奉表笺、具方物，款关求入，守臣以姓名不符却之。是彼欲贡不得，非抗不贡也。以此责之，词不顺。五也。

兴师则需饷。今四川有采木之役，贵州有凯口之师，而两广积储数十万，率耗于田州岑猛之役。又大工频兴，所在军储悉输将作，兴师数十万，何以给之？六也。

然臣所忧，又不止此。唐之衰也，自明皇南诏之役始。宋之衰也，自神宗伐辽之役始。今北寇日强，据我河套。边卒屡叛，毁我藩篱。北顾方殷，更启南征之议，脱有不测，谁任其咎？七也。[1]

锦衣武人，暗于大体。倘稍枉是非之实，致彼不服，反足损威。

---

[1]　（清）张廷玉等撰：《明史》卷二百零三《唐胄传》，世界知识出版社2001年版，第5358页。

即令按问得情，伐之不可，不伐不可，进退无据，何以为谋？且今严兵待发之诏初下，而征求骚扰之害已形，是忧不在外夷，而在邦域中矣。请停遣勘官，罢一切征调，天下幸甚。

章下兵部，请从其议。得旨，待勘官还更议。明年四月，帝决计征讨。侍郎潘珍、两广总督潘旦、巡按御史余光相继谏，皆不纳。后遣毛伯温往，卒抚降之。

郭勋为祖英请配享，胄疏争。帝欲祀献皇帝明堂，配上帝，胄力言不可。帝大怒，下诏狱拷掠，削籍归。遇赦复冠带，卒。隆庆初，赠右都御史。①

人物贡献

1. 唐胄对海南、广西、云南等地文化建设的贡献

（1）主要著作

唐胄的一生，非常重视地方文化建设。从笔者搜集整理的文献资料来看，唐胄撰写和编纂的地方文献共有 12 种。详见下表：

序号	书名	作者或编者	资料来源
1	《正德琼台志》	唐胄著	洪寿祥主编，彭静中点校：《正德琼台志》，海南出版社 2006 年版
2	《传芳集》	唐胄著	洪寿祥主编，刘美新点校：《传芳集》，海南出版社 2006 年版
3	《三贤祠录》	唐胄著	王国宪编：《海南丛书》目录，海南书局出版 1935 年版
4	《海琼摘稿》	（宋）白玉蟾著，唐胄编	杜信孚、杜同书：《全明分省分县刻书考》，线装书局 2001 年版，第 48 页

---

① （清）张廷玉等撰：《明史》卷二百零三《唐胄传》，世界知识出版社 2001 年版，第 5358 页。

序号	书名	作者或编者	资料来源
5	《王桐乡摘稿》	王佐著，唐胄编	洪寿祥主编，刘美新点校：《传芳集》，海南出版社 2006 年版，第 173 页
6	《江闽湖岭都台志》	唐胄编	（明）郭棐撰，黄国声、邓贵忠点校：《粤大记》，中山大学出版社 1998 年版，第 476 页
7	嘉靖《广西通志》	唐胄首倡编纂	岭南文化百科全书编纂委员会编：《岭南文化百科全书》，中国大百科全书出版社 2006 年版，第 808 页
8	《宋丞相崔清献公全录》	（宋）崔与之著，唐胄编	张其凡、孙志章：《崔与之著述版本源流及其价值》，《安徽师范大学学报》2007 年第 5 期
9	《武溪集》	（宋）余靖著，唐胄编	杜信孚、杜同书：《全明分省分县刻书考》，线装书局 2001 年版，第 48 页
10	《虔台志》	唐胄编	江西省社会科学院情报资料研究所编：《江西地方文献索引》上编，1984 年 10 月版，第 227 页
11	《二曹诗》	（唐）曹邺、曹唐著，唐胄编	卞孝萱著，《唐代文学百科辞典》，汉语大词典出版社 2003 年 12 月版，第 489 页
12	《榕庵集》	唐正著，唐胄编	洪寿祥主编、彭静中点校：《正德琼台志》，海南出版社 2006 年 3 月版，第 496 页

（2）著作简介

从上表可以看到，唐胄自己撰写或负责编纂的海南、广西、云南等地

方文献有 12 种。其中:

①《正德琼台志》:正德十六年（1521）刊行,四十四卷（今缺第
22、23、43、44 卷）,是今天海南流传下来体例最完整、历史最早的地
方志。唐胄在《琼台志序》里对此做了详细的描述:"郡志自国初至是
亦编矣……唐人称郡僻无书,至宋《琼莞志》《万州图经》,元人又不
能蓄。"① 可见参考文献资料很少,编写难度很大,但唐胄并没因此而
放弃,而是花了 20 年左右的时间潜心编著。为完成这部著作,他宁愿
放弃仕途。实际上,在宦官刘瑾被诛后,唐胄得到朝廷的征召,他完全
可以借此踏上仕途,一展自己匡扶社稷的抱负。他之所以坚决辞官,除
了上文谈到的顾念家乡老母外,还有一个因素,就是《正德琼台志》
的编纂工作此时还未完成。古代知识分子的理想人生轨迹自然是科举中
试、为官、青史留名。但在唐胄的心中,做官这个在无数人眼中的大好
前程是排在孝敬双亲和完成海南地方志之后的。唐胄之所以如此执着地
编写海南地方志,与其师承有关。在《琼台志序》里唐胄提道:"丘文
庄公晚年尝言,己有三恨,郡牒未修一也。"② 我们知道,唐胄是王佐
的学生,而王佐是丘濬的学生,并且王佐之前已经完成了一部海南地方
志——《琼台外纪》,但这本书存在一些不足,"后守方公取阅其书,
谓独详于人物、土产,而他目仍旧"③。据此我们可以看到,丘濬、王
佐对海南地方志的重视和努力实践,对他们的后辈学生唐胄产生了巨大
的影响。我们从唐胄编写《正德琼台志》的目的可以进一步佐证这个
观点,"盖体文庄而将顺其欲为之意,尊桐乡而忠辅其已成之书,以求
绍述于二公"④。

②《海琼摘稿》:十卷,宋白玉蟾著,明嘉靖十二年（1533）唐胄选
编。收录白玉蟾部分诗文。按"嘉靖十二年刻印,葛长庚《白玉蟾海琼
摘稿》10 卷"⑤。又据:"惟笃嗜白玉蟾诗文,为之精选。"⑥ 现已入选国

① 唐胄:《传芳集》,海南出版社 2006 年版,第 168 页。
② 同上书,第 169 页。
③ 同上书,第 168 页。
④ 同上书,第 169 页。
⑤ 翟冕良:《中国古籍版刻辞典》,齐鲁书社 1999 年版,第 505 页。
⑥ (明)郭棐:《粤大记》,中山大学出版社 1998 年版,第 476 页。

家珍贵古籍目录，按："白玉蟾海琼摘稿十卷，（宋）葛长庚撰，明嘉靖十二年（1533），唐胄刻本，湖南师范大学图书馆。"①

③《王桐乡摘稿》：明王佐著，嘉靖四年（1525）唐胄编。按："但其平生所作，如《鸡肋集》《经籍目略》《琼台外纪》《庚甲录》《金川玉屑集》《家塾原教》及《珠崖录》，今皆不能尽择也，故曰摘稿云。"②

④《二曹诗》：三卷，唐曹邺、曹唐撰，嘉靖三年（1524）唐胄编。按："曹邺（816—875?），字邺之，桂林阳朔县人，系晚唐现实主义诗歌流派的代表作家之一；曹唐（802?—866?），字尧宾，桂林临桂人，乃自晋代郭璞之后的又一游仙诗大家。"③ 又据载："曹邺之诗，宋时以《曹邺诗集》《曹祠部集》《曹邺古风诗》行世，至元代则湮没无闻。曹唐之诗……至元代亦无传。嘉靖三年按察佥事唐胄至广西督学，取浙江所刻曹邺诗集重刻，而辑录各选本所选曹唐诗附于曹邺诗后，以《二曹诗》行世，蒋冕为之作跋。"④ 可见，唐胄是第一个认识到二者艺术价值具有相同部分且将二者诗歌合编的人，开"二曹"研究先河，对后人认识了解"二曹"及晚唐粤西诗歌具有重要参考价值。

⑤嘉靖《广西通志》：嘉靖四年（1525）唐胄倡议编修。⑤ 又据载："嘉靖四年续修《广西通志》，未完成，调云南。"⑥ 该书是"现存最早的广西通志，前提学佥事唐胄续志残稿……是历代所修《广西通志》较好者。"⑦ "嘉靖《广西通志》是目前留存下来年代最早的一部广西通志，具有珍贵史料价值。该志修纂是由广西提学佥事唐胄嘉靖四年率先

---

① 湖南师范大学图书馆，http://www.library.hn.cn/gihn/xxsd/2009.11/t20091117-3807.htm。

② 王佐：《王桐乡摘稿》，唐胄：《传芳集》，海南出版社2006年版，第173页。

③ 魏姗：《晚唐"二曹"诗歌研究》，硕士学位论文，湘潭大学2010年。

④ 卞孝萱：《唐代文学百科辞典》，汉语大词典出版社2003年版，第489页。

⑤ （清）张廷玉等僎：《明史》卷二百零三《唐胄传》，世界知识出版社2001年版，第5352页。

⑥ 雷坚：《广西方志编纂史》，广西人民出版社2007年版，第277页。

⑦ 岭南文化百科全书编纂委员会编：《岭南文化百科全书》，中国大百科全书出版社2006年版，第808页。

提出。"①

⑥《虔台志》：十二卷，嘉靖十二年（1533）唐胄纂修。按："虔台志，十二卷，唐胄等纂修，明嘉靖十二年刻本。著录：刘绎《江西通志》卷一百四《艺文略·史部三》。"② 另据载："赣州地区，赣州市，赣县条目下，嘉靖《虔台志》十二卷，明唐胄修纂，嘉靖十二年刻本。"③ 可见《虔台志》应为赣州地区的地方志，唐胄曾编纂其书。

⑦《宋丞相崔清献公全录》：十卷，宋崔与之著，嘉靖十三年（1534）唐胄编。"一代名臣崔与之（1158—1239），是南宋著名的政治家、军事家。始终无玷缺，出处最光明，是对他一生最好也是最高的评价。作为政治家的崔与之，虽不以文学鸣世，但对岭南文学的影响还是很大的，后人称之为'岭南儒宗'。"④ 崔与之作为宋代名臣，一生光明磊落，唐胄推崇其为人，在为官闲暇之余，亲自编选其全录，而唐胄的版本具有极高的价值："宋、元、明崔与之著述的各种版本，今均已不可见……唐本是目前能见到的崔与之著述最早的刻本，它以正德本为底本，内容又最多，这一版本系统的版本价值是最大的。"⑤ 唐胄编选的《宋丞相崔清献公全录》，分四部分，分别记载了崔与之的为官事迹、部分奏札、诗文、宸翰和赠挽，对研究崔与之生平、思想和南宋晚期的政坛以及岭南文学的发展均有重要参考价值。

⑧《武溪集》：二十卷，宋余靖著，嘉靖十三年（1534）唐胄刻。余靖（1000—1062），字安道，韶州曲江（今广东韶关）人。天圣二年（1024）进士，仕至尚书右丞，卒谥襄。入仕初期，初授赣县尉，因言范仲淹之事得罪宰相而获罪被贬。后"天子感悟"得以召还，得以二度启用。不料又因谗言诽谤，与欧阳修、范仲淹等以"朋党"被逐。晚年授工部尚书，在赴京任职途中死于金陵，累赠刑部尚书，谥曰"襄"。余靖

① 廖菊楝：《嘉靖〈广西通志〉之修纂启示》，《广西社会科学》2007 年第 8 期。

② 江西省社会科学院情报资料研究所编：《江西地方文献索引上编》，江西省社会科学院出版社 1985 年版，第 227 页。

③ 周卉、刘志和：《史坛志域探微》，海南出版社 1994 年版，第 452—453 页。

④ 张其凡、孙志章：《崔与之著述版本源流及其价值》，《安徽师范大学学报》2007 年第 5 期。

⑤ 同上。

是北宋中期名臣，他秉性耿直，敢于直面言事，与欧阳修、王素、蔡襄有"庆历四直谏"之名，是北宋著名的政治家、外交家。《武溪集》版本流传较多，唐胄刻本"凡古律诗一百二十、碑志记五十、议论箴碣表五十三、制诰九十八、判五十五、表状启七十五、祭文六"①。对研究余靖及北宋政治有一定参考价值。

⑨《江闽湖岭都台志》：十三卷，年代不详。按《神道碑》载："所著有《江闽湖岭都台志》十三卷。"② 又据载："所著有《江闽湖岭都台志》行于世。"③ 黄虞稷《千顷堂书目》作《江闽湖广都台志》。

2. 唐胄对海南、广西、云南教育的贡献

（1）对海南教育的贡献

在海南赋闲期间，唐胄除了编著地方志外，另一个重要的工作就是创建书院，教育后学。唐胄所建书院，得到海南地方官张简、王弘的推重。据《正德琼台志》卷十七《书院》"西洲书院"条载："在郡城东一里许。正德间，主事唐胄建为读书所。清河张少参简以胄弃官归养而学，扁曰'养优书院'。"④ 正德十二年（1517）分巡按察司副使王弘巡琼，很推重唐胄，便用唐胄的号——西洲，将养优书院改为西洲书院。由于当时海南丘濬、邢宥、王佐这样的名士均已去世，唐胄可以说是当时海南士人的领军人物，又处在全岛的文教中心琼山，加之该书院实际上是在琼山县攀丹村唐氏家族藏书的基础上建立的，定会吸引不少学子前往求学。按《正德琼台志》载："吾母尝指西洲书院曰：'自汝祖至汝父及今已数世，所积书俾遗汝子，若孙能读否乎'？"⑤ 这就提供了丰富的文献资源，良好的教育设施。虽然没有找到海瑞在该书院求学的资料，但可以肯定，当时在琼山甚至海南许多像海瑞这样的学子，应该不会轻易错过这个优秀的学习平台。

此外，我们还看到，在这期间，唐胄积极参与琼山、儋州、万州县学

---

① 马贤：《武溪集版本源流考》，《大众文艺》2011 年第 7 期。

② （清）张廷玉等撰：《明史》卷二百零三《唐胄传》，世界知识出版社 2001 年版，第5352 页。

③ （明）郭裴《粤大记》，中山大学出版社 1998 年版，第 476 页。

④ （明）唐胄：《正德琼台志》，海南出版社 2006 年版，第 394 页。

⑤ 同上。

的建设工作，并亲自撰写三处学宫的重建文章，赞扬地方官对教育的重视，鼓励学子努力学习，考取功名。唐胄还重修为海南教育发展做出重要贡献的前琼山县教谕赵谦的墓碑，在碑文中唐胄对赵谦墓的破败感到伤感，其写道："未几即得其藏于旧学东北隅，隐见于丛冢侧，余于犁锄无几矣。"① 随后他与地方官一起重修赵谦墓，用实际行动提倡重视教育，推动家乡的教育发展。

（2）对广西教育的贡献

1523—1526 年，唐胄担任广西提学佥事。根据《明史·职官》"按察司"条载："副使、佥事，分道巡查，其兵备、提学、抚民、巡海、清军、驿传、水利、屯田、招练、监军，各专其事。"② 可见提学佥事是按察司下属的专管提督学政的官员。"按明制，德才兼备是任提学官的主要条件……首先应有较高学识，一般都是进士或监生出生……德行也是选用的主要依据。"③ 可见唐胄虽然做官时间不长，其德行才华是大家共同认同的。

提学官的职责和权限是"代表政府纠劾风纪，包括教师的考核、评聘升迁，学生考试优劣与推荐奖惩等"④。按此，提学官实际上相当于今天的省级教育主管官员。在任上，唐胄大力推行地方教育，购买书籍，鼓励少数民族子弟入学。《粤西文载·唐胄》《嘉靖广东通志·唐胄》《粤大记·唐胄》均记载："遍鬻群书，启迪多士，文风不变。"《明史·唐胄传》载："为购群书以迪多士，令土官及猺蛮悉遣子入学。"⑤ 清《广西通志·唐胄》载："令土官及猺蛮悉遣子入学。"同时，唐胄还亲自深入偏远地区，督导学子学习儒家文化。《神道碑》载："以身范士，督诸生习冠射诸礼，即僻邑遐陬，巡历皆遍。"⑥ 为了更好地推动广西地方教育，唐胄还根据当地的情况，专门作了一首古体诗《古田劝学诗》，在诗中，

① 唐胄：《传芳集》，海南出版社 2006 年版，第 184 页。

② 蔡东藩：《明史》卷七五《职官志》，九州出版社 2008 年版，第 187 页。

③ 宋荣凯：《论明代地方儒学提学官的设置、职责和作用》，《遵义师范学院学报》2009 年第 4 期。

④ 同上。

⑤ （清）张廷玉等撰：《明史》卷二百零三《唐胄传》，世界知识出版社 2001 年版，第 5354 页。

⑥ 同上书，第 5352 页。

唐胄表达了愿意学习前人在蛮夷之地教化民众的抱负。其诗云:"嗟唐吉安丞,欢笑入夷落。清歌与钥吹,夷俗为变革。化予夷未几,遣子再入学。蓝衫舞春风,酋父侧笑跃。今去大弦歌,刁斗声应伏。远垣摆岭平,取径都狼速。笑歌长去来,忠信无蛮貊。忧戚天汝成,居夷孔亦欲。"①

　　唐胄在广西的教育活动,推动了当地的教育发展。后来唐胄再次回到广西任职时,时值古田少数民族叛乱,由于之前唐胄在当地全力教化其子弟,这些人听说是唐胄主政广西,立即放下武器主动向官府投降。事见《神道碑》《明史·唐胄传》。

　　(3) 对云南教育的贡献

　　1527—1528 年,唐胄任云南提学副使。提学副使是当时一省最高教育长官。唐胄在任上,像在广西一样推动云南地方教育发展。《神道碑》载:"丁亥,改本省提学副使,其所造士,一如西粤时。"② 又据清《云南通志》卷十九《名宦·明·唐胄》载:"嘉靖间,任金腾兵备,改提督学校,教士有法,振拔孤寒。"③ 又据载:"广东琼山人唐胄,嘉靖间在云南提督学校'教士以冠、婚、乡射之礼'。注释出自 刘文征:天启《滇志·官师志》卷十。"④ 从以上记载可以看到,唐胄任云南提学副使时的历史功绩,其不遗余力地推动云南地方教育,教化当地民众学习儒家文化,对那些家境贫寒的学子多有帮助。此外,唐胄还利用自己的身份鼓励当地兴建学校,改善当地的办学条件。如《楚雄历代碑刻》记载:唐胄为云南楚雄府(今云南楚雄彝族自治州)新建学校而写了一篇文章《楚雄府新建儒学记》。文中唐胄描述了当时云南教育的发展情况:"积今至四十余所,人才之盛,渐著中土。"⑤ 还强调了办学的重要性:"以学校之教子弟,为国先务,虽用民力不可废也。"⑥ 唐胄还积极参与云南文人的

---

　　① (清)汪森编:《粤西诗载》卷五《五言古·唐胄〈劝古田诸生归学诗〉》,台湾商务印书馆 1986 年版,第 373 页。

　　② 宋荣凯:《论明代地方儒学提学官的设置、职责和作用》,《遵义师范学院学报》2009 年第 4 期,第 5352 页。

　　③ (清)鄂尔泰等监修:《云南通志》卷十九《名宦·明·唐胄》,云南出版社 2007 年版,第 276 页。

　　④ 转引自李晓斌《历史上云南文化交流研究》,民族出版社 2005 年版,第 131 页。

　　⑤ 张方玉:《楚雄彝族自治州文物志》,云南民族出版社 2005 年版,第 51—52 页。

　　⑥ 同上。

活动，奖励人们潜心做学问。据载："当时文坛知名人士李梦阳、李元阳、华云、胡廷禄、郭维藩、唐胄、任瀚、张纲、崔铣等，先后为张含诗文集撰写序跋。"① 唐胄还维护学官的尊严，拒绝向权贵行跪拜之礼。《神道碑》载：总督至云南，"时三司惮其威仪，迎参皆跪，公独不从"②。用自己的实际行动为人表率，维护师道尊严。除担任提学外，唐胄在云南为官多年，后官至云南右布政使，主管全省的行政。以唐胄向来对教育的重视，在任上必定不遗余力地推动云南省的教育发展。

唐胄的治黎主张

黎族是海南本土的少数民族，从汉武帝开朱崖、儋耳二郡以来，一千多年里时有"反叛"，治黎是海南本土士人无法绕开的话题，许多人写过治黎策略，明代海瑞就以《治黎策》名扬科场。唐胄也高度重视治黎，在《正德琼台志》有两卷专门写黎情，其内容又分"原黎、列黎、抚黎、平黎、统黎、议黎"等，详细地介绍了黎情和阐述了自己的治黎思想。遗憾的是，这两卷未能流传下来。今天我们所看到唐胄的治黎思想，主要集中在他的四篇治黎论文：《节录平黎事以备后论》《节录抚黎土官以备后论》《节录征黎事以备后论》《平黎总论》，以上论文反映出唐胄的治黎主张。其主要观点有以下几点：

（一）反对任用抚黎土官

从《节录平黎事以备后论》《节录抚黎土官以备后论》里可以看到，至少在元代就已经有抚黎土人，明代明确记载有专职的抚黎土官："永乐六年春二月，琼州府抚黎知府刘铭，率生黎峒首王贤祐、王惠、王存礼等来朝贡马，命贤祐为儋州同知，惠、礼为万宁县主簿……俾专抚黎人。"③中国古代汉族封建王朝对少数民族的治理，多讲究以夷制夷，在海南任用黎首专职抚黎，其实就是这一思想的体现。一般而言，这似乎为处理民族关系的不二方略，但唐胄在其文章里明确反对这种做法，甚至认为这反而是元至明初海南"黎患"的根源。他说："平章至元之师，刊石五指黎

① 转引自余嘉华《古滇文化思辨录》，云南教育出版社1997年版，第145页。

② （清）张廷玉等撰：明史卷二百零三《唐胄传》，世界知识出版社2001年版，第5353页。

③ 唐胄：《传芳集》，海南出版社2006年版，第177页。

婆，抵千万年人迹不到之处……然任用土人，诱乱终元之时。""抚黎土官，其百余年之祸根乎?"① 唐胄对比分析唐宋以来"黎患"与明代的不同，恰在于明代任用抚黎土官，"然唐之首领，宋之峒首统领，皆黎人主黎，故其侵郡也，乘其衰而后发。今之土官，则以郡之奸人为之，故其掠郡也，皆在盛时"②。他认为过去黎族侵扰郡县多在地方政府势弱之时，而明代却在地方政府强盛的时候，这恰是因为土官多为郡中奸人的缘故。并且唐胄指出应对这些人保持强硬威慑态度，必要时应派军队对其镇压，"张威如其祖考，苟为不问，终于天讨，则宗祀且不能保，况糊口小利乎? 此兵宪之责也"③。

（二）认为黎人并不难征服，需要优秀的将领

在《节录平黎事以备后论》中，唐胄详细描写了元至元年间琼州路安抚使陈仲达率军征黎的事迹。对于这次用兵，唐胄在文末发表了自己的看法，"是役也，自开郡以来所未有。然计用兵仅一万一千二百人，计时虽二十六月，然实用兵才十三阅月，颛岛蠢丑已无遗穴。人言琼黎党涣易铲，信然"④。唐胄对元代这次用兵是十分赞赏的，他认为这是海南开郡以来最成功的一次，说明黎族涣散，只要有优秀的将领率大军征讨，是可以征服的。

（三）主张偏重于军事手段治黎，与海瑞有所不同

唐胄有关治黎的文章，是《节录平黎事以备后论》《节录征黎事以备后论》《节录抚黎士官以备后论》。前两篇纯粹关于对黎族用兵。第三篇在文末论述中，唐胄也主张对土人采取强硬态度，必要时派兵镇压。文章第二部分，唐胄提出了自己的平黎策略。一是平黎的时间："今当岁熟，四五月之间必出，我军戍进，而获彼以屯，至秋大熟亦如之，则彼之深潜内地，不饿死于丛菁之中，则彼延颈于旗鼓之下矣。"⑤ 即主张在夏秋粮熟之时，派大军征剿。二是平黎的方略："自易而及难，自外而及内"⑥，

① 唐胄：《传芳集》，海南出版社 2006 年版，第 177 页。
② 同上。
③ 同上。
④ 同上书，第 177—183 页。
⑤ 同上。
⑥ 同上。

即先征服势力弱小的黎人，然后步步紧逼由外及内，最终形成对山林腹地黎人的包围征服。三是出兵平黎的条件。他认为首要的是需要一位优秀的统帅，其人"比如按摊之威望，而兼涂棐之材与志，又加之以朱国宝之权且专，计资勋以崇其秩，积岁月以成其事，练军训士之精以足兵，免京司廉之运以积食"①。四是需要一批能征善战的将领："如黄广文、马抚机、谭汝楫辈偏俾以充任使。"② 五是出兵的两种情况：如果在平常，那么就在岁熟之时，官军出兵，循序渐进，缓而图之；如果遇上黎情变化，那么就派军队火速出击。唐胄分析了这两种情况的后果，"取之缓，则其归也必诚……而使之自食其田，恐亦无害。取之急，恐其服也非心服，高雷嬴田常病于无佃，则分而置之"③。六是平黎后的治理措施：应仿效古人开道路、置州县、立屯所、增寨宇、兴学校。

由上可见《平黎总论》整篇文章的中心思想，即如何平定黎族。在文中唐胄详细地阐述了出兵的原因、时间、条件、策略，虽然在文末提出了开道路、置州县、立屯所、增寨宇、兴学校等治黎方略，但很明显这是为军事手段服务的后续措施。虽然我们无法就残存的这几篇文章下结论，认为唐胄在治黎问题上是一个主战派，但从唐胄对历代对黎人用兵的关注以及《平黎总论》里提出的用军事手段"绝其根株"，可以看出唐胄在治黎问题上比较看重军事手段。

海瑞有关治黎的主张，主要集中在《治黎策》《平黎疏》《平黎图说》。在这些文章里，海瑞认为"黎乱"的一个重要原因是官府对黎族人民的欺压、官府禁止商人与黎族的盐铁贸易活动。海瑞也提出了一整套治黎策略："开通十字路，设县所城池，招民、置军、设里、建学、迁县所、屯田、巡司、驿递等。"④ 从海瑞这些文章可以看出，他更重视对黎族的政治、经济手段。

唐、海二人的治黎主张中，都提出了开道路、置县所、办学校等抚黎策略，但在治黎问题的侧重点上，唐胄比较重视军事手段，海瑞比较重视政治、经济手段。相较而言，唐胄所提对黎用兵，考历代出兵得

---

① 唐胄：《传芳集》，海南出版社 2006 年版，第 177 页。

② 同上书，第 183 页。

③ 同上。

④ 阎根齐、陈涛：《粤东正气——海瑞》，海南出版社 2008 年版，第 32 页。

失，军事方略系统缜密，颇有儒将之风；海瑞治黎主张，从封建统治阶层反省开始，字里行间多透爱民之意。笔者想唐、海二人在治黎问题上的主张差异，既反映出两人不同的立场取向，也揭示出治黎问题的重要性、复杂性。

第四节　"岭南巨儒"钟芳及其主要思想

一　生平简介

（一）人物生平

钟芳（1476—1544），字仲实、中实，号筼溪，原籍明琼州府琼山县，出生于崖州高山所（今海南省三亚市崖城镇水南村）。崖州在明代的时候，仍然是十足的穷荒之地，钟芳的父亲钟明，因家道中落，过继给远亲养育，改名黄明，以卖浆①为业，勉强维持一家的生计。钟芳幼年丧母，寄居外亲黄家抚养，又名黄芳，中进士后才奏复原姓钟。钟芳自幼聪颖好学，10 岁入崖州州学。明孝宗弘治十四年（1501），参加乡试，获第二名举人；明武宗正德二年（1507），荣登二甲第三（第六名进士），被选为翰林院庶吉士，授予编修。一时名动京师，被称为丘文庄后又一南溟奇才，时人敬称"钟进士""钟崖州"。后历任漳州同知，知府，南京户部员外郎，吏部稽勋司郎中，浙江提学副使，广西布政司参政，江西布政使，南京兵部右侍郎，户部右侍郎等职。嘉靖十三年（1534）58 岁时，获准退休，卜居琼山府城西门外，人们呼其所居里弄为"进士巷"。嘉靖二十三年（1544）病故，享年 69 岁，朝廷赠为右都御史。钟芳的儿子钟允谦也于明嘉靖八年（1529）中进士，人称父子进士，次子钟允直也中举人，名满崖州。钟芳是一位在明代当过文官、武官、法官、学官和财官的著名人物。

（二）好家风和"还金寮"

钟芳的成就与其祖辈和父辈有一定的关系。如今的三亚崖城一带，依旧流传着钟芳父亲钟明拾金不昧的美谈，这个故事还被收在《钟氏族谱》

---

①　"浆"在古代指的是一种家酿薄酒，是平民百姓的日常饮品。

的"钟筼溪年谱"当中。

原来，钟明夫妇在村边路旁搭建茅寮卖浆，以便过往行人购买。一日，有位客人路过小憩了片刻，匆忙离去时将三百两银子遗失在寮中，钟明夫妇打烊时发现后，深感丢失重金的主人一定很着急，于是一直等到深夜，才看见有个人"狂走遍觅"，还有妻子、孩子号啕大哭尾随其后。钟明询问之下，得知对方是失主后，立即将钱财归还。失主喜出望外，愿意拿出一半来酬谢，钟明说：我要是想要你的银子，早就拿回家了，还用在这里等你吗？婉谢了对方的好意。

父母的卓行，对少年钟芳的影响非常深刻，他后来身在宦海却能贤德高义，贫贱不移，富贵不淫，与其家风颇有渊源。钟芳的良好家风由来已久，如其祖父钟京就曾在"家训"中，严格要求子孙注重家教，尤其要安贫乐道，不能让身心失守。

清光绪年间，崖州知州唐镜沅仰慕钟明还金取义之举，专门修建了一座"还金寮"，并在碑记中写道："坐视数百金，弃之如敝履，与圣人富贵浮云之心何异哉？"[1] 钟明只是一介卖浆郎，却有圣人之心！唐知州对他的评价不可谓不高。

（三）年少聪慧　从学名师

钟芳生于明代成化十二年（1476），自幼颖异过人。相传他7岁时，祖父钟京（字锦堂）准备将家中所养的一匹马卖掉，与买方陈士郎谈妥马价后，便让孙子钟芳写一张卖马契。少年钟芳以诗代契，信手写下了："立契高山钟锦堂，西里买马陈士郎。家中早养马一匹，今年天旱马难当。聚首会面先商议，善价而沽不久长。钱马过交后不反，任君骑到罗浮山。"[2] 陈士郎读后大为惊叹，便不再买马，索性将买马钱全部送给钟芳作读书之用。

据道光《琼州府志》记载：钟芳10岁便进入当时崖州的"州学"读书，弘治十四年（1501）中举人第二名，正德三年（1508）中进士二甲第二名。

钟芳的成功离不开个人的努力，但也离不开名师的点拨和赐教。在钟

---

① 　陈耿：《钟芳——从崖州走出去的"岭海巨儒"》，《海南时报》2010 年 8 月 27 日。

② 　同上。

芳的《祭东崖纪公文》《祭纪东崖文》和《东崖先生纪公墓志铭》等诗文中，多次提到的"纪公"便是钟芳的恩师。这位"纪公"名为纪纲正，是个饱学和有才之士，可惜仕途不顺，参加科考屡屡落榜，于是退回乡里，结庐授学，自题"东崖"。

纪纲正不但重视教授学问，还十分注重培养礼节，不急功近利，先礼节而后文艺，务敦本实而不急其名，看来纪纲正还是个"素质教育"的提倡者。《东崖先生纪公墓志铭》中还写有"崖之学者多出其门"，想必纪纲正是当时崖州的名师，琼台守帅甚至慕名重金聘请他到府城教育自己的子女，而钟芳出自纪纲正门下，岂不是应了"名师出高徒"的说法？何况钟芳本身的底子就不薄。

在《祭纪东崖文》中，钟芳对纪纲正的评价很高："先生积学渊宏，秉心刚毅。怀玉不售，卒老遐荒。"并对纪纲正的苦心栽培，感恩不已，"每阅鄙文，误蒙奖许。岂惟成物之效，实荷知己之明。兹叨宠荣，敢忘攸自？"① 从中也可以看出，纪纲正还是一位善于赏识和激励学生的好师长。

（四）宦海生涯

钟芳一生为官清廉，公正无私，宽政爱民。从明代正德三年（1508）开始，钟芳先后身在宦海26年，其间有沉有浮，但却没有波澜跌宕，大起大落。

钟芳25岁中举人，32岁中进士，钟芳在考取功名的道路上算得上畅通无阻，比起他的恩师纪纲正先生来，不知幸运了多少倍。考中进士二甲第二名后，钟芳随即被选为"翰林庶吉士""编修"。周济夫先生说："作为封建社会知识分子的晋身之阶，这对钟芳来说是重要的一步，但其后却并未一帆风顺。"②

不久，钟芳便因不合流俗而被贬为宁国府"推官"。任宁国府推官时，他精于吏治事宜，理清了许多民间冤案，深得民众赞扬。正德七年（1512），钟芳升为漳州府"同知"，不久代理知府。其敢作敢

---

① 海南史志网：http://www.hnszw.org.cn/data/news/2008/06/380741。

② 周济夫：海南史学专家，省作协会员，曾校点丘濬《大学衍义补》和钟芳《钟筼溪集》，是《天涯文化开讲》主讲专家。此处引注内容也是其曾主讲内容。

当，在平定漳州寇乱、整治考核官员和捉拿豪强恶霸等方面都有所作为。

正德九年（1514），钟芳升为南京户部"员外郎"，后又到南京吏部任职，然后转为"考功"，负责甄别官吏的优劣。他的上司刘春、罗钦顺当时都很听从他的意见，并因此授予其实职。

正德十六年（1521），钟芳升任浙江"提学副使"，考核生员以"敦行力学"为上。这很像纪纲正的风格，可见恩师对他的影响何其深远。

嘉靖二年（1523），钟芳升为广西"右参政"。在任广西右参政时，他想尽各种办法平息了当地的虎患，百姓为此刻写石碑作纪念。尤其是在嘉靖四年（1525），钟芳亲自下文征召数十只小客船，打通了当地断藤峡阻隔近70年的交通，足见其胆识过人。后来，有个部落再次"叛乱"，久征不下，朝廷命令王守仁（即王阳明）领兵征战，钟芳又献上"分置土官"之策，不动一刀一枪就平定了"反叛"。任浙江学使时，他革除了浙江科举考试的弊端，同时向朝廷提出科举取士应以才德兼优者为上的建议，并亲自实施，使浙江的学风为之一新，生员"斐然向学"。

其后的钟芳在担任江西"左布政使"、南京"太常寺卿"、南京兵部"右侍郎"时，都有过人的政绩。任兵部右侍郎时，钟芳亲自带兵，多次到边境征讨外患，军功卓越。嘉靖十二年（1533），钟芳改任户部"右侍郎"，调往北京，总督太仓，大举漕政。当时山西大同军乱，钟芳上疏奏请只诛叛逆，招降胁从，但与当道不合，因此遭到贬谪，后才奉旨复职。

综观钟芳的宦迹，先后有北京、福建、南京、浙江、广西和江西等地，为政事，钟芳飘忽四海，其间的劳苦愁烦可想而知。他廉洁自守，对贪赃枉法、行贿受贿行为尤为痛恨，一旦发现，立即严加惩处。钟芳晚年辞官居家十多年，有人曾求他代谋私利，均遭回绝。他说："我守志，犹如寡妇守身，岂可晚而失节！"①1534年，钟芳获准告老还乡，居家十余年后病逝，享年68岁。

---

① 海南史志网：http://www.hnszw.org.cn/data/news/2008/06/38074。

（五）学术成就

钟芳是当时知名的理学家，为国理过财。钟芳才华出众，学识博而精，蜚声中原。他对律法、历史、医药、卜算等书籍，无不贯通，写出的文章"雄浑精深，气随理昌"。他在国子监讲学，"胄子莫不感动"。钟芳一生著述甚多，涉及文学、历史、政治、经济、文化、教育、医术、体育、军事等方面。他写的《春秋集要》《学易疑义》被选为考生必修的书目。钟芳明确提出"知行合一，知以导行，行以践知"的哲学观点。他的诗文作品形式多样，风格独特，功力深厚，文采新奇，是海南文化发展史上的一个重要标志，确是"上继文庄（丘濬），下启忠介（海瑞）"，具有承先启后的作用。他的著作还有《小学广义》《皇极经世图》《续古今纪要》《崖州志略》《养生纪要》《筼溪先生诗文集》《读书札记》等，被人们尊为"岭南巨儒""南溟奇才"，与明代海南丘濬、海瑞并称"琼州三星"。海南文史专家周济夫先生认为，在明代众多的人才中，钟芳处于上承丘濬，下启海瑞的位置上，钟芳遗留下来的诗文，对于正确勾画出明代海南历史与文化发展的轨迹，更是不可缺少的一环。

二 理学思想

（一）理学名士

钟芳和我国著名的心学大师王阳明，属于同一历史时期的人物。钟芳考中进士的正德三年（1508），正好与王阳明在贵州龙场悟道同一年。后来，他们还有过比较亲密的交往。

周济夫研究发现："除了嘉靖四年在广西共事，一起平乱之外，此前的正德五年至十一年（1510—1516年），两人在江西、南京也应有过交往。所以，王阳明在江西南安逝世后，钟芳曾撰文祭奠他。"① 钟芳在祭文中自述"某岭海末学，忝在交游，宦迹所经，每亲绪论"。

王阳明心学思想的形成和确立也就在正德五年至十一年这段时间。王

① 陈耿：《从崖州走出去的"岭南巨儒"（下）——钟芳的政治生涯和理学光芒》，《海南日报》2008年10月20日。

阳明心学对程朱学派的大胆异议，特别是它所带有的思想解放的锋芒，在当时的思想界引起了很大的震动，反对他的人固然很多，而赞同和追随他的人也为数不少。钟芳作为一名笃信儒学的士大夫，自然也不能置身事外。

从《钟筠溪集》中保留的书简、赠序和论文来看，钟芳当时交往的著名理学家并不止王阳明一人，他和罗钦顺、王廷相等都有颇深交谊，对当时有争执的理学问题都曾往复论难。

罗钦顺对钟芳尤为推重，他的理学专著《困知记》就特意请钟芳作序，而钟芳写给他的书简中也有三封专门讨论理学问题；王廷相的《慎言》一书和诗集也是钟芳作序。周济夫中肯地说："这些都说明钟芳在当时理学界的声誉和地位，所以，与他同时的海南名贤林士元认为，钟芳与罗钦顺一样，都是可入选《国朝理学名臣录》的人物，评价不可谓不高。"①

（二）对"道"的认识

世界的本体，即"理"与"气"之间的关系，究竟如何？钟芳的《理气》② 一文，具体阐述了他的个人见解。

所谓"道"，《易经》曰"一阴一阳谓之道"，《本义》进而解释为"阴阳迭运者，气也，其理则所谓道"③，钟芳认同这种对世界本体之"道"的基本认知。

但是程朱将理、气割裂开来，以解释世界万物。在朱熹，理是最高的哲学范畴，是宇宙万物的本体：

> 宇宙之间，一理而已。天得之而为天，地得之而为地。而凡生于天地之间者，又各得之以为性。其张之为三纲，其纪之为五常，盖皆

---

① 周济夫：海南史学专家、省作协会员、曾校点丘濬《大学衍义补》和钟芳《钟筠溪集》，是《天涯文化开讲》主讲专家。此处引注内容也是其曾主讲内容。

② （明）钟芳：《筠溪文集》第十卷《理气》，《四库存目》集部六十四，海南出版社2006年1月版，第22—24页。

③ （宋）朱熹、李一忻：《周易本义》，九州出版社2004年版，第231页。

此理之流行，无所适而不在。①

在理、气关系中，朱熹认为气是由理派生出来的：

> 有是理后生是气。
> （理与气）此本无先后之可言，然必欲推其所从来，则须说先有
> 是理。②

"气"在中国古代哲学中，被认定为天地万物赖以存在的基础。但在程朱的哲学中"理"替代了"万物之本""气"的地位，朱熹用形而上、形而下作为区别理、气之标识，使得"气"成了"理"具体的、形而下的表现。在"形而上"层面，理学试图建构一个逾越天下之上"理在气先"的本体论——理本论体系。

钟芳在《理气》中，将这一见解斥之为"未得其旨"：

> 夫子曰："易有太极"。易者何？阴阳也，气也，而有至极之理存焉。则理之与气固未尝离而为二，亦未尝混而无说。曰其理者，阴阳之理，非别有所谓理。朱子非，则夫子亦非矣。③

《易经》"太极生两仪，两仪生四象"，钟芳就"太极""两仪"和"象"之间的关系进行分析，他认为"太极"与"两仪"之间并不像先父后子一样，而是无先后之分。而"两仪者，象也"，先有无涯之"气"，后有有涯之"象"。由此，可以看出钟氏的"至极之理"与"气"不是"二"，而是理与气合。

（三）对"人性"认识

孔子"性相近，习相远"的命题，是历代哲人关于人性问题探讨的

① （宋）朱熹：《晦庵先生朱文公文集》第七十卷《读大纪》，国家图书馆出版社 2006 年版，第 1090 页。
② （宋）黎靖德编：《朱子语类》第一卷《理气上》，中华书局 1986 年版，第 700—718 页。
③ （明）钟芳：《筼溪文集》第十卷《理气》，《四库存目》集部六十四，海南出版以社 2006 年版，第 24 页。

主要话题。朱熹以孔孟"性善"为基础，认为性就是理，是天理在人身上的表现，人因为有了它才成为万物之灵长。人之为人，独立于动物界，正是因为具有了"人性"，故而这"性"的内容便是使人成其为人的独特所在——"仁义礼智信"，而这正是儒家的道德规范，是理的题中之意。钟芳对此不以为然：

> 今言性者，惟以"性相近也"二句为主，更不知智、愚、贤、不肖，何自而来？乃曰："习相远耳"，夫昔始相远，而受性之初，本无不同，则谓之同可也。何故言近？既曰"相近"，则刚柔善恶已不同矣。刚柔善恶不同，而见孺子入井，皆有怵惕恻隐之心，则又何为而同？而其所以同者，何自而来耶？①

钟芳指出，孔子的大旨仅就"立教"而言，"欲人自强，同归于善"。在肯定张子的"天地之性"和孟子的"性善之说"之下，进一步指出："是故，资禀以气异，性善以理同。不知其异，无以显义，而政教为无用；不知其同，无以敦仁，而学问为无益。"② 之所以造成"以反前闻，而乱是非之实"，钟芳认为是由于朱熹的"天地气质之分"造成的，其思想自然也就无法接近"天命赋受之原，圣人立教之本"。

钟芳对于哲学本体"理气合一"及"人性"方面的相关探讨，是建立在对朱熹学说强烈批评的基础上的，具有明显的时代性和由程朱理学向心学靠拢的痕迹，尽管有些认识值得进一步推敲，但是毕竟弥补了边陲海南在此方面探索的空白。

（四）治学态度谦冲客观

据周济夫介绍，中国的儒学，到宋代进入了理学的发展阶段，其主流是以二程和朱熹为代表的程朱学派，但与朱熹同时，也出现了陆九渊的"心即理"的不同声音；到了明朝中期，随着王阳明的崛起，正式形成了

---

① （明）钟芳：《筠溪文集》第十卷《理气》，《四库存目》集部六十四，海南出版社 2006 年版，第 36 页。

② 同上。

以陆王为代表的"心学"体系。

　　一般地说，钟芳的理学思想属于程朱一派，但如果通读钟芳有关理学的论述就会发现，他在维护程朱一派理学正统的同时，并不全盘否定陆王"心学"的观点，而是持存而不论甚至兼容折中的态度。

　　钟芳的这种态度，在其《祭王阳明文》中表现最为明显。他先指出王阳明学说的"求言自近，实践精思，力排多闻，专务守约""贰于程朱"，"于程朱之说每多龃龉"，但同时又承认"存诚涵养，正惟孔氏家法，要其指归固不出程朱范围内也""盖其过激处于圣教未尝损，而鞭辟近里处于学者则有益也"，从而主张"退而取其大旨，略其异同，循其所可循，而不辨其所不必辨"。① 这是一种颇为客观的治学态度。

　　譬如，在知与行的关系上，朱熹和陆九渊都主张先知后行，王阳明主张知行合一，钟芳则说"知以利行，行以践知"，"不患不知，患不能行"，"学无大小，以行为本"，② 更加强调实践的意义。

　　钟芳的理学思想，出入于程朱和陆王之间，欲取两者之长而融会贯通，追求实学的趋向比较明显，在部分士大夫醉心于"心性"之学的明代，应该是有积极意义的。③

　　钟芳思想的另一个特点，便是比较鲜明的唯物的倾向。他对宋代儒士陈同甫大讲"天道六十年一变"之事，词气激烈地指出"人臣告君，唯当匡之以义，不当眩之以天数"④。他在《潮汐》一文中说"潮为地之嘘吸"，也有点接近"地心引力"的说法。这些都是其思想中的过人之处。⑤

---

　　① （明）钟芳《筼溪文集》第十卷《理气》，《四库存目》集部六十四，海南出版社2006年版，第26页。

　　② 陈耿：《性情"钟崖州"》，《海南日报》2012年9月24日。

　　③ 同上。

　　④ 转引自陈耿《钟芳的政治生涯和理学光芒》，《海南日报》2008年10月20日。

　　⑤ 同上。

第五节　海瑞及其平黎思想

一　人物简介

海瑞（1514—1587）[①]，字汝贤，号刚峰，琼山人。幼时丧父，为母谢氏抚育。他自幼攻读诗书经传，博学多才。嘉靖二十八年（1549），中举。初任福建南平教谕，后升浙江淳安和江西兴国知县，推行清丈、平赋税，并屡平冤假错案，打击贪官污吏，深得民心。嘉靖四十一年（1562），嘉靖四十五年（1566）任户部云南司主事，上书批评世宗迷信

[①]　关于海瑞研究中的一些问题，目前主要存在于其出生年月差异、族别归属两个方面。

1. 出生年月。学界对此说法不一。海瑞辞世后，门生许子伟没有对其师的出生年月予以明确（许子伟：《祭海忠介公文》，《许忠直公遗集》，《海南丛书》第 6 集）；是时海南官宦南京的王弘诲（《海忠介公传》卷十五，《四库存目》集部 138，第 255—258 页）、为官湖北的梁云龙（《海忠介公行状》，《海瑞集》第 533—545 页），包括"行状"在内，三篇文章皆未记载其出生日期。此外，李贽（《太子少保海忠介公传》，《海瑞集》第 545—547 页）、黄秉石（《海忠介公传》，《海瑞集》第 548—577 页）缺载。就目前掌握的资料来看，最早指出海瑞生年时间为"正德八年癸酉十二月二十七日"的是清宣统元年（1909），王国宪辑：《海忠介公年谱》（北京图书馆编：《北京图书馆藏珍本年谱丛刊》，北京图书馆出版社 1998 年版，第 49 册，第 293—439 页；同文转载于《海瑞集》第 577—603 页）。根据历法记载，武宗癸酉年十二月共 30 天，起始于农历十二月乙未止于正德九年正月甲子，即 1513 年 12 月 27 日至 1514 年 1 月 25 日。所谓"十二月二十七日"，即是：十二月辛酉日，1514 年 1 月 22 日，后来研究者多以王国宪《年谱》为依据（李鸿然：《海瑞年谱》，《海南大学学报》1995 年第 3 期）。有"公元 1514 年农历十二月二十七日"之说（阎根齐、陈涛：《粤东正气——海瑞》，南方出版社 2008 年版，第 5 页），是否受吴晗先生的"1514—1587"即"明武宗正德九年—神宗万历十五年"（吴晗：《海瑞论》，《海瑞集》卷首）影响，不得而知。

2. 族别问题。这是明史研究与海瑞研究的一段公案。《辞海》1965 年试刊本、1979 年定稿本及 1989 年修订本，皆持"回族"说。以海氏家谱及其"海"姓为主要依据，论证其为回族，其迁琼始祖海答尔"当为穆斯林，阿拉伯文写法为 读 Kitoro"（李鸿然：《海瑞年谱》，《海南大学学报》1995 年第 3 期）；王献军先生也如此认为（《海南回族的历史与文化》）。认为"汉族"者，从《海氏族谱》提出如下的反对理由：祠堂、祭祀祖先用猪肉、与汉人通婚等内容，证明其非回族，而是汉族 [阎根齐：《海瑞籍贯、祖居、族别、祖墓研究》，《海南历史文化》（第 1 集），南方出版社 2011 年版，第 144—150 页]。还有"由汉族向回族过渡"说，指出"海瑞的迁琼始祖原为回族，海答尔迁琼以后已经融入汉族的生活方式和风俗习惯，并按汉族习惯生活，所以自认为是汉族就不足为怪了"（陈涛：《海瑞研究若干问题刍议》，《思想战线》2010 年第 1 期）。以"海答尔"来断定族属未免有点武断之嫌，后者的推测成分似乎又多一些。究竟如何，尚需进一步研究。

巫术，生活奢华，不理朝政等弊端；同年，海瑞买棺材，别妻子，散童仆，以死上疏，劝说世宗不要相信陶仲文这班方士的骗术，应振理朝政，因而激怒世宗，世宗一意玄修，而海瑞"直言天下第一事"（又曰《治安疏》），因此入诏狱。宰相徐阶力救海瑞，黄光升则把海瑞上书比拟儿子骂父，以减轻罪责，并乘机把海瑞留在狱中，营护海瑞甚力。同年十二月世宗驾崩，穆宗即位，才释放海瑞出狱。海瑞隆庆四年（1570）曾前往福建晋江潘湖黄光升尚书府拜谒黄光升，以表营护之恩，有潘湖海瑞歇马庙可证，《中国历史大辞典》第3681页有载。隆庆三年（1569）调升右金都御史，他一如既往，惩治贪官，打击豪强，疏浚河道，修筑水利工程，并推行"一条鞭法"，强令贪官污吏退田还民，遂有"海青天"之誉。后被排挤，革职闲居16年。万历十三年（1585），重被起用，先后任南京吏部右侍郎、南京右金都御史，力主严惩贪官污吏，禁止徇私受贿，海瑞及闻潘湖黄光升卒，悲伤至极，带病前来晋江奔丧。万历十五年（1587）卒于任上，赠太子少保，谥忠介，有《海瑞集》传世。

海瑞一生居官清廉，刚直不阿，深得民众的尊敬与爱戴。据说听到他去世的噩耗时，当地的百姓如失亲人，悲痛万分。当他的灵柩从南京水路运回故乡时，长江两岸站满了送行的人群。很多百姓甚至制作他的遗像，供在家里。关于他的传说故事，民间更是广为流传。后经文人墨客加工整理，编成了著名的长篇公案小说《海公大红袍》和《海公小红袍》，或编成戏剧《海瑞》《海瑞罢官》《海瑞上疏》等。海瑞和宋朝的包拯一样，是中国历史上清官的典范、正义的象征。这位"起海隅，处下位，而以其身砥柱天下"[1]的海南籍人物，以《治安疏》而名留青史。因其"美曰美，不一毫虚美；过曰过，不一毫讳过"[2]的严谨与执着，而被世人所景仰。

在其辞世近380年之后的1966年，一出新编历史剧《海瑞罢官》将这位历史名人与"文化大革命"纠缠在一起，使海瑞的清官形象再次放大，为人们所铭记。根据海口市的"十二五"发展规划，海瑞墓将被打造为"全国廉政教育示范基地"。

---

① （明）黄秉石：《海忠介公传》，《海瑞集》附录"传记"，中华书局1981年版，第548页。
② （明）《明世宗实录》第五百五十五卷，第8919—8920页。（《明世宗实录》是明代历朝官修的编年体史书《明实录》的一部分。）

二 主要思想

（一）理学向心学的转变

目前学界对海瑞哲学思想相关研究的结论，颇耐人寻味。[①] 这些研究指出了海瑞哲学观中有着相异的成分，但是这种大异其趣的世界观如何统一于一个人的身上？在对这一点的解释中，"调合"论者有之，"在官僚集团内部被视为另类"者有之，不一而足。或许，从哲学层面加以分析会给我们一些启示。

世界观的形成总有一个过程，在这一过程中有所反复并不鲜见，朱熹的思想转变便即是其中一例。朱熹在 31 岁以前思想很驳杂，一方面强调以儒家《论语》《孟子》为本，另一方面又企慕得道成仙而嗜佛。此后，其便步入二程的轨道。[②]

海瑞哲学的转型时间，在其 45—46 岁的 1557—1558 年，即南平教谕任上向淳安县令的身份转变。前者是其事举子业、向儒生讲授国家规定的程朱理学时期；后者则是其在经历县丞至十府巡抚、右金都御史等宦海生涯，从丰富政治实践中体验出来的为政经世理念。比起学识渊博、著作等身的"理学名臣"丘濬，海瑞在哲学上的相关探讨显得十分零碎而不系统，对其著作的梳理，还是可以厘清这一转型的脉络。

1. 早期的理学思想

《严师教戒》《训诸子说》及其在南平教谕时期的《教约》是海瑞早期的作品，通过它们，可以看到其对朱子理学的推崇。

---

① 按：关于海瑞哲学思想的研究，笔者皆注意到海瑞哲学思想中有相互矛盾之处。如："在哲学上是个主观唯心论者，又有一些唯物论的思想观点"（李锦全：《海瑞哲学思想述评》，《学术研究》1984 年第 6 期）；"在制度上的复旧与意识形态上的趋新并行不悖"（阎韬：《海瑞思想的多元结构》，《海南大学学报社会科学版》1998 年第 1 期）；"对朱、陆思想各有褒贬，但求真求实的认识方法却是采两家之长，即是通过求真求实，将两家思想加以调合，再形成自己的思想特色"（李锦全：《矛盾调合 扬弃承传——朱、陆思想对海瑞影响的个案研究》，《船山学刊》2000 年第 3 期）；"在哲学上表现出矛盾的两重性，即在世界观和认识论上的主观唯心主义，和在用世上的唯物主义"（林日举：《海南史》，吉林人民出版社 2002 年版，第 256 页）。此外，对于海瑞心学的相关探讨还有，吴雁南：《海瑞的"忠介"与心学》，《史学月刊》1994 年第 4 期；陈旭：《陆王心学的实践者》，《阴山学刊》2005 年第 8 期等。

② 李禹阶：《朱熹青少年时代对佛教思想的继承与扬弃》，《西南师范大学学报》1987 年第 2 期。

（1）致知的途径

海瑞的早期文章中，表达了"外求"而非"内省"的认识论。

①师友之益

尝读至论，谓尊崇正学在君师，绍明绝学在宗师，至发蒙后学而提督之，又教师职焉。此欧阳永叔祖韩昌黎之严谨而宗风之者，师固足重也。若人能攻我之病，我又能受人之攻，非义友耶？故尼父以善为芝兰，臧孙以恶为药石。君子能降师亲友，则雾扫空澄，纤毫不苟，浩然之气塞乎苍溟。果何至是，得力于师友者良多也。夫人外无师友之益，而欲行之协于道，亦难矣。①

海瑞在此认为，发蒙后学是教师的职责所在，也就是强调人非生而知之，后天教育是人们获得知识的途径。此外，通过外有师友之益兼及"受人之攻"，才能到达"致知"的境界。

②为学之道

二三子之从游于吾者，何为哉？天之生此人也而百责萃焉。古之人所谓通天地人曰儒。《大学》之八条目，知所先后其事也。人非生而知之者，孰能了此无惑，故从其先得而问焉。其不免日程课于文艺者，盖有司须此以贡士，发挥而涵泳之，于此与有力也。其售不售不与焉。今之从事于学，有以圣贤自诩者乎？而决状元进士于科第者，人恒壮之。此学自奚而来哉？②

海瑞从"人非生而知之"论述学问之道，通过问学加以实现。不是自身的"内省"，而是从"先得"者问之，并加以"日程课于文艺者"的个人努力。

（2）对朱子思想的推广

海瑞为南平教谕时，训诫从事举业的儒学诸生，应该研读圣贤之书，

---

① （明）海瑞：《严师教戒》，《海瑞集》，中华书局1981年版，第1页。

② 同上书，第3页。

以备国家人才选拔，由此而展现的哲学观与其身份基本一致。读圣贤之书可以让人知晓人伦大义，海瑞尤为倡导。此时他极力推介朱子思想，以加强儒生的学业与修行。

①修身之道

> 为学之序：博学之、审问之、慎思之、明辨之、笃行之。言忠信，行笃敬，惩忿窒欲，迁善改过，修身之要。正其谊不谋其利，明其道不谋其功，处事之要。己所不欲，勿施于人，行有不得，反求诸己，接物之要。大概备矣。诸生率此而行，夫何学不进？①

海瑞希望儒生遵循朱子循序渐进的学习秩序，并按照朱子的修身、接物之道，来历练自己，以便于学业的精进。

②知行的学习方法

> 圣门之学在知行。德行属行，讲学属知。慎自修饬者，决无不讲之学。真实读书者，肯弃身于小人之归乎！是故知行非有二道也。
> 学以知为先，读书所以致知也。昔辅汉卿荟粹朱子平日教人之法，定为六条：曰居敬持志，曰循序渐进，曰熟读精思，曰虚心涵泳，曰切己体察，曰著紧用力。兼之前博学、审问数事，读书之法无越此矣。②

海瑞对于朱子学说的心仪，从上述引文中可窥一斑。师友在获取学问中的帮助作用，与"问吾之心"的陆王学说有着根本的区别；对于朱子在白鹿洞所授"父子有亲、君臣有义、夫妇有别、长幼有序、朋友有信"的五教内容，以及为学之序的肯定，意在说明知识的获得是一个由外而内的过程，而读书是猎取知识的重要途径，这一点，也有别于心学的认识；知在行先，并通过熟读精思才能涵泳与体己，即是在前人间接知识的基础上，通过自身的感受和理解而上升为理性认识。所有这些，无不打上朱子

---

① （明）海瑞：《教约》，《海瑞集》，中华书局 1981 年版，第 13—19 页。
② 同上书，第 13 页。

学说的印记。

2. 心学理论

《朱陆》① 是海瑞为数不多的论及哲学的重要文章。该著是否在其琼山闲住期间写作，因文献缺载而无法知晓，但肯定不是其早期作品。此中，阐述了海瑞哲学从理学向心学转变。

> 维天之命，其在人则为性而具于心，古今共之，圣愚同之。得此而先，尧、舜、禹有"危微精一，允执厥中"之传；得此而后，孟子有求"放心先立乎其大"之论。未有舍去本心，别求之外，而曰圣人之道者。轲之死不得其传，而人心之天则在也。孟子曰："大人者，不失其赤子之心者也"。恃有赤子之心，故虽出之千百载之前，其事千百载之下，可以一言而定。陆子门人问陆子学以何进，曰得之孟子。则精一执中之旨，陆子得之矣。②

这种由"本心"决定人们的立身行事、是非得失的哲学观点，与孟子"万物皆备于我"以及陆王心学"心即理"一脉相通，从而具有明显主观唯心主义的特点。

海瑞与门生许子伟的对话中，认为王阳明乃"多才多艺的圣人"③。海瑞对阳明心学的心仪及对朱子学说的不满，在《朱陆》一文中进行系统阐述。

（1）格物致知

海瑞在这点上，与朱熹有着不同的看法。

朱子笃信《大学》，平生欲读尽天下之书，议尽天下之事，"引而申之，触类而长之，天下之事毕矣"④。

海瑞认为：天下之书不可尽读，事也不能尽议。并以韩愈《原道》为例，指出该书因"言诚正不及格致"，被朱熹指责为"无头学问"，进而推出"格物""致知"为《大学》的"头一事"。如此，自然也就是

---

① （明）海瑞：《朱陆》，《海瑞集》，中华书局1981年版，第322—326页。
② 同上。
③ （明）黄秉石：《海忠介公传》，《海瑞集》，中华书局1981年版，第570页。
④ （明）海瑞：《朱陆》，《海瑞集》，中华书局1981年版，第339页。

"无得于心，所知反限"：

> 舍去本心，日从事于古本册子，章章句句之。好胜之私心，好名之为累。据此发念之初，已不可以入尧舜之道矣。①

至于陆子之不足，海瑞指出，"不免应举子业，即其语录文集年谱，可见余力学文"，此外，"自传心之法视之，犹俗学也"。

（2）指陆为禅

海瑞认为，儒道"寂守其心，中涵事物，有天下国家之用"；而禅宗则大异其趣，"废弃百业，徒为空虚寂灭之养"。他认为：

> 朱子指陆为禅，则将不讲其心，就外为天下国家之用。呻吟其佔毕，而曰其某章某句如此，某章某句如彼，然后为能学欤？颜子"终日不违如愚"，夫子以道统寄之。生丁朱子之时，言论相及，不知其如之何而为禅之诋矣。②

陆子之所以受到朱子的诋毁，海瑞认为，"陆子不免少溺于俗，然心知其然"。比起"舍去本心"整日溺于训诂，"令此心全体都奔在册子上"的朱子来说，陆子则以"求放心，先立其大"为宗，承继于孟子学说。

（3）对朱子的评价

对朱子"读书为先，求心反为后"学问宗旨，海瑞颇有微词：

> 朱子羽翼六经，嘉惠后学，其功不浅。夫朱子自少至老，无一日不在经书子史间，平生精力尽于训诂，而其所训又多圣人之经、贤人之传也。夫岂得无功于后。圣真以此破碎，道一由此支离，又不能不为后人之误。功过并之而使人繁于枝叶，昧厥本原，其过为大。三代而后，学之陷溺于朱者，比比皆然也。朱子欲以其学为天下宗，天下

---

① （明）海瑞：《朱陆》，《海瑞集》，中华书局1981年版，第339页。
② 同上。

亦以此信宗于朱子。故予不及其他，独指朱子为过。[①]

　　在朱、陆之间的比较中，陆九渊也有相对不足的地方，但是这并不影响海瑞是陆非朱。朱熹强调天理源自心外，穷理要从格物致知入手，其终极目标是要通过众物而去认识"一理分殊"，故而将其认识论上的唯物主义成分湮灭。"心即理"，即认识主体通过内心自省就能达到，陆王之学似乎在对天理的认知过程中，比朱子要更加直接。即王氏把致良知落实到心性上，直抵人心，因而也就掌握了做学问的本原；而朱熹则停留在读书而多识的层面，从而使得本末倒置，这是朱子学说为海瑞所攻击的主要原因。

　　研究者没有从海瑞生活的阶段性入手，是得出其哲学的矛盾性及其世界观多元性结论的主要原因。程朱理学一直是明代的官方哲学，尤其是朱子学说与科举制度相缠绕，海瑞从事举业，这种影响对于其早期世界观的形成是可以想见的。海瑞初为儒生时，琼州府学藏书石室中，想必仍然可见大儒丘濬对程朱学说解读的学术著作。通过这些著作，后学海瑞对丘濬其人、著作及朱子产生了景仰，这种影响不应该忽视。及至 1553 年 12 月至 1557 年底为南平教谕的 4 年时间内，因职责所系，海瑞以程朱理学为宗，传道授业解惑，不难理解。

　　1558 年之后，海瑞开始了其几经沉浮的官宦生涯，身份的转变使得他所要解决的问题也产生根本的变化。失地农民的生活；土地相对集中与"飞洒"等形式的存在而引起的赋役不公；因自然灾害而进行的"以工代赈"的水利兴修；江南地区商品经济的高度发达引起社会秩序的重构；嘉靖皇帝"斋醮玄修"而导致"君道不正，臣职不明"等，在解决这些现实问题时，陆王心学所倡导的"学以致用"比起程朱理学的僵化、教条更符合时代的需要。这是海瑞哲学转型的重要原因。

　　（二）海瑞经济改革的见解与实践

　　较之于丘濬的理论构建和系统论述，海瑞在经济领域的成就则是通过其切中时弊的见解和具体的实践来体现的。

———————————

① （明）海瑞：《朱陆》，《海瑞集》，中华书局 1981 年版，第 403 页。

1. 相关见解

（1）利国利民论

"意主于利民"①是海瑞经世思想中重要的一环。在处理"利国"与"利天下"的治国方略中，海瑞认为，"夫利天下，言民也"，即"利民"。"利国之道"除利民外，别无他途。仅从这方面来看，与其先贤丘濬的"富国富民论"，似乎有着共通之处。

宋明以来空谈心性的道学家，耻于言利，不关心国计民生。对此，海瑞指出，"有天下而讳言利，不可能也"，极力强调"生其财于先"，然后才能为国之所用。②如何生财？在古代中国惟农、商二途。海瑞早在其巳酉科（1609）中式策中对商人趋利本性就有一定的认识，他说："夫利之所在，人共趋之，虽死有所不顾。"③不过，他并不轻视商业：

> 今之为民者五，曰士、农、工、商、军。士以明道，军以卫国，农以生九谷，工以利器用，商贾通焉而资于天下。身不居一于此，谓之游惰之民。游惰之民，君子不齿。④

这就是说，农"生九谷"及商贾"生财"而"资于天下"，是海瑞"生财"的两个方面。但是，如何发展商业，海瑞并没有太多阐述。所以其"利国利民"主要源自对"农"的相关认识和举措。

①生财

淳安县令履新伊始，让海瑞"恻然痛矣"的是"民之逃亡者过半，问之则曰备困不能堪赋役，朴直不能胜奸强使之"⑤的现状。民生凋敝如此，安集流民，发展生产便成为其"生财"的主要内容。

海瑞认为那些"忍割天性之爱，含泪逃流他方"之人，是因为"不能赔贩钱粮"，"以求衣食，以避繁刑"。最有效的解决途径，是采用"丈

---

①　（清）张廷玉等撰：《明史》第二百二十六卷《海瑞列传》，世界知识出版社 2001 年版，第 5932 页。

②　（明）海瑞：《生财有大道节》，《海瑞集》，中华书局 1981 年版，第 493 页。

③　（明）海瑞：《治黎策》，《海瑞集》，中华书局 1981 年版，第 5 页。

④　（明）海瑞：《乐耕亭记》，《海瑞集》，中华书局 1981 年版，第 488 页。

⑤　（明）海瑞：《淳安县政事序》，《海瑞集》，中华书局 1981 年版，第 37—38 页。

量田山"，按照"一亩收成者，方与一亩差税，无则除豁"的办法。对那些"无业者"，将给助功力，开垦荒田；不能耕作者，则"照乡例，日给银二分"；新返回之人，给予执照，三年后再科派身役。以达"无赔贩，无虚钱粮"，"家室相保，上下相安"的局面。①

②用财

"立财在民，酌量在君"，海瑞认为，君"酌量"的底线是，"为天下之用""不可以已"，也就是说必须要保证国家正常的财政运转。为此，要遵循"量入为出，其取则缓"的原则。那种"竭其源而欲流之长"，是"拙于谋利者"之为。②

③厉行节约

海瑞对厉行节俭，身体力行。他对宫内的冗官、冗费，甚为不满，这点在其《治安疏》中有着强烈的反映：

> 此则在陛下一节省间而已。京师之一金，田野之百金也。一节省而国有余用，民有盖藏，不知其几也。而陛下何不为之？③

他认为嘉靖皇帝应该率先垂范，如此，才能民安而财足，利国利民，从而达到国家长治久安。

（2）井田名实论

中国封建社会赋税制度的衍变，大抵以唐两税法为主要标志，分前后两个时期。前期，系之于丁身的赋税制度，使得隐藏户口成为规避赋役的主要手段；两税法之后，田地成为主要征收对象，为逃避纳税，飞洒、诡名等形式便开始出现。海瑞所处的时代，正是人身依附关系减弱、商品经济急速发展的时代。而土地兼并的激烈，使得其"生财"的主力——自耕农大量破产，这是海瑞不愿接受的。海瑞试图以"井田名实论"来遏制这种对土地的非法侵占，以避免社会动乱。

在其《使毕战问井地》一文中，就"井田名实论"作了一番论述。

---

① （明）海瑞：《招抚逃民告示》，《海瑞集》，中华书局1981年版，第186页。

② （明）海瑞：《生财有大道节》，《海瑞集》，中华书局1981年版，第493页。

③ （明）海瑞：《治安疏》，《海瑞集》，中华书局1981年版，第220—221页。

他认为井田能致"天下之治""返朴还淳之道",然而"自三代而下,垂千载而莫之行者",吏治腐败和"胶柱鼓瑟"式的因循是其主要原因。进而指出:

> 井田者,井田之名也。人必有田而不必于井者,井田之实也。观野行助法,国中什一自赋,圣人变通之权可想见矣。①

海瑞从"可井则井""可同则同"的变通之法入手,进行井田名实之辩,从而达到"人必有田",这是"井田名实论"的主要出发点。

就如何才能实现"人必有田",海瑞认为:

> 按今日之土田随地区划,举周礼大司徒所谓"不易之地家百亩",小司徒"上地家七人"与夫大宰"九职任万民"者酌而用之。②

在具体操作层面上,要求县令总其事,一里之长处理"纤悉"之事。为求"久远之计",县令要有"委曲以力行"的准备;方案确定后,"举簿书以验田土。度地不足则吏胥之奸弊可稽。……可以济斯世于虞周之盛,区斯民于乐乐利利之中矣"③。

海瑞对其"夺富人之田"或致"召乱"的做法,作出如下解释:

> 然天下富人多乎,贫人多乎?井田而贫者得免奴佃富家之苦吾知其欣从必矣。王者固有灭人之族,没人之产而束手听者,取其有余之田而不夺其上下之养,彼亦安得而违之?窃以为井田之决可复于后世者,谅夫有同然之心,而不必恤其众多之口。反覆晓谕,委曲变通,必无召乱之事也。④

---

① (明)海瑞:《使毕战问井地》,《海瑞集》,中华书局1981年版,第312—315页。
② 同上。
③ 同上。
④ 同上。

海瑞从四个层面分析其"夺富人之田"、行井田之实的可行性。"贫者"因得田，"免奴佃富家之苦"，而"欣从"。就是说，贫者是最大的受益者，寄希望于"王者"的权力，取"有余之田"；富家在"不夺其上下之养"的情况下，必有"同然之心"，故而不敢"违"；最后，"反覆晓谕"并取"委曲变通"之法，其行"井田之实"，可以复于后世。

海瑞打着"井田"旗号，行"夺富人之田"之实。"之所以这样做，是因为穿上这样的传统服装可以掩人耳目，在儒学统治思想界的封建社会比较容易通行。"① 诚如斯言，然而海瑞试图借助"王者"权威，以及靠富者"同然之心"来实现其"人必有田"的愿景，从其实际落实情况来看，也只能是"昙花一现"。隆庆三年，海瑞以右佥都御史巡抚应天十府，其"力摧豪强，抚穷弱"的举措，为其换来"鱼肉缙绅，沽名乱政"的罪名，随改"督南京粮储"②，短短七个月的巡抚履历，便是其推行"井田名实"结果的注释。

（3）"均赋役"思想

"冲荒欺占，飞洒那移之弊"导致赋税征收严重不公，引起了海瑞极度关注：

> 富豪享三四百亩之产，而户无分厘之税。贫者产无一粒之收，虚出百十亩税差。不均之事，莫甚于此。③

为了改变这种因"虚税"而导致贫民脱离版籍而流亡的现象，在其为淳安县令之际，海瑞便"加意"于此，并极力推行"均徭"：

> 徭而谓之均者，谓均平如一，不当偏有轻重也。然人家有贫富，户丁有多少，税有虚实。富者出百十两，虽或费力，亦有从来。贫人应正银，致变产、致典买妻子有之。若不审其家之贫富，丁之多少，税之虚实，而徒日均之云者，不可以谓之均也。均徭，富者宜当重

---

① 吴申元：《海瑞重农思想初探》，《中国农史》1983 年第 1 期。

② （清）张廷玉等撰：《明史》第二百二十六卷《海瑞列传》，世界知识出版社 2001 年版，第 5931 页。

③ （明）海瑞：《兴革条例》，《海瑞集》，中华书局 1981 年版，第 73 页。

差，当银差；贫者宜当轻差，当力差。……不许照丁均役，仍照各贫富各田多少，贫者轻富者重，田多者重，田少者轻，然后为均平也。①

这表明，田地多寡是海瑞推行"均平"的核心问题，"不许照丁均役"的提出，尤具有积极意义。明代中后期，商品经济的急速发展，使得人身与封建国家的依附关系日趋减弱，东南地区尤甚。这种认识，是海瑞在封建国家赋税制度史演变过程中的自觉把握。

（4）"抚黎"思想

青少年时期，海瑞遍访海南黎族群众和经常出入黎境的人士，了解海南黎情。他写下《平黎疏》《治黎策》和《平黎图说》等策论文章，提出自己一系列平黎、抚黎的进步主张，并愿意去黎族地区工作，施展自己的才华和抱负，保证"事如不效，请甘服上刑"。他的"抚黎"策略主要有以下主要内容。

①选好抚黎官　严考功过

建议朝廷在群臣中选拔那些不贪图豪华享受、有雄心壮志到边疆建功立业的青年才俊，到海南来担任兵备副使，专门负责"抚黎"事务。"三年考其成立之功，七年稽其变化之效。"② 奖优罚劣，持之以恒，"俾黎土尽为治地，黎歧尽为良民"③。

②建立基层黎峒组织

海瑞建议开发治理黎区就要开十字大路，但是道路要经过黎族地区，必须先在黎族地区建立基层的黎峒组织。给德高望重的黎族头领封官授爵，使之为朝廷效力。大胆选拔和使用有才干、有魄力的黎族年轻人作峒首，对黎族地区加强行政管理，禁止黎族人平时携带弓箭出入，同时宣传官府"抚黎"的诚意，让黎族人民知道官府开十字大路的意图，稳定民心。然后从四面开始修路，东西横之，南北纵之，在五指山中部的磨莱会合（水满附近），断绝五指之臂。

---

① （明）海瑞：《兴革条例》，《海瑞集》，中华书局 1981 年版，第 61 页。
② （明）海瑞：《治黎策》，《海瑞集》，中华书局 1981 年版，第 83 页。
③ 同上。

③设"连珠营"破黎人天险

海瑞提出，大征之后，用兵开路，设立"连珠营"，轮流开路。每天50人为一组，开路二里。用官兵150人，分大小营，每开进50里设一小营，留50名士兵防守，每前进100里驻扎一个大营，留100名士兵防守；再进50里，设一小营，而调前面小营兵力来防守，循环往复。四方开路而中间会合，前后照应，在四方之中设立一大县，"立犄角之形，成蚕食之势矣。日磨月化，今日宁复有黎乱乎！"①

④垦荒屯田　保证供给

海瑞建议，军队镇压后，利用驻防在黎区的官兵负责"抚黎"工作的同时，积极垦荒屯田，保证军队物资供应。到了这些地区的黎民完全愿意归附朝廷时，将军田转为民田，军队又开到新的黎区开荒和驻防。这样对巩固边境、融洽军民关系可以起到积极的促进作用。同时通过人口的合理流动和黎族地区资源的开发利用，加快开发黎区的进程，也使黎族同胞在生产劳动生活中，学习汉族先进的生产技术和耕作方式，促进民族地区经济的发展。

⑤创立寨学　传授知识

开路立县之后，最要紧的莫过于在黎族地区创立寨学，传授汉族地区先进的文化知识。要求"各处村峒皆立社学训诲"，教育黎族子弟，使黎族同胞逐渐学会汉族的语言文字，学习汉族的生活习俗。

海瑞从维护封建统治阶级的角度出发，提出一系列"治黎""抚黎"主张，有其历史局限性，但这一系列措施对于开发海南中部黎族地区、发展黎族地区经济水平有相当积极的作用，这改变了历代统治阶级从重视"平黎"到重视"治黎""抚黎"的历史转变。②

2. 经济改革实践

（1）以工代赈

南宋以来，以今江苏苏州、浙江湖州为中心的粮食生产在全国占有重

---

① （明）海瑞：《治黎策》，《海瑞集》，中华书局1981年版，第87页。

② 以上内容参考邢益森《海南乡情览胜》，南海出版公司1996年版，第98页；《海南文史资料》第七辑《黎族史料专辑》，南海出版公司1994年版，第113页；小叶田淳：《海南岛史》，学海出版社1979年版，第67页。

要的地位，"苏湖熟，天下足"① 谚语的形成，便是对这一地位的肯定。即便在明代中晚期的隆庆之际，仍为"国计所需，民生攸赖"②。

苏、湖地区的农业是建立在以吴淞江、白茆河为中心，分泄太湖水的基础之上的。这两条河流沟通太湖汇入江海，它们的泄洪能力的大小，将与本地粮食产量的丰歉直接相关。

隆庆三年，本区域水灾异常，外加河道淤塞，形成内涝。在播麦之前，"播麦之地，尚十有五六淹深水中"，可见受灾程度之重。而苏、湖周边府州，亦因灾，使得本地借贷无望。③ 秋粮绝收，米价昂贵，饥馑遍野。

面对"饥民动以千百，告求赈济"，为官不久的海瑞，将赈灾与治水结合起来，即所谓的"以工代赈"，他认为：

> 借饥民之力而故道可通，民借银米之需而荒歉有济，一举两利。④

源自中国古代智慧的"以工代赈"，经由海瑞在苏、湖一带的治水实践而日趋完善，在荒政实践中具有重要的意义，即便在今天仍有值得借鉴的地方。

（2）推行"一条鞭法"

海瑞所推行的"一条鞭法"，是其"井田名实论"和"均赋役"理论之下的具体实践。早在兴国为政时期，"江西均徭均平，盖以一条鞭法行之。银止总数，役无指名。以此小民得只输正数"⑤ 的规定，便反映在海瑞"便民良法"⑥ 上的努力。巡抚江南时，他认为"一条鞭法"为"补偏救弊之法"，为"一时良法"。海瑞早期在"一条鞭法"上的探索，主要是围绕着均徭，将系之于丁身的徭役负担改成部分或全部由土地多寡

---

① 朱瑞熙：《宋代"苏湖熟，天下足"谚语的形成》，《农业考古》1987 年第 2 期。

② （明）海瑞：《开吴淞江疏》，《海瑞集》，中华书局 1981 年版，第 231 页。

③ （明）海瑞：《改折禄米仓粮疏》，《海瑞集》，中华书局 1981 年版，第 230 页。

④ （明）海瑞：《开吴淞江疏》，《海瑞集》，中华书局 1981 年版，第 232 页。

⑤ （明）海瑞：《兴国八条》，《海瑞集》，中华书局 1981 年版，第 206 页。

⑥ （明）海瑞：《督抚条约》，《海瑞集》，中华书局 1981 年版，第 249 页。

来承担。

与一条鞭法相继的是土地丈量问题，海瑞制定《量田例则》①以图例的方式，对此进行详细规定。海瑞重视土地丈量，除了理论探讨外，他还身体力行，即便其回籍海南，也对本岛的丈田予以关注，就文昌县尹罗近云在海南文昌、定安两县丈量土地获得成功，予以高度肯定。②

（三）海瑞的宗教观

1. 对佛教态度

《海瑞集》中并无专文论述其对佛教的认识，海瑞对佛老的肯定则是通过对"辟佛"者之诘难而婉转表达的。他在给马东梧③的赠序中如是说：

> 明心见性，今天下士动辟佛老，日流于机械变诈而莫之反。纯白不备，神生不定，又佛老之所羞称，陋之而不为者。侯先立其大，独认本心，与俗见迥异，人误以无用于世认之。侯涖事临民，应于其心，有规为，有挥霍，讲信修睦，息民争而不示之伪，则佛老之心而吾儒家法也。④

这是在隆庆四年秋天，海瑞辞去应天巡抚之职回到家乡写的一篇赠序。文中指出，那些否定明心见性，不在本原上下功夫，而道德水平低下的辟佛者，他们的做法为佛老所"羞称"。马侯的例子表明，认明本心者，自然也就符合儒家之需要，因之而政绩斐然。当时的学术界，佛老是与心学所挂钩的，海瑞对"辟佛"的诘难自然也就表明其心学立场。

2. 对道家的态度

与对佛教态度不甚明晰不同，海瑞反对道家思想显得旗帜鲜明。成书

---

① （明）海瑞：《量田例则》，《海瑞集》，中华书局1981年版，第190—201页。

② （明）海瑞：《赠文昌大尹罗近云入觐序》《赠罗近云代丈定安田序》，《海瑞集》，中华书局1981年版，第393、397页。

③ 按：马东梧，即马宗曾，广西人，隆庆中由澄迈教谕升至琼州府推官，"操行清白，苟且不染"，对海寇入侵而挺身招慰，"一境咸赖以安"〔（明）欧阳璨：《万历琼州府志》卷八郡守，第397—398页〕。

④ （明）海瑞：《赠东梧马侯荣奖序》，《海瑞集》，中华书局1981年版，第359—360页。

于嘉靖末年的《治安疏》，是其代表。文章对朱厚熜在其中后期一心玄修、梦想长生而迷恋道教，不理朝政的行为，提出了强烈批评：

> 陛下之误多矣，大端在修醮。修醮所以求长生也。自古圣贤止说修身立命，止说顺受其正。盖天地赋于人而为性命者，此尽之矣。尧、舜、禹、汤、文、武之君，圣之盛也，未能久世不终。下之亦未见方外士汉、唐、宋存至今日，使陛下得以访其术者。陶仲文陛下以师呼之，仲文则既死矣。仲文不能不长生，而陛下何独求之？至谓天赐仙桃药丸，怪妄尤甚。
>
> ……宋真宗获天书于乾佑山，孙奭进曰："天何言哉！岂有书也？"桃言采而得，药人工捣合以成者也。无因而至，桃药有足行耶？天赐之者，有手执而付之耶？陛下玄修多年矣，一无所得。至今日左右奸人，逆陛下悬思妄念，区区桃药导之长生，理之所无，而玄修之无益可知矣。

对于嘉靖皇帝"求长生"的行为，海瑞指出：圣贤大德的六代之君，未能长生；自汉至宋的炼丹方士，未有见存于今；炼丹之师陶仲文不能长生，从而得出无法长生不老的结论。关于"桃药"，海瑞认为：实是人工合成，而非"天赐"。是故，这种祈求长生，纯属"妄念"之行为。此外：

> 二十余年不视朝，纲纪弛矣。数行推广事例，名爵滥矣。二王不相见，人以为薄于父子；以猜疑诽谤戮辱臣下，人以为薄于君臣；乐西苑而不返宫，人以为薄于夫妇。吏贪将弱，民不聊生，水旱靡时，盗贼滋炽，自陛下登极初年，亦有之而未甚也。[①]

海瑞认为，一意玄修的结果从根本上颠覆了儒家所规定的君臣、父子、夫妻间的纲常伦理，同时也是导致天下大乱的根源所在。不仅如此，海瑞还将反对道家付诸行动中，并因之而下"诏狱"。《明史》有如下记载：

---

① （明）海瑞：《治安疏》，《海瑞集》，中华书局 1981 年版，第 217—221 页。

上疏时，自知触忤当死，市一棺，诀妻子，待罪于朝，僮仆亦奔散无留者，是不遁也。①

海瑞最终因嘉靖崩、穆宗立而获释出狱。其对崇尚道教的嘉靖皇帝所采取的特殊方式——上疏劝谏，对全国的道教热是否产生某种抑制作用，不得而知。但是，从《治安疏》的出台到应天巡抚任上，再到4年后辞官返乡，其对海南道教发展究竟产生了怎样的影响，尚缺乏资料佐证。

第六节　　王弘诲及其主要思想与实践

一　人物生平

王弘诲（1542—1617），字绍传，世称忠铭先生，晚年称"天池老人"，明代琼州府定安县（今海南省定安县）李家都人。明嘉靖四十年（1561）乡试第一名（解元）。四十四年中进士，选入翰林院任庶吉士。② 时海瑞系狱，身体羸弱，王弘诲不畏狱吏恫吓，早晚探望，尽力帮助调理，关怀备至。不久，升翰林院编修，任会试同考官，秉公取士。是时张居正当权，作《火树篇》《春雪歌》以讽刺。他为人谦让，但不避权贵；忠诚刚直，敢于犯颜直谏，俨然有"古大臣之风"。他以敏锐的眼光，完全认可当时西方传教士利玛窦等所传播的西学对中国社会发展的重要性，于万历二十六年（1598）主动带领利玛窦进京，使利玛窦等西方传教士得以在北京永久居住，从而更广泛地传播西学，充当了西学东渐的引路人。他首开明代士大夫接纳西学的风气，在中西文化交流中做出了重要贡献。他始终关心海南的教育事业，于万历七年（1579）冒险向万历皇帝上《请改海南兵备道兼提学道疏》，获皇帝采纳，同意提学官主管的考试只在岛上举行。此举不仅极大地方便了海南广大学子，避免了渡海赴考的危险，而且从制度上根本改善了海南教育发展的条件，为海南教育和科举

---

① （清）张廷玉等撰：《明史》第二百二十六卷《海瑞列传》，世界知识出版社2001年版，第5930页。

② 《王忠铭公年谱》，该年谱系1985年定安县政协派员往广州中山图书馆抄录。

做出了重大的贡献。他晚年还在家乡创办书院，亲自讲学，帮助年轻学子创立文学社团"龙冈社会"，奖掖后进，为海南的教育事业继续发挥余热。他关心家乡的治安，针对当时频繁发生的"黎乱"，提出了抚黎、治黎的合理主张，为海南社会的安定做出了努力。他一生著述甚丰，为后代留下了许多非常宝贵的精神财富。

二　主要著作

王弘诲平生著作很多，主要有《尚友堂稿》《南溟奇甸集》《吴越游记》《来鹤轩集》《天池草》《居乡约言》等，并参编《世宗实录》《穆宗实录》《明会典》等书。其书法也有较高的造诣，今定安县博物馆仍收存其作品多幅。可惜，其著作仅有《天池草》一部流传下来（以南开大学王立平教授校点的《天池草》较好，2003 年海南出版社出版）。此外，还有《南溟奇甸集》孤本，近年在海口市和平南建山里毛地林先生家中发现。毛先生从 2005 年至 2009 年，先后伏案 5 年校注该书，于 2010 年出版。①

三　主要贡献

（一）西学东渐的引路人

王弘诲对历史的重大贡献之一，就是他主动引荐利玛窦，充当了西学东渐的引路人。王弘诲积极接纳西方的科学知识及天主教人性中善的一面，并带利玛窦到北京，成为帮助西学在中国传播的重要人物，开中国士大夫认识西学的风气之先。在王弘诲的努力和帮助下，利玛窦等西方天主教传教士才得以和中国士大夫进行交往，在中国迅速地打开局面，使天主教在明朝得以广泛传播，使西方的科学知识和社会文明开始为中国人所认识，使中国人开阔了认识世界的视野，使西学东渐得以更广泛、更深刻地顺利进行。王弘诲渊博的学识，开阔的胸襟，敏锐的目光，捕捉住历史的契机，在西学东渐的潮流中起了引领之功。

（二）对海南教育的重大贡献

王弘诲对历史的另一贡献，就是其一生都致力于海南教育事业的发

---

① （明）王弘诲：《天池草》卷一，海南出版社 2004 年版，第 3 页。

展，并为之做出了重大贡献。

1. 早期贡献——上《请改海南兵备道兼提学道疏》

万历七年（1579），在翰林院任史官的王弘诲，为了改善海南学子渡海赴考的艰难困境，冒险向神宗皇帝上《请改海南兵备道兼提学道疏》（或作《拟改海南兵备道兼提学道疏》即海南俗称"奏考回琼"）。在疏中，他先详细地陈述了海南士子渡海赴考的艰难情况："青衿学子，每岁集督学就试者，不下数千。然远涉鲸波之险，督学宪臣，常不一至。每大比年，惟驻节雷州，行文吊考，至琼而雷，航海而北，近者如琼山、定安、文昌、临高、澄迈、会同、乐会七县，或二三百里，或四五百里，远者如儋、崖、万三州，陵水、感恩、昌化三县，多至七八百里，或千余里。贫寒士子，担簦之苦自不待言，率皆蜑航贾舶，帆樯不饰，楼橹不坚，卒遇风涛，全舟而没者，往往有之。异时地方宁靖，所虑者特风波耳，迩来加以海寇出没，岁无宁时。每大比年扬扬海上，儒生半渡，尽被其掳，贫者陨首而无还，富者倾家而取赎。其幸无事者，一生于万死耳，言之可为痛心。至于督学宪臣多不知其苦，只执常格，严程限试，诸儒生迫于期会，不惮危险，所伤甚多。如嘉靖三十六年，覆没者数百人，临高知县杨址与焉，并失县印，可为生鉴。"他还对督学宪臣做事呆板僵化及官僚主义作风提出了批评。由于上述原因，导致了"夤缘作弊，黜陟不举，考察不行，教化废弛，士习厌怠。甚如隆庆三年恩贡例，惟琼山、定安、澄迈、会同三四县考，余各州县以一时远不及试，竟置不录"[1]。导致海南科举脱科现象十分严重。海南的教育和科举受到了很大的影响。

最后，王弘诲提出具体可行的解决办法：请求皇帝按照当时朝廷在陕西、甘肃实行的方法（即由御史官代行提学官之职），"改海南兵备道兼管提学道，换给敕命，每遇员缺，必选甲科之有学行者充之。其琼州一带师儒考试，任其便宜行事"[2]。

这里所谓"海南兵备道"，乃"海南道"和"兵备道"的合称。其中"海南道"，属于分巡道，故亦称为"海南分巡道"或"分巡海南

---

① （明）王弘诲：《天池草》卷一《拟改海南兵备道兼提学道疏》，海南出版社2004年版，第32页。

② 同上书，第31—33页。

道"。它既是明朝广东省提刑按察司的派出机构，又是海南岛最高司法、监察机构。洪武二十五年（1392）九月置于琼州府城。后来其职掌范围不断扩大，成化六年（1470 年）兼兵备道，合称为"海南兵备分巡道"。万历七年（1579）又兼提学道，合称为"海南兵巡提学道"或"海南兵备兼分巡提学道"等。①

所谓"兵备道"，全称为"整饬兵备道"，属于专职道。它既是明朝各省提刑按察司的分职机构，又是监督和管理卫所军事组织之地方军政机构。其长官也称兵备道，多以按察司副使或佥事一人充任，帮助境内武官整理文字，商榷机密，分理军务，监督武臣，操练卫所军队等。② 成化六年（1470）三月，始置海南兵备道，以广东按察司副使涂棐为长官，兼管分巡海南道事，驻扎琼州府。③

所谓"提学道"，全称提督学道，属于专职道。它既是明朝各省提刑按察司的分职机构，又是全省最高教育管理行政机构。长官称提学，或称提学官、提督学政、提督学校官等。明朝前期，由巡按御史，布、按两司及府、州、县官负责管理地方各级儒学生员的招收和选送等各种考试。正统元年（1436）始置提学官，两京及十三省各置一人，两京以御史，十三省以按察司副使或佥事充任，任期三年。提学官之主要职掌是：考核地方学校教官的工作情况；巡回考试所属各府、州、县儒学生员，主要有岁考（对生员进行督察和甄别升等的考试）和科考（对生员进行选拔考试）两种；乡试时，负责考定各地教官等第，以便选聘至省城阅卷。提学官因辖区太广及地处僻远，有岁巡所不能及者，后乃酌其宜，委以地方分巡道员或巡按御史兼任提学职务，详见《明史·选举志一·提学》。万历七年（1579），朝廷采纳海南籍官员王弘诲的建议，开始在海南岛设立提学道，作为全岛最高教育管理机构，以海南兵备分巡道兼管提学事。④

王弘诲的请求获得了神宗皇帝的批准，即以海南兵备分巡道兼提学道。此后，提学官主管的岁考和科考等考试，只在海南举行，考生不再冒鲸波之苦和被劫杀的危险。王弘诲此举，不仅极大地方便了海南广大

① 李勃：《海南岛历代建置沿革考》，海南出版社 2005 年版，第 321—322 页。

② （清）张廷玉等：《明史·职官志四·各道》，世界知识出版社 2001 年版，第 5937 页。

③ 李勃：《海南岛历代建置沿革考》，海南出版社 2005 年版，第 321—322 页。

④ 同上书，第 323 页。

学子，避免了渡海赴考的危险，而且从制度上根本改善了海南教育发展的条件，为海南教育和科举做出了重大的贡献。对于海南广大士子来说，这无疑是一大福音。因此，海南学子欢欣鼓舞。然而，为人低调的王弘诲却没有将这件事告诉任何人，直到多年后，他的门生陈子屏在整理先生的书籍时偶然发现："疏上，天子报可，琼士至今赖焉，然公绝口不提，而琼士亦无所知者。近文学陈子屏，于先生故箧中偶获批阅，遍以闻多士。"① 于是海南学子为王弘诲建生祠于尚友书院旁，以彰其功德。尽管王弘诲一生未能尽展其才，政治上建树不多，然而，王弘诲此举，对于海南教育的发展有着非凡的意义，影响深远。此制一直沿用至清朝康熙年间。②

2. 致仕归家——为海南教育发挥余热

王弘诲致仕归家后，继续为海南文化教育事业发挥余热。主要表现有四：创建尚友书院、积极帮助年轻学子成立文学社团"龙冈社"、奖掖后进、大力表彰为海南教育做出贡献的地方官员。

（1）创建尚友书院

万历三十三年（1605），致仕归家的王弘诲，创建尚友书院，嘉惠后学。书院建有讲堂、翼房、廊房、厨房等。他不但出资兴建，而且"还每年出龙茶田租市税，为金二十，充会中费"③。不足的"增入田租以足前额，经理周悉，制为划一之规，可世世得保守，令勿失"④。王弘诲为尚友书院制定了详细的院规，希望能像白鹿洞、鹅湖、石鼓等书院一样，"讲求圣门一段真正学脉，然后洙泗以来不绝如线之续赖以不坠"⑤。规定："请断自今，每岁四季，集同志者一会，约以季子仲日十有二日，会请于尚友书院。自官师、徒生、孝廉、逢掖，及凡民之俊秀俱在焉。方群诸英颜有志者，再令文艺，相与折中奥旨，庶不至务华根

---

① （明）王弘诲：《天池草》附录（曾朝节撰《大宗伯忠铭王先生生祠记》），海南出版社 2004 年版，第 635 页。

② 李勃：《海南岛历代建置沿革考》，海南出版社 2005 年版，第 375 页。

③ （明）王弘诲：《天池草》附录（林震撰《尚友书院记》），海南出版社 2004 年版，第640 页。

④ 同上。

⑤ （明）王弘诲：《天池草》卷十四《尚友堂约言》，海南出版社 2004 年版，第 37 页。

绝，德业相资互发，尚亦白鹿、鹅湖诸儒先嗣响乎？敬于同志勖之。"①
约定每季度最后一月的十二日，大家会聚书院，讨论学问，十三日再次
讨论。开展学术交流，对于提高海南的学术生平无疑是有很大帮助的。
因此，"群郡邑弟子，日游其中"。② 王弘诲多年在尚友书院为士子讲
学，批阅考课，并经常邀集文化名流到书院讲学。王弘诲不仅在定安创
办书院，还资助文昌的玉阳书院，澄迈的天池书院，亲自到这些书院讲
课。为了方便学子读书，王弘诲在龙梅村永济桥畔修建龙门塔，设藏经
库于其中，这样，学子们不再像丘濬一样无书可读，四处求借。王弘诲
创建书院，振兴定安学风，为清代定安县出现一位探花和两对父子进士
立下不朽功勋。

（2）积极帮助年轻学子成立文学社团"龙冈社会"

王弘诲致仕归家后对海南教育的关心，还表现在积极帮助年轻学子成
立文学社团"龙冈社会"。从该社团创立纪要的撰写，到"纲纪学舍"
"综理周密"和制定"社规"等事务，皆由王弘诲一人为之。③ 该社团的
参与者，都是琼籍优秀的年轻学子，其首领就是王弘诲的女婿张元太及其
弟张元驭。这些人志同道合，凡与会成员可各携徒授业，组成若干小会。
推举"文行老成为众所翕服者"担任首脑，连小会为大会。学者们"萃
其涣，乐其聚也。会有讲诵，有课业，自为程期，逊志时敏，惜寸阴也。
月有文会，会用朔望之日。先期请题，至日会毕，类为一帙，就有道而正
焉，从先进也"④。这样一个定期召开学术讨论的文学社团，对发展海南
文教，提升学术研讨水平是大有裨益的。他们开始计划用王弘诲家的房子
作为会馆，王弘诲担心自己的房子太小，于是提议各小组"各葺茅舍一
区"，推选学社日常管理人员，并以《白鹿洞洞规》为会规："学以立志
为根源，以会友、辅仁为主意，以致知、格物为门路，以戒慎、恐惧为持
循，以惩忿、窒欲、迁善、改过为检查，以稽古、穷经为征信，以尽性、

———

① （明）王弘诲：《天池草》附录（曾朝节撰《大宗伯忠铭王先生生祠记》），海南出版
社 2004 年版，第 635 页。
② 同上。
③ （明）王弘诲：《天池草》卷十三《龙冈社会引》，海南出版社 2004 年版，第 317 页。
④ 同上。

致命为极则。"① 以之勉励与会的青年学子。王弘诲的意见得到了大家的赞同，众皆踊跃捐金，修建会馆。

（3）奖掖后进

王弘诲特别关心家乡的学子，为他们的学业有进感到高兴，作书致贺，予以勉励。在《天池草》中共有七篇这样的赠序。如《心衡何君鄂荐麟魁序》对家贫然致力于读书的何心衡以孟子"天将降大任于斯人也"给予勉励，对其中举感到高兴。《贺庆堂莫君乡荐序》中对万历十三年（1585）定安同时有两人考中举人无比高兴，作书致贺。其他如《贺史儒陈君乡荐序》《贺廷嘉黄君魁捷序》《贺贞一莫君乡荐序》《贺圣传陈君乡荐序》《赠茹真吴君岁荐序》等，对贫寒的士子给予精神上和物质上的鼓励和支持，勉励他们修德业，不以贫贱为羞，为他们取得的成绩感到由衷的高兴。

（4）大力表彰为海南教育作出贡献的地方官员

明代到琼任职的官员中，有一部分人致力于发展海南的文化教育事业，为改变海南岛的落后面貌呕心沥血。他们修建学宫，兴办教育，有的请王弘诲作文记之，有的是离任时乡里父老请王弘诲书其善政，以表其功。对于这种注重教化的好官吏，王弘诲总是欣然记录其事迹。如隆庆三年，琼州太守方斋史重建琼州府学堂："费金凡六百两有奇，诸物称是。悉取诸官之赎，民氓海贾不知所自，拱手张目，惟见新室之成，轮奂爽垲，雄伟赫亦，视有加较他郡迥然特兴而已。"② 对这位修建州府学堂，而没有向百姓摊派钱粮的太守，王弘诲给予高度评价："丰功伟绩，琼人将口碑而心史。"王弘诲认为："起敝宫易，起敝俗难，迁善于地易，迁善人心难。"③ 要改变琼州落后的教育，使人得到教化是一件很不容易的事情，兴建学宫，就是为了迁善人心。其他如万历五年定安县令张文献重修定安县学，万历十四年会同县令徐广麟迁建儒学等兴学事迹，王弘诲详细记录，表彰其为海南教育所做出的贡献，借以激励其后继者也能如此。

① （明）王弘诲：《天池草》卷十三《龙冈社会引》，海南出版社2004年版，第317页。
② （明）王弘诲：《天池草》卷八《重建琼州府学堂记》，海南出版社2004年版，第208页。
③ 同上书，第211页。

　　总之，不管是在京为官，还是退居乡里，对于家乡的教育，王弘诲都始终非常关心，倾注了极大的热情。其"奏考回琼"，创建书院，亲自讲学，帮助成立文学社团，奖掖后进，品评官员宦迹等，一切都是为了发展海南的教育事业和改变家乡的落后面貌。与丘濬、海瑞相比，王弘诲在政绩上虽稍逊一等，然而为海南教育的发展，王弘诲却做出了重大贡献。

第六章　转型阶段

——近代琼学

第一节　宋氏家族及其对中国近代社会的影响

宋耀如，字嘉树，原姓韩，名教准，海南文昌人，1861 年出生于文昌昌洒的一个普通贫苦人家，中国近代著名实业家和革命家。与许多文昌家庭一样，韩家也有亲属侨居南洋、美洲等地，从事苦力和经商等活动。宋耀如年仅 10 岁即和哥哥到南洋学徒，3 年后赴美洲波士顿舅父处谋生，后过继给舅父①为嗣，改姓宋。宋耀如在舅父丝茶店学徒时，偶遇清政府留美幼童牛尚周、温秉忠二人。受他们二人的影响，萌生了读大学的想法，然而他的舅父希望他能经商，意见不一，离家出走。幸运的是宋耀如得到了一些热心美国人的帮助，后来还接受了美国基督教教会组织监理会洗礼，取教名查理·琼斯·宋。在教会和美国家庭②的帮助下，后来还进入圣三一学院和万德比尔特大学神学院学习，成为一名传教士。

1886 年 1 月，宋耀如从美国的教会大学毕业后，回到上海，在昆山、太仓等地传教。在上海宋耀如与牛尚周和温秉忠重逢，并结识了倪氏三姐妹。宋耀如与老二倪珪贞结婚，牛、宋、温三人遂为连襟。倪氏姐妹出生于一个信仰基督教的家庭，外家姓徐，为明朝与西方传教士交往甚密的中国士大夫徐光启之后。从徐姓到倪姓再到宋氏姐弟，优秀的文化和基因一代代叠加终于培养出杰出人物，从中我们可以看出中国母系血统传承对子

---

① 舅舅姓宋，实为婶母之弟。参见于醒民、唐继无《宋氏家族第一人：宋耀如全传》，东方出版中心 2008 年版，第 8 页。另说"韩教准"的"准"的海南话发音衍化为英语 Soon 所致。

② 朱利叶斯·卡尔，参见于醒民、唐继无《宋氏家族第一人：宋耀如全传》，东方出版中心 2008 年版，第 41 页。还有老人查理·琼斯、艾立克·加布尔逊曾帮助过他，等等。

孙后代不容忽视的影响。宋耀如在传教过程中并不顺利，当时中国反洋教风潮正起，教案时有发生。宋耀如深深地感受到中国传统文化对外来文化所保持的压力和民众对外来传教士活动的排斥，他充满了矛盾和痛苦。后来，他因对美国"排华法案"不满而逐渐从原来的传教团体退出。但是很快宋耀如就因印刷《圣经》开设了华美印书馆，购买美国机器开设阜丰面粉厂①而活跃于上海工商界，是较早从美国进口大机器的上海实业家。随着家业的兴盛，宋耀如并没有满足做一个富商，在暗中他支持孙中山的革命活动，为了给起义筹款几次濒临破产。由于笼罩着实业家和传教士双层神秘面纱，宋耀如的革命经历相当隐秘，被孙中山誉称为"革命的隐者"。孙中山自号"逸仙"，宋被孙称为"隐者"，一逸一隐，体现了孙中山对自己的期许之意与对宋耀如的赞誉之情，由此可见孙宋二人交往之深。

宋耀如、倪珪贞夫妇是宋氏家族的开创者，共育有子女六人，蔼龄、庆龄、子文、美龄、子良和子安，他们对三个女儿和三个儿子的教育影响深远。宋氏家族的儿女们都在上海接受了近代新式学校教育，并先后留学美国，回国后积极参与社会活动，融入中国历史的滚滚洪流之中，成为中国近代历史必须书写的人物。宋庆龄与孙中山结为夫妇，宋美龄则嫁给了蒋介石，宋蔼龄之夫孔祥熙和宋子文也以金融家银行家等身份著称于世。随着宋家儿女的长大成人，通过他们自身的努力，加上与宋氏三姐妹的婚姻随之而来的声望、权力与财富，宋氏家族进入了一个鼎盛时期，给中国近代历史和社会带来了广泛而深远的影响。

一　宋耀如与孙中山的交往

宋耀如一生充满了传奇色彩，甚至充满了矛盾。他出生于中国的海南岛，却在美国万德比尔特大学神学院接受大学教育；他具有强烈的爱国主义情怀，却身为美国南方监理会的传教士；他积极支持志同道合的孙中山进行革命却很少出现在公众面前，甚至许多革命党人对他都不甚了解。宋耀如交游甚广，三教九流甚至同清政府的一些官员如盛宣怀都有来往。宋耀如与孙中山志趣相投，爱好相近，宗教信仰相同，都对西方医学和推翻专制的政治革命很感

---

① 杨淯：《寿州孙氏与阜丰面粉厂》，《安徽史学》1996 年第 1 期。

兴趣，而且都为广东同乡且都有在国外生活和学习的经历。因此，宋耀如和当时一大批经历"欧风美雨"洗礼的进步的中国人一样，有许多鲜明的特点。比如具有宽广的爱国主义的情怀；对中国落后面貌的认识比普通中国人更早更深刻；对西方的强大十分向往并热衷于西方的科学技术和文化政治制度，并试图推进中国变革和进步。除此之外，宋耀如还有许多非常独特的个性。他充满激情和浪漫色彩、坚毅和果敢的精神，他对朋友和家人满怀真诚和挚爱，另外也不乏商人的精明甚至传教士的做派。宋耀如就曾利用他独特的传教士身份做掩护，保护革命志士，曾努力营救陆皓东，后来还协助成功救出了黄炎培，[1] 利用他在美国和上海等地广泛的交际关系为革命者进行联络以及积极从事工商业为革命筹集经费。

　　革命之初，难得的是寻找到志同道合的朋友。辗转于澳门、香港和广州等地，借行医之名结识同志的孙中山深感革命开创的艰难，身处上海租界的十里洋场并常常卷入传教风波中的宋耀如也深感知音难觅。宋耀如和孙中山早在1892年就通过在上海等地活动的陆皓东介绍相识。陆皓东是孙中山的同乡，幼年随父在上海经商，后来不幸父亲去世，年仅10多岁的陆皓东扶柩回广东香山翠亨村老家安葬，是孙中山的知心朋友。后来，孙中山去了香港读书，陆皓东则去了上海的电报学堂。经电报学堂的教习牛尚周介绍，拜访了宋耀如，一起谈论过孙中山。从此，宋耀如和孙中山相互倾慕，继而书信往来。1895年重阳时节广州起义消息泄露，陆皓东等人被捕，宋耀如通过美国领事馆外交人员，进行积极营救，陆皓东任职的电报公司也作出担保，可惜最终都没能成功。[2] 陆皓东早已有求死之心，写下供词"但一我可杀，而继我而起者，不可尽杀"[3]，慷慨就义，孙中山赞誉陆皓东为共和革命牺牲的第一人。

　　据孙中山后来写给李晓生的信件记载："宋君嘉树者，二十年前曾与陆烈士皓东及弟初谈革命者，二十年来始终不变，然不求知于世，而上海之革命能得如此好结果，此公不无力。然彼从事于教会及实业，而隐则传革命之道，是亦世之隐君子也。弟今解职来上海，得再见故人，不禁感慨

① 于醒民、唐继无：《宋氏家族第一人：宋耀如全传》，东方出版中心2008年版，第355页。
② 同上书，第263页。
③ 吴原：《陆皓东（附史坚如）》，正中书局1936年版，第33页。

当年与陆皓东三人屡作终夕谈之事。今宋君坚留弟住其家以话旧，亦得以追思陆皓东之事也。"①

　　除了这段被研究者广为引用的话以外，这封信的直接目的是孙中山临时决定要住宋家，委派宋耀如亲往旅店取行李。另外，还准备托宋耀如带胡汉民、汪精卫、廖仲恺和李晓生去做最好的洋服，而且明确表示"尽量做，多多益善"。可见宋耀如不仅为孙中山多年前的老朋友，而且关系颇深，无话不谈甚至还可以交办一些私人事务。

　　1915 年 8 月 3 日，宋耀如写给孙中山一封很长的英文回信，除了因反对宋庆龄和孙中山的婚姻给孙中山戴"高帽子"之外，也表达了他的心声，颇能说明宋耀如与孙中山之间的关系：

　　　　我们是如此高度地尊敬您，永远不会做任何事情伤害您和您的事业。不管情况如何糟糕，我们都是您的真正朋友。我可以断言，在中国人中间，没有比您更高尚、更亲切、更有爱国心。虽然有些人不会感谢您志在创造伟大中国的努力，但是我们属于那些感谢您的工作的人们中的一部分。您生活在一个超前的世纪，因此很少人能理解您，感激您如此热爱、几乎全心全意进行的事业。中国不值得有您这样一个儿子，但是，未来将给您公平的评价，授予您荣誉，就像他们授予从前的改造者孔子一样。②

　　孙中山和宋耀如是年龄相仿之人，宋耀如当然不会看着自己的女儿嫁给一个有家室的人而无动于衷。这封信一再声明宋庆龄不会给人做妾，还委婉地表达了这样也会给孙中山的名誉造成伤害。当宋庆龄离家出走日本之时，宋耀如立即追了过去。但当得知他们已经结婚无可挽回的时候，宋家最后还是答应了这门婚事，并送去了嫁妆。

　　宋耀如是较早对美国政体感兴趣的中国人，当孙中山还在远离美国大陆当时还是独立王国的夏威夷接受英文基础教育的时候，宋耀如已经在美

　　①　《孙中山全集》第 2 卷，人民出版社 1981 年出版，第 343 页。
　　②　杨天石：《宋嘉树与宋庆龄、孙中山的婚姻——读宋嘉树复孙中山英文函》，《百年潮》2001 年第 12 期。

国独立战争的中心波士顿生活和学习了一段时间，接着又来到了南方的一个城市接受大学的神学教育，当时美国南北战争的内战硝烟散去不久。因此，和孙中山相比，宋耀如的美国化程度要高很多，孙中山所提倡的"三民主义"应该就有宋耀如的影响，宋耀如是狂热的林肯崇拜者，对林肯提出的"民有、民治、民享"思想极为推崇。据说宋氏三姐妹的名字中间的"琳"（龄）字就是为了纪念林肯。

宋耀如和孙中山同属广东籍美洲华侨子弟。华侨除了身处国外这一特点以外，还有其他很多的地域性特征和群体性特征。"华侨是革命之母"，辛亥革命取得成功，离不开华侨的大力支持。爱国主义在华侨身上体现得极为明显，因为华侨身处国外，总会遇到不同程度的歧视和凌辱，他们开始时一般都从事苦役般的劳作，所以他们都希望有一个强大的祖国作为自己的后盾。[1] 中国近代以前长期实行海禁，海禁放开后，大批大批的中国人来到南洋和美洲等地谋生。当时同属广东的香山和文昌都是著名的侨乡。宋耀如的舅父在美国东部波士顿开设了当地最早的一家丝茶店，孙中山的哥哥孙眉在夏威夷的茂宜岛上开垦了农场。先辈的成功导致了大量华侨子弟的追随，为了避免继续走先辈们的血汗老路，这些子弟都往往被送到当地的中学接受西式教育，以期在商业上取得更大的成功。不过，这些青年子弟除了学习当地的语言和文化知识以外，也开始接受基督教和民主制度，而这又难免会和当时华侨的思想意识有冲突，所以孙中山被哥哥送回了国内，宋耀如也为了读书，反抗家人的安排最后离家出走，而这些都只是他们反抗斗争的开始。

宋耀如的主要革命活动是为同盟会筹款。1894 年夏孙中山上书李鸿章没有被采纳，与陆皓东、宋耀如等同志秘密准备革命，用武力推翻清政府。1894 年，"兴中会"在美国檀香山成立。宋耀如随即从上海汇去了3000 元经费。宋耀如对革命投入了全部精力，孙中山在上海时，经常出入宋家。革命初期，筹划者在宋家举行秘密会议。在孙中山领导的革命事业中，宋耀如的职业传教士和上海实业家双重身份提供了一定的掩护，并从财政上提供大力的帮助。华美印书馆除了《圣经》外，还印刷同盟会

---

① 爱波斯坦：《中国现代化的先驱——孙中山》，卜承祖《世纪之交话中山》，南京大学出版社 1999 年版，第 21 页。

的各种书刊文告。宋耀如创建上海中华基督教青年会,并任第四任会长。参与中国公学的教育和留学事业。1905 年,宋耀如代表孙中山去美国募集经费,总额达 200 万美元之巨。① 辛亥革命后一直跟随孙中山进行反袁斗争和铁路考察。1918 年 5 月 3 日宋耀如因病在上海逝世,第二天孙中山在广州辞去了广州军政府海陆军大元帅之职,闻噩耗悲痛不已,宋庆龄早已从广州回上海侍疾。宋家在上海万国公墓购买了一块墓地,把宋耀如安葬在最中间,并给宋家的所有子女都做了预留。

二　宋氏姐弟与近代中国

(一)宋蔼龄

宋蔼龄 1889 年出生,是宋耀如夫妇的第一个女儿。作为家中长女,一直以大胆和能干著称。1904 年随父亲好友传教士步惠廉夫妇赴美国佐治亚州卫斯理安女子学院留学,是中国留美的第一位女性。在入境时,遭到美国海关无理扣留。宋蔼龄后来在一次出席白宫活动时就此事当众质问过美国第 26 任总统西奥多·罗斯福,中国女留学生质问美国大总统,引起美国媒体的一片哗然。1914 年与孔祥熙结婚,婚后育有四名子女。宋蔼龄曾担任过孙中山的英文秘书。

(二)宋庆龄

宋庆龄 1893 年生于上海,1907 年和小舅舅倪锡纯一起考取官费留学生。宋庆龄是首批官费留学女性之一。宋庆龄携年仅 9 岁的妹妹宋美龄一起赴美学习,在护送人员中就有她们的姨父温秉忠。宋庆龄参加官费留学生考试,就跟她的姨父温秉忠负责清政府留学事务有关,另外,宋家的经济状况因暗中支持革命此时已显拮据,官费留学可以减轻家庭负担。1911 年,辛亥革命后宋耀如给远在美国的女儿宋庆龄寄去了中华民国的国旗,宋庆龄扯下了清政府的龙旗重新悬挂国旗,由此可见,当时作为官费生的宿舍应该是悬挂有清朝旗帜的。宋庆龄在院刊上发表了《二十世纪最伟大的事件》一文,歌颂辛亥革命这一历史事件。② 1912 年 1 月 1 日,孙中

---

① 周伟民:《宋耀如:宋氏家族奠基人》,《海南日报》2011 年 10 月 18 日。
② 方式光:《孙中山最亲密的战友——宋庆龄》,卜承祖《世纪之交话中山》,南京大学出版社 1999 年版,第 235 页。

山在南京任临时大总统，4 月 1 日孙中山辞去临时大总统的职位。后来孙中山出任全国铁路督办，宋耀如一直有实业梦想，于是协助孙中山，担任翻译和筹划等工作，宋蔼龄也参与进来。1913 年，孙中山逗留日本期间，宋庆龄正好大学毕业，宋蔼龄回上海与孔祥熙结婚，宋庆龄直接去日本和父亲会合，并接替宋蔼龄任孙中山的英文秘书。

　　宋耀如和孙中山结识于革命之艰险旅途时，宋庆龄尚在襁褓之中。由于家庭环境比较宽松，从小宋庆龄就和孙中山熟悉。虽然从年龄上孙中山完全可以做宋庆龄的父亲，但后来宋庆龄不顾家庭反对，毅然和孙中山结婚。在宋庆龄与孙中山的结合中，当然有相互爱慕和共同理想的成分，但也不能排除这种从小崇拜的影响。宋庆龄曾说她父亲早在留学美国的时候就和孙中山认识，应该就是这种从小幻想的一个例证。1921 年，宋庆龄在给朋友的一封信中回忆："如果我家里知道我同意嫁给他，他们会强烈反对。出于宗教信仰，他们决不会赞同我嫁给一个离了婚的人。因为孙博士与前夫人（指孙中山原来的妻子卢慕贞）已离婚，她是受过旧道德熏陶的女人，不喜欢动荡不定的流亡生活，她希望在中国太太平平地过日子。她不愿意跟随孙博士背井离乡过流亡生活，却按照中国的习俗劝他娶第二个妻子。孙博士不同意，因为他的目的就是要改造国家，改造国人的家庭生活，于是他们离了婚。他们一致认为各自独立生活，离婚是唯一的办法。我明白我父母决不会答应我的婚事，所以我接受了不经他们同意而结婚的意见。这样，我在孙博士的一位最亲密的朋友（朱卓文）及其女儿的陪伴下一起乘船去日本，1915 年 10 月 25 日我与孙博士在日本的一个朋友（梅屋庄吉）家中结婚。"①

　　1915 年结婚以后，宋庆龄和孙中山一直共同奋斗，直到 1925 年孙中山逝世。在这个过程中，孙中山不仅有了能照顾其生活的伴侣，而且多了一个得力的革命助手。宋庆龄担任的工作主要是文字处理和起草一些文件。根据很多亲历者的回忆，他们在拜访孙中山的时候宋庆龄也常常在座，但她一般不加入他们之间的讨论和对话，而是在一旁用打字机打字记录。宋庆龄用自己的一生对孙中山领导的革命事业做了最好的支持和继承。孙中山在世的时候，宋庆龄偕同孙中山三进三出广州，并且冒着生命

① 宋庆龄：《宋庆龄自述》，《档案与史学》1997 年第 1 期。

危险保护孙中山。在广州他们的住所遭受陈炯明叛军炮轰的时候，宋庆龄让孙中山迅速撤离，并说"中国可以没有我，但不能没有你"。孙中山去世后，宋庆龄根据孙中山的遗嘱，除了继承了孙中山的书籍等遗物外，就是他的政治理想。宋庆龄用最大的努力来保护孙中山的书籍等物品，直到今天还留下了许多孙中山使用过的物品，使后人得以一睹孙中山和他的亲人包括宋庆龄一起生活时的情形。如果说对孙中山物品的保存成为了她个人情感寄托的话，对孙中山的政治遗愿的继承，则体现了这位伟大女性的坚持和信仰。

　　抗日战争全面打响后，宋庆龄于 1938 年在香港创建了保卫中国同盟，这是一个以援助是相互的而不是施舍的为目标的自救自助的新救济团体，其宗旨是为中国人民服务，为中国人民的抗日战争服务，为世界反法西斯同盟服务。保卫中国同盟的目标有二："一鼓励全世界爱好和平民主的人士进一步以医药、救济物资供应中国，二集中精力，密切配合，以加强此种努力所获得的效果。"① 1939 年，世界反法西斯战火在欧洲大陆燃起，此时英美等国尚未对中国抗战予以重视。宋庆龄向欧美各国发出提醒，远东前线依然是抵抗法西斯侵略的关键地区，"中国的斗争就是你们自己的斗争"。在国内，宋庆龄反对不顾大局的存有党派之见的救济，明确提出救济工作必须有政治立场即抗日统一战线的立场，她规劝国民党应放弃党派之见，与共产党合作一致抗日。她提出，应首先把援助送给游击作战区。保卫中国同盟在宋庆龄的领导下，通过各种方法和渠道向海外华侨和国际社会宣传抗战的真实情况，并向爱国华侨和国际友人募集了大量资金、药品、医疗器械和其他物资，支援抗战。许多物资通过她的精心安排运往了抗日根据地。她团结和组织国际友人和国际医疗队到共产党领导的抗日根据地去考察和工作，斯诺、史沫特莱、白求恩、柯棣华、马海德等记者和医生都是经她安排进入的解放区。②

　　抗战胜利后，保卫中国同盟改名为中国福利基金会，成为从事社会慈

---

① 尚明轩：《宋庆龄年谱长编 1893—1948》，北京出版社 2002 年版，第 468 页。
② 许春媚：《宋庆龄：大爱无私 民生情怀》，《海南日报》2013 年 2 月 4 日。

善事业的专门机构。① 宋庆龄为妇女儿童福利事业做出了自己一生的努力，她有一句名言："把最宝贵的东西给予儿童。"为此，她亲手创办了新中国第一个少年宫和第一个儿童剧院。宋庆龄为了中国人民的事业广交国际朋友，1952 年以中国福利基金会的名义创办了一本英文杂志《中国建设》，现改名《今日中国》。通过致力于跨越国界的社会慈善事业，增加了中国人民和各国人民之间的感情和相互了解。宋庆龄成为国际知名的伟大女性。

孙中山是宋庆龄人生重要阶段的第一位革命导师，而中国共产党则成为她继续前进的指路明灯。1949 年 9 月 1 日，宋庆龄乘专列抵达北平，毛泽东、朱德和周恩来等 50 余人亲往车站迎接。1981 年 5 月，在她生命的最后一个月，中国共产党正式接纳宋庆龄为党员。中国 20 世纪有三次伟大的选择，产生了三位历史伟人，而这三位伟人都和宋庆龄有着直接联系。孙中山是宋庆龄的丈夫和革命导师，毛泽东是宋庆龄的同年并亲自邀请宋庆龄前往北平参加政治协商会议筹建新中国，邓小平则为宋庆龄的追悼会致悼词。因此，可以毫不夸张地说宋庆龄是"二十世纪伟大女性"，甚至是"二十世纪最伟大女性"②，这应该是历史和人民给予她的恰当评价。一个人一辈子能参与一件盛事就很不错了，宋庆龄几乎每次都参与其中，而且都能做出符合历史潮流的选择。

宋庆龄虽然一生都没有回过海南，但她始终没有忘记海南。宋庆龄曾化名中山琼英，这是她在革命的艰难时刻用家乡的力量支撑起自己革命勇气的明证。新中国成立后，宋庆龄曾有过回乡的念头，但由于工作和时间安排没能成行，但她时刻想念家乡和父老乡亲。她在会见外宾时常谈起自己的家乡，并把家乡的特产作为礼品回赠外宾。在家乡遭遇自然灾害时，她曾为家乡捐款。

在"文化大革命"中，宋庆龄受到过造反派的冲击，在周恩来总理的指示下，得到了很好的保护。周恩来批示："宋庆龄是孙中山的夫人。孙中山的功绩，毛主席在北京解放后写的一篇重要文章《论人民民主专

---

① 现称中国福利会，所属单位有上海宋庆龄基金会、儿童剧院、少年宫、幼儿园、学校、儿童发展中心、出版社、和平妇幼保健医院等。另有中国宋庆龄基金会和海南、上海、河南、江西、广东等地方宋庆龄基金会成立。

② 见爱波斯坦《宋庆龄传》新世界出版社 1993 年版和中共中央悼词。

政》中就肯定了的。他的功绩也记在人民英雄纪念碑上。南京的同学一定要毁掉孙中山的铜像，我们决不赞成。每年'五一'、'十一'在天安门对面放孙中山像是毛主席决定的。孙中山是资产阶级革命家，他有功绩，也有缺点。他的夫人自从与我们合作以后，从来没有向蒋介石低过头，大革命失败后，她到了外国，营救过我党地下工作的同志，抗日战争时期与我们合作，解放战争时期也同情我们，她和共产党的长期合作是始终如一的，我们应当尊重她。她年纪大了，今年还要纪念孙中山诞辰一百周年，她出面写文章，在国际上影响很大。到她家里贴大字报不合适。她兄弟三人姊妹三人就出了她一个革命的，不能因为她妹妹是蒋介石的妻子就要打倒她。她的房子是国家拨给她的。有人说：'我敢说敢闯，就要去'，这是不对的，我们无论如何要阻止。"在保护名单中，宋庆龄排在第一位。[①] 1981 年 5 月 29 日，宋庆龄在北京因病逝世，享年 88 岁，长眠于上海她父母的合葬墓旁。

（三）宋美龄

宋美龄是从宋家走出的另一位杰出女性。宋美龄生于 1898 年[②]，和她的两个姐姐一样，她也同样接受新式学校教育，并赴美国留学。但与她的姐姐们不同的是，1907 年她只有 9 岁就去美国了，和他父亲当年去海外谋生的年龄差不多，直到 1917 年回国，学习的黄金十年都在美国度过。1927 年在上海与蒋介石结婚。1936 年年末，赴西安参与西安事变谈判。抗战时期致力于中华民族抗日战争，曾在美国众参两院发表演说，在美国政坛取得了良好反响，代表蒋介石与美就合作抗日进行了广泛的卓有成效的外交活动。宋美龄担任全国航空委员会秘书长时，为美国志愿航空队（飞虎队）来华参战人员做了许多工作。

1943 年 2 月 18 日，宋美龄在美国国会参众议院发表即兴演说和正式演讲，呼吁美国社会关注和支援中华民族抗日战争，成为第一位在美国国会发表演说的中国人。她的演说声情并茂，语言流利，用词口语化程度很高，甚至使用美国人自己非常熟悉的一些俗语，还讲了一个中国衡山

---

① 周恩来：《应当尊重宋庆龄》，《周恩来选集》（下卷），人民出版社 1984 年版，第 451 页。

② 何善川、陈希亮：《宋美龄出生年份再考》，《历史教学问题》2015 年第 2 期。

"磨镜台"的故事，演说取得了空前成功，为中国抗、战争取到了美国政府的物质援助和美国人民道义上的支持。宋美龄第二次登上《时代》杂志的封面，"她和中国懂得何谓坚忍"，在美国刮起了一股中国旋风，那是宋美龄个人生命的高峰时期。

1943 年 12 月 1 日，参加开罗会议的中、美、英三国发表了《开罗宣言》。《开罗宣言》规定："三国之宗旨，在剥夺日本自 1914 年第一次世界大战开始以后在太平洋上所夺得或占领之一切岛屿，在使日本所窃取于中国之领土：例如满洲、台湾、澎湖列岛等，归还中华民国。"① 《开罗宣言》是在中国多方努力下才最终签订的，王宠惠据理力争，提出写明"归还中华民国"，居功至伟；宋美龄凭借自己的才干在开罗会议上周旋于丘吉尔和罗斯福两位巨头之间，不仅给蒋介石赢足了面子，也为《开罗宣言》的签订做出了独有的贡献。

宋美龄的一生充满历史复杂性，对蒋介石的评价成为对宋美龄评价的一个基准，另外，宋美龄对美国的情感也往往遭到非议。如果对蒋介石能进行客观的功过评价，宋美龄也会得到历史应有的评价。1943 年她作为蒋介石夫人赴埃及参加开罗会议，除了担任翻译以外，对会议谈判成功也做出了特有的贡献。1948 年赴美，1950 年回台湾。在台坚持统一立场，反对国家分裂。2003 年宋美龄走完了她传奇的一生，在美国的家中去世，享年 105 岁，她一生共跨越了三个世纪，遗体安葬在美国纽约芬克里夫墓园。

从宋氏家族来看，宋美龄和她的两个姐姐一样，同样取得了婚姻的成功。她们的婚姻对宋氏家族乃至整个中国都产生了重大影响。当然这种影响有时是符合历史进步潮流的，比如西安事变时宋氏兄妹鼎力营救蒋介石并最终战胜讨伐派促成国共合作，抗日战争时期宋氏三姐妹共同致力于团结抗日，这些都是历史的正剧。而有些只是"四大家族"共同上演的历史落幕剧中的小插曲，比如宋子文与宋蔼龄的矛盾；还有 1948 年蒋经国在上海打虎结果揪出的是孔家的扬子公司，而孔家大公子孔令侃也直接向姨妈求援，宋美龄随即迫使蒋介石出面训斥蒋经国，最后整顿只能草草收场。因此国民党内部高官有人戏言"只打苍蝇，不打老虎"。

---

① 　陈旭麓、李华兴：《中华民国史辞典》，上海人民出版社 1991 年版，第 34 页。

　　从宋氏家族的政治立场来看，大家都不尽相同。从他们的相互关系来看，也充满着矛盾和斗争。宋庆龄和孙中山结婚的时候，宋耀如夫妇和宋霭龄都极力反对。而当宋美龄和蒋介石谈婚论嫁时，大姐宋霭龄和孔祥熙都是极力撮合，这时她们的父亲宋耀如已经去世多年，但宋庆龄和宋子文都是极力反对的，最后母亲还是同意了。宋氏姐妹的婚姻都是那么的不同凡响，但宋子文的婚姻却显得有点平淡无奇。这既反映了宋氏家族男性成员和女性成员的差别，也和宋子文的个性特征有关。

　　（四）宋子文

　　宋子文出生于 1894 年，比宋庆龄小近两岁，比宋美龄大 4 岁，是家中的长子。中国家庭一般要求长子能继承父亲的事业，宋子文不仅努力去做了，而且做得比他的父亲更为成功。宋子文毕业于哈佛大学和哥伦比亚大学，获经济学博士学位。曾追随孙中山办理财政，1924 年在广东创办中央银行，任广东财政厅长。蒋介石上台后，宋子文历任财政部长、实业部长、行政院代理院长和外交部长等职。"九一八事变"后，强烈主张抗日，是当时强硬派代表者。抗战时期，曾赴美国开展外交，对美国增加援华物资等起了重要作用。宋子文的妻子张乐怡，是一个普通商人家的女儿，是他在庐山建别墅时认识的九江建筑商人张若虚的女儿。这可以说为宋家的婚姻增添了一抹平民色彩，是非常难得的不带任何政治色彩的普通婚嫁。从宋子文对于婚姻的选择中可见宋子文的性格中的一抹男性的独立色彩，绝不是依靠和附庸他的姐姐们或妹妹以求自全的人物。

　　宋子文是中国近代最有名的财政金融专家，为北伐战争和抗日战争筹集了大量军费和物资。最后在解放战争期间，进行了外汇改革，经历了黄金风波，对国民党在大陆统治的最后几年里金融崩溃负有一定的责任。同时四大家族也凭借手中的特权搜刮了巨额财富，因此宋子文对中华民国南京政府来说，完全是胜也由他，败也有他。后来宋子文长期居住在美国，最后在美国去世。宋子文除了给中国人留下孙中山和蒋介石的舅哥这个印象外，在政治上似乎鲜有作为。其实不然，宋子文在抗战初期，曾是非常知名的国民党"抵抗派"的代表人物，在西安事变中，他和宋美龄一起营救蒋介石，这加深了他同蒋介石之间的联盟，最终为达成国共合作做出了贡献。事实上，他同张学良私交甚密，这有助于西安事变的和平解决。在抗战时期，他是中国抗战赖以生存的财政和对美外交专家，为巩固中国和美国之间的联盟做了大量的工作，从美国争取了大量的物资和贷款。宋子良和宋子安协助大哥宋子文工作，致力于滇缅公路修建和组织南洋机工回国参加抗战等活动。

解放战争爆发后，宋子文面对蒋介石一意孤行发动内战，开始时当然也鼎力相助，但后来他深知战争法则早已胜过了金融法则，他不得不承认，解放战争使国民党统治区的金融状况已经到了崩溃的边缘，而这时他作为主要的官员却无力去改变，1948 年他辞职前往美国，不愿看蒋介石历史落幕剧的最后结局。从这些我们都可以看到，宋子文并不是不热衷政治，只是，国民党这条大船几乎完全由蒋介石这个船老大决定它的航向，容不得别人指手画脚，其他人只能给它添加燃料或者张其风帆。宋子文以财政金融家的身份厕身于民国的历史舞台，这既是这位经济学博士的真正用武之地，也是他最后输得最惨的地方。

1936 年 12 月 3 日，宋子文以全国经委会常委的身份回到故乡海南。飞机在海南岛上空环岛一周后，降落在海口，随即乘汽车赶往老家文昌。宋子文是以公开身份与时任广东财政厅长的宋子良等陪同人员一起回海南的，受到家乡父老的夹道欢迎，现场人山人海万人空巷。他回乡除了完成父亲的遗愿外，就是想开发海南的矿产等资源，第一步即修筑铁路和建设港口。由于时事艰难，宋子文开发海南的想法没能真正实行，随即西安事变发生，第二年抗日战争全面爆发，海南被日本侵占。宋子文和海南籍人士常有来往，1945 年就曾邀请陈序经出任驻泰大使，被陈婉拒。1947 年，宋子文牵头筹建海南大学。

1949 年新中国成立后，宋氏家族的历史也走上了一个全新的阶段，宋庆龄一直担任中华人民共和国的国家领导人，宋美龄住在台湾，宋蔼龄、宋子文去了美国。他们也曾想过一家人要团聚，但现实使他们再也没有团聚过。这个家族的命运这时候恰好体现了一个国家的命运。一个国家的领土和主权不容分割，海峡两岸终将会走向统一；血浓于水的亲情不容割断，一个家族的后人也最终会团聚。值得肯定的是，宋美龄和蒋介石在台时期，一直坚持“一个中国”的立场，使得台湾没有真正从中国分离出去，这不能不说是他们的一个历史贡献。1988 年，海南建省。2009 年 4 月，“宋耀如及其时代”学术研讨会在海南文昌举行，海内外学者和宋氏家族后人共聚一堂，追忆历史和先人，分享了关于那个时代和宋耀如的一些史料和研究成果。以宋子安之子宋仲虎曹琍璇夫妇为首的宋氏家族后人也常回海南，参与纪念活动和社会公益慈善活动，延续了宋氏家族爱国爱乡的光荣传统。今天，海南建设国际旅游岛，环岛高速和高铁相继建成，当年宋耀如父子和孙中山夫妇开发海南的梦想终于实现。宋氏家族不仅对海南而且对中国近代的历史进程都产生了重大影响，也留下了宝贵的精神财富。宋氏三姐妹通过自己的努力，成为近代中国最具影响力的三位女性，为女性参政开启了先河；宋子文兄弟也继承父辈遗志，发挥自己专长，在中国的历史进程中留下了自己的脚印。除了追求各自的人生理想以外，他们的爱国精神也值得我们学习。

第二节　陈序经的学术思想及其影响

陈序经，字怀民，海南文昌人，著名学者、教育家。陈序经是学者型的教育家，是全盘西化论的典型代表。他从小接受传统私塾教育，对中国传统文化非常熟悉，他还接受过系统的西方新式社会科学训练，对西方文化也很精通，正是在这个基础之上他提出了西化主张。

一　陈序经的成长经历

陈序经 1903 年出生于海南文昌清澜瑶岛村，这是一个半岛形的滨海村庄。文昌是海南著名侨乡，海运自古发达，离瑶岛村不远就有一个"下洋"码头，近可通文昌县城文城镇，远可到嘉积、陵水和三亚等海南港口，再远可达越南、南洋直至世界各地。瑶岛村是海南文昌陈姓家族的世居地之一，从宋代始迁祖来琼距今已经有 700 多年历史。

陈序经的祖父陈运彰是一个渔民，一次出海打鱼时不幸遇风浪而亡，连尸首也没能找到。父亲陈继美没有继续靠海谋生，转而从商。他从学徒做起，职位渐渐上升，商业也越做越成功，后来在文昌和新加坡等地相继开设商行或担任经理，后来还开过橡胶园。陈继美是在他的父亲去世 20 天后才出生，懂事后母亲管束极其严格。不过因家境贫寒无钱聘请塾师，只读过两年半私塾，后来靠自学才成为一名能干的商人。[①] 根据陈序经后

────────────

① 陈其津：《我的父亲陈序经》，长征出版社 2007 年版，第 3—4 页。

来回忆，他的父亲是一个记忆力超群的人，一天他们父子二人一同游览杭州古迹的时候，他父亲竟能轻松背下三十副对联，而陈序经自己因为没有留意几乎一副都背不出来。① 陈序经的父亲对他的影响如此之深，以至于陈序经经常把"以此书献给父亲"写在他书的扉页上。

1903 年陈序经出生时祖母仍健在，对他非常疼爱。母亲对他管教严格，由于丈夫常年在外奔走，忙于操持家务，另外在方法上也急于求成，母亲的教育效果并不好。陈序经 4 岁开蒙，读了一年私塾，一本《三字经》读了不到四分之一，还不会背。陈序经母亲几年后不幸因病去世，这对年幼的陈序经是一个巨大的打击。他和妹妹被送到汪洋村一亲戚家暂养。照顾他们兄妹的也是一个遭遇家庭不幸的年轻女性，丈夫去世，没有生育子女，所以对他们视如己出，他们称呼她为三妈。三妈是陈序经兄妹的恩人，因为她不仅在感情上抚慰他们的丧母之痛，而且耐心地培养他们二人读书的兴趣。三妈的教育方法还很现代，就是进行激励教育。一开始陈序经表现不好，经常逃课，她却偏偏在老师和众人面前表扬他。经过一年的细心教育，陈序经和妹妹的学习兴趣越来越浓，成为汪洋村致远学校学生中的佼佼者，成绩均占甲班和乙班第一。② 陈序经后来在外地求学时还经常和三妈联系，在大学任职后经常思念和照顾她，就像对自己的母亲一样。

1914 年陈序经入文昌模范小学，两学期末都考第一。一年后去南洋新加坡读小学，1919 年回广州读中学。在南洋读书期间，父亲担心陈序经"变番"（也就是陈序经后来所提倡的西化），不赞成他读英文，要老师多教他一些中文，要他多读中国古代典籍。当时南洋没有好的中学，加上要多学中国古典文化，所以不久陈序经回广州考入岭南大学附中。这时候他的父亲已经萌生送他留学的想法，所以希望他能考进英文比较好的国内中学。在他离开南洋的时候，父亲嘱咐他三件事情：第一照顾身体，好好读书；第二不要想在国内做官；第三不要想回南洋做生意。

回国后陈序经首先在广州补习了半年，后来又去拜见了钟荣光老师，钟后来任岭南大学第一任华人校长。由于陈序经学习刻苦，最终凭自己的

---

① 陈其津：《我的父亲陈序经》，长征出版社 2007 年版，第 8 页。

② 同上书，第 15—16 页。

实力直接考入岭大附中读三年级。这段时间是陈序经求学最艰难的时候，由于南洋的华侨学生水平低，再加上各种科目如生物、物理、化学等开设不一致，陈序经也曾以所有科目考试及格而庆幸，不过他国文、数学（几何）成绩一直很好。在学习基本适应后，陈序经开始广泛参加课余活动，与陈受颐一起担任《南风报》的编辑。1922 年夏天，陈序经考入沪江大学生物系，沪江大学是教会学校，陈序经不想入基督教，后来转入复旦大学，改读社会科学，1925 年大学毕业。毕业后赴美国伊利诺伊大学研究生院攻读政治学，兼修社会学，先后获文科硕士和哲学博士学位。[①] 1928 年回国受聘于广州岭南大学，任教于社会学系。一年后，陈序经偕黄素芬去新加坡结婚，婚后偕爱妻赴德国留学。1931 年回国重返岭南大学任教。1934 年受聘于南开大学经济研究所。抗战时期任职于西南联大。

二 "全盘西化"的激进主张

陈序经是从人类学的整体角度来研究文化的，他在国内首先提出文化学的概念和"全盘西化"的主张。他从世界文化发展的历史进程进行广泛的跨文化的比较研究，理论上主要受社会进化论和文化传播学说的影响。1933 年年末，陈序经在中山大学发表了《中国文化的出路》的演讲，掀起了持续两年之久的关于文化大论战的序幕。除了《中国文化的出路》之外，陈序经还写了《东西文化观》《全盘西化论》等著作，提出了"全盘西化"的激进主张："关于中国文化底主张，大约可以分作下列三派：复古派——主张保存中国固有文化的；折衷派——提倡调和互补的；西洋派——主张全盘接受西洋文化的。兄弟是特别主张第三派的，就是要中国文化彻底全盘的西化。"[②] 不管他的这种主张是否符合中国的实际，提出这样的主张需要很大的勇气，这一种主张提出后"振聋发聩"的效果是不言而喻的。矫枉过正，不过正不足以矫枉，面对中国文化的千年的沉重历史包袱，许多知识分子如胡适等都曾提出过西化的主张，但激烈提倡全盘西化的学者非陈序经莫属。陈序经毫无疑问是西化论最突出的代表者，凭借这一主张，他在中国学术思想史上获得了一席之地，但也因这一主张

---

① 陈其津：《我的父亲陈序经》，长征出版社 2007 年版，第 42、45 页。

② 《陈序经文集》，中山大学出版社 2004 年版，第 3 页。

让他遭受无数的反驳甚至批斗。也许我们今天来评价陈序经的这一文化主张还为时过早,因为不管是按照现代化的模式还是马克思主义中国化的提法,中国的社会主义现代化之路还很漫长。陈序经当年提出中国的政治、经济、社会和教育问题应该先从文化着手进行改革,"中国的问题,根本就是整个文化的问题",从当年极力提倡到今天还不到100年的时间。

中国近代遭受帝国主义的侵略,东南沿海数省首当其冲。容闳、康有为、梁启超、严复、孙中山等出自南方,陈序经出生在海南,在广州、上海和美国接受新式教育,提出这种激进的观点当然离不开岭南地域文化的影响。从陈序经的父亲去南洋算起,陈序经是出生在国内的华侨第二代。他从接受教育,结婚到从教,都离不开华侨的支持,陈序经的办学等学术思想也深受华侨爱国思想的影响。从洋务运动,维新变法到新文化运动,中国变革的主题无一例外都聚焦于文化问题,不管是器物、政制还是"民主"与"科学",还是"全盘西化",都只是认识和提出的角度不同而已。陈序经从整体上思考文化的问题,应该是从东西方文化比较的角度提出来的。当时在西方接受过新式人类学社会学方法训练的一批中国学人如林耀华、费孝通都有类似的思想。他们深受西方科学方法训练的影响,回到国内后重新思考中国文化的问题,提炼中国文化的特质,写下了一些不朽的学术名篇。《金翼——中国家族的社会学研究》和《江村经济》分别就中国的家族文化和经济生活进行了现代的人类学的描写,这在当时是领导世界学术潮流的新作,中国的学者借此在当时世界社会学人类学研究中占有重要地位。费孝通在《乡土中国》一书中提出了"熟人社会"这一概念来概括传统中国人的社区生活,提出与西方文化重视个人独立不同的"差序格局"。陈序经也提倡"个人主义"和"全盘西化"以拯救中国文化的弊端。陈序经等从新的社会科学的理论和方法的角度来重新认识中国文化的问题,从而区别于传统的文化反思和政治历史改良的一批学者,应该是令人耳目一新的。

在《全盘西化论》中,陈序经认为:文化的高低不在于这文化本身已达到的程度,而在其发展的可能性。中国文化发展,从来就偏于单调,到了周初,大体上已呈停顿的状态。至秦汉以后,中国文化更偏于单调的途径,更呈停顿的状态。古希腊罗马的文化,以至中世纪的文化却不是这样的。希腊文化的弹性比较大，所以能够容纳各种文化。①针对中国的道德教化问题，陈序经更是"痛心疾首"：号称"以德治国""以德服人"的国家，道德也不讲求。周公杀弟放弟，这是不仁；孔子不尊周室而在鲁国，而且后来又周游列国，朝秦暮楚，这是不忠；最先尊孔的汉高皇帝，能食太公一杯羹，这是吃人的道德。没有反抗他人的勇气，便说爱好和平，这是欺人的道德。从北平附近到潮汕田野，还有人裸体工作，一丝不挂，却没有人去管，然而男女同校，男女同行，却以为伤风坏俗，大有人起而反对。②陈序经在西南联大首先开设了文化学的课程。"全盘西化"是为了表达的方便，用"彻底现代化"等词也能表达类似的意思，但没能如此具体和直白。陈序经的许多观点基本上是在讲座和报刊上发表的，因此他时刻注意用新奇的观点来增加演说的吸引力，而与人论辩则充满了随时准备战斗的火药味。恶疾用猛药，乱世用重典。陈序经提倡"全盘西化"，对中国传统文化进行猛烈抨击，当然会遭受很多的反对。但这种反对也会常被他有力地驳斥。没有办法，最后只好打起了口水战，有人说，如果真要"全盘西化"的话，那么"全盘西化"这四个汉字也是不能用的了，否则就还是不彻底。

三　岭南第一校长

陈序经大部分时间都在大学任职，他从岭南大学任教开始，再从南开大学到西南联大，从中山大学到暨南大学，从助理教授做起直到大学校长。陈序经对中国大学教育的贡献和影响是深远的。他认为必须变革传统教育的内容和方法，走教育现代化的路子。陈序经认为"大学是求知与研究学问的地方"，应该贯彻"教授治校"的方针，他一直把自己称为教授兼校长，并说"我这个校长是为教授服务的"。1948年8月1日，陈序经初任岭南大学校长一职，他聘请冯秉铨、伍锐麟两位著名教授担任教务长和总务长。另外，他还聘请了不少知名教授去岭大任教，陈序经充分相信和尊重教授，他从来不去教室听教授们讲课，从不去检查他们的教学情

---

① 《陈序经文集》，中山大学出版社2004年版，第47—48页。
② 同上书，第51页。

况。① 他认为聘任教授才是校长的职责，如果聘请的教授没有真才实学，那就是校长失职。至于教授怎样上课则完全是教授的事情，赋予教授们完全的学术自由。我们从陈序经的学术背景和兴趣不难看出，他的教育思想和他的学术思想基本一致，这也给我们今天的教育很大的启示。今天我们反对官僚主义和形式主义，主张大学"去行政化"，但问题是难见实效。问题的症结何在？当今天一名大学教师在做教师的时候可能会极力维护作为教师的人格尊严和学术自由，一旦成为管理者甚至校长之后，却又会极力主张对教师进行行政化的严格管理。这样就陷入了一个体制性的怪圈，只要原有体制还在，换谁做校长都难逃大学科层制管理的宿命。所以陈序经能说到做到，实行教授"自治"，顶住各方面的压力，是难能可贵的。

陈序经是 1949 年选择留在大陆的校长之一，他利用自己的校长之位，保护学校师生，一大批学者也被陈序经聘请到岭大任教，如协和医学院放射专家谢志光、数学家姜立夫、语言学家王力、土木工程教授陶葆楷等。② 陈寅恪也是经陈序经挽留才留下来的，陈序经与陈寅恪都是崇尚思想自由的知识分子。陈寅恪以"自由之思想，独立之精神"立身于世，陈序经秉承家训，一不做官，二不经商，正是为了不隶属于任何固定的社会阶级或经济组织，只以知识和学问为自身价值的唯一凭借。③ 他在岭南大学时倡导四大自由，即个人的思想自由、信仰自由、言论自由和学术自由。

陈序经是一个极具有辩才的学者，他曾不无自诩地说自己曾挑起了民国时期的三次大辩论：关于文化出路问题、乡村建设问题和教育改革问题。对于教育改革问题陈序经无疑是最具有发言权的，但与他在文化论争上的"全盘西化论"相比，他的教育主张可以说要相对缓和，因而也更为务实。与职业教育相比，陈序经认为大学教育也很重要，应该用大学的教育来提升职业教育而不是用职业教育来代替大学教育，对于当时认为中国的大学教育办得过多的观点，陈序经认为，中国的大学教育恰恰不是太多而是太少了；陈序经还提出要重视文理科教育的平衡发展，文科看起来

① 陈其津：《陈序经与教授治校》，《书屋》2013 年第 1 期。
② 张晓唯：《陈序经岭南第一校长》，《中华儿女》2013 年第 13 期。
③ 陈家琪：《陈序经与暨南大学》，《东南亚研究》2004 年第 2 期。

没有理科实用，但因为"知识是相互连带的，相互影响的"，文科能真正起到理、工、农、医各科所不能替代的作用。另外，陈序经还重视开展留学生教育，认为这样才能真正赶上国际上的顶尖大学，真正实现中国大学教育的现代化。[①] 对于胡适提出兴办几所国立重点大学，陈序经认为要尊重教育规律，公立大学和私立大学都很重要。另外，他还认为大学教育应该尊重学生的个性和人格，造就真正的现代化人才。

四　杰出的人文社会科学贡献

很多人都以为陈序经是一个受西方文化教育比受中国文化教育要深的人，其实不尽然。陈序经对中国文化的了解之深虽然和参加过科举考试的传统知识分子如康有为、蔡元培等无法相比，但也是当时一般学者难以企及的。陈序经对中国的儒释道都有一些独到的看法和总结。

陈序经撰写的博士论文《现代主权论》专门研究主权问题，是中国近代政治哲学的经典之作。相较西方的现代政治理论，陈序经认为中国政治思想大致可以分为四个时期：胚胎时期，黄金（繁盛）时期，黑暗（因袭）时期，转型时期。在长达 1600 多年的胚胎时期阐明的民、君、天三个概念，在黄金时期得到了很好的发展：分别产生了老子、孔子和墨子三位大思想家。老子和孔子不同，他是人民权利的维护者，孔子是君权的维护者，而墨子坚持符合天的意愿的行为具有正义性，正义的状态就是"非攻"，"非攻"是"交相爱"的一个手段。转型时期则包括革命派、立宪派和无政府主义和共产主义等思想主张。陈序经还指出中国政治发展有六个趋势：第一是由君主主权转向民主主权，第二是政治思想从人治转向法治，第三是由和平主义走向军事主义，第四是从散漫自由到干扰，第五是从整体主义到个人主义，第六是从宗族主义到民族主义。陈序经这样评价 20 世纪 20 年代末的主流思潮：中国目前的政治思想是被孙中山的理论所垄断的，特别是在国民政府的胜利和国民党的统治地位确立之后。有人认为这是进入了一个新的时期，有人则认为回到了传统主义的路线——孙文主义实际上是儒家主义。孙中山是美国亨利·乔治的单一税收体系的信奉者，他坚持土地的国有化，后来他采用了国家社会主义的理论，再后

---

① 张太原：《浅析陈序经的高等教育思想及实践》，《辽宁师范大学学报》2001 年第 3 期。

来，他倾向于接受共产主义。他喜欢孟德斯鸠的权力制衡原则，不过又加了考试权和弹劾权。① 从陈序经的分析中我们可以看出他是从现代政治学的角度来对中国传统思想文化进行梳理和解读的，并对当时的发展如孙中山的"三民主义"极为关注。

　　陈序经在美留学时辅修的是社会学，因此社会学也是他长期关注的重要领域之一。他曾发表《社会学的起源》《三水疍民调查》（与伍锐麟合著）《华南水上居民需要特别加以照顾》等文章，除了关注社会学的理论问题以外，他还关注族群研究等社会实际问题，对疍民和西南少数民族、南洋华侨等开展考察和调查，这在当时都具有开创性意义。岭南大学早在1919 年就设置了社会学系；中山大学后来也设置了社会学系，开设有社会学概论、人类学和民族研究等课程，合并后在中山大学形成了社会学学术的传统和学术团体。② 1952 年大学合并院系调整时社会学系被取消。1956 年，毛泽东在中央扩大会议上提出，艺术问题上"百花齐放"，学术问题上"百家争鸣"。"双百方针"提出后不久，社会学者们又聚在一起，讨论恢复社会学系的问题。1957 年 3 月 20 日，雷洁琼、严景耀请到北京参加政协会议的中山大学副校长陈序经吃饭，为此邀请陈达、李景汉、吴文藻、吴景超、费孝通、赵承信、吴泽霖、林耀华等几位社会学界的领袖人物作陪。③ 1982 年，中山大学和南开大学等率先恢复社会学学科，此时陈序经虽然已经去世十多年了，但同时作为社会学人和大学校长，他对中国社会学的建设曾经起过的作用是无可替代的。另外，陈序经影响最为深远的文化问题研究本身也可以划入社会学的研究领域中来，1945 年，孙本文曾说：孙（本文）、黄（文山）、陈（序经）、吴（文藻）、费（孝通）五氏，可说是中国社会学中文化论者的重镇。④ 可见陈序经虽未以社会学家的身份知名于世，但事实上他还是得到了社会学界广泛认同的一个学者。

---

　　① 　陈序经：《中国的政治思想：发展与趋势》，转引自张世保《陈序经政治哲学研究》，人民出版社 2007 年版，第 279、285、290 页。

　　② 　李文波：《岭南社会学传统的历史回顾》，《中山大学学报论丛》1993 年 Z1 期。

　　③ 　李刚：《费孝通与林耀华——1957 年"恢复社会学"运动中的吴门子弟》，《书屋》2006年第 7 期。

　　④ 　周晓虹：《孙本文与 20 世纪上半叶的中国社会学》，《社会学研究》2012 年第 3 期。

　　1952 年大学合并院系调整以后，岭南大学被中山大学等合并，社会学和政治学都被并入了其他的学科，陈序经不再担任大学行政职务，成为中山大学历史系的一名教授。当时很多学者都转行学习马克思主义，比如社会学家费孝通转攻民族学，陈序经也转入对中国和周边民族的历史研究。他写了《匈奴史稿》《渤史漫笔——西双版纳历史补释》《东南亚古史研究合集》等著作，一方面延续了他原有的民族问题的学术旨趣，另外也开创了新的历史研究领域。陈序经对东南亚历史具有开创性的研究产生了非常大的国内外影响，后来有些东南亚国家的领导人曾说他的研究把这些国家的历史记载向前推了几百年，而这些是他们自己国家的历史研究者都还不知道的。陈序经一方面运用中国史籍中大量关于外国的记载和今天东南亚自己撰写的古代史相互印证，相互对照和补充，因此取得了较大成果。他还利用在德国留学时查找到的外文资料和中国原有史料相互贯通，使得他对某些历史问题的解释更加可信。陈序经勤学和严谨的学者风范将长存，他所追求的大学精神和校园文化也是留给我们今天的大学教育工作者的宝贵财富。

第七章　琼学的融合

　　海南是一个开放的海岛，历来受到中原大陆和南海其他各国的影响，各种思想文化汇聚于此，并在相对独立的海岛环境中生根发芽、互相融合，构成了一个全新的极具特色的琼学体系，形成了海纳百川、包罗万象的格局。中原的儒释道文化先后汇聚在这里，外来的基督教、伊斯兰教文化也在此传播扩散，这使得琼学的内容逐渐被丰富，呈现出多元融合的格局。各种外来文化进入海南并与海南本土文化相融合大多都经历了一个冲击—斗争—融合的过程。然而，不同的外来文化进入海南后所面临的抵触和最终融合的程度是有所不同的。相对而言，由于中原地理上的统一性和民族认同感的存在，中原儒、佛、道文化与海南本土的黎苗文化有着天然契通，它们初传海南并没有面临太大的阻碍，反而是受到欢迎。而基督教、伊斯兰教与海南本土文化的融合则并没有那么顺利，它们要么是传入伊始就引起了海南人的情绪反弹，要么是落地生根后还是相对独立地发展，没有很好地与本土文化融合。但是，无论各种文化与海南文化之间的冲突和融合程度如何，它们都已经在长期的文化发展中历史地成为海南文化的一部分，它们在思想理论领域的交融极大地丰富和发展了琼学。

第一节　海南佛教文化

　　佛教产生于公元前6世纪左右，由古印度迦毗罗卫国的太子乔达摩·悉达多创立。佛教传入中国主要有三条路线，即北传佛教、南传佛教、藏传佛教。北传佛教又称为汉传佛教，属于汉语系佛教，以大乘佛教为主。它从古印度向北传入中国，主要在中原汉族地区传播和发展。南传佛教又称巴利语系佛教，以小乘佛教为主。它由古印度向泰国、缅甸等东南亚国家传播，在中国的传播则主要是在云南傣族等少数民族地区。藏传佛教又称藏语系佛教，是印度密乘佛教与藏区苯教融合而成的特色佛教，主要在西藏、内蒙古等地区传播。其中，以汉传佛教在中国的影响最大。中国绝大部分地区的佛教都属于汉语系佛教，海南地区也不例外。

　　汉传佛教约在西汉哀帝年间就已经传入了中国，但仅在上层贵族中流传。东汉时期，佛教才逐渐在中国民间传播。两汉之际，佛教在中国属于初传阶段，主要依附于黄老道家而存在；魏晋南北朝时期，佛教逐渐从道家中脱离出来，开始保持自身的独立性并寻求进一步的发展，这一时期的佛教传播主要以翻译经文为主，不具有思想创造性；在魏晋南北朝大量经文翻译和经义论争的积淀下，隋唐时期，佛教在中国的发展走向了鼎盛。面对众多的佛教经典，中国僧人各据其一，开宗立派，发展出三论宗、天台宗、法相宗、华严宗、律宗、密宗、净土宗、禅宗八个主要宗派。八大宗派影响各异，其中禅宗一枝独秀，因最具中国特色而广为流传。其间，官方发起过几次灭佛行动。唐朝末年，各派逐渐衰落，唯有禅宗和净土宗还在流行。

　　佛教传入海南时正是在佛教发展最鼎盛的唐朝，而具体传入时间有待进一步考证。学界一般认为佛教传入海南的时间是在唐朝天宝七年（748），以鉴真第五次东渡失败而漂流到海南振州（今三亚市），并在海南修庙弘法作为标志。但这一说法也引起了广泛的争议，因为鉴真到达海南之前，海南多地已经有了佛教寺庙的存在。如当时的海南大云寺早在武周初期就已经建成，开元寺也在鉴真到海南之前就已存在，鉴真到达海南之后只是重修了这些寺庙。佛教寺宇的修建和佛像的塑造正是佛教早期传播的最主要形式，已经建立的寺庙也应该会有相应的僧侣到来主持。加之，鉴真初到海南时受到当地官员冯崇债和大海盗冯若芳的热情款待和帮助。他们对鉴真和尚的尊崇一定意义上表明了他们对佛教的友好和接纳，先前完全没有接触过佛教的人是很难做到的。所以说，佛教传入海南的具体时间应在鉴真来琼之前。但较之佛教传入海南的源头，鉴真来琼弘法在海南佛教史上的意义和影响力要大得多。它在海南佛教史上书写了浓墨重彩的一笔，至今人们提及与海南有关的佛教高僧，首先想到的就是鉴真和尚。

　　鉴真（688—763），唐朝高僧。俗姓淳于，江苏扬州人。南山律宗传人，日本律宗的开山祖师。鉴真俗家有着浓厚的佛学氛围，他的父亲就是随智满禅师受戒的佛教居士，而鉴真也正是在 14 岁与其父亲一道去大云寺参佛时萌生了出家的愿望。于是在武周长安三年（703），也就是鉴真 16 岁时，于大云寺出家为沙弥，师从智满禅师。两年后，随当时著名的道岸律师受菩萨戒①，并跟随其学习佛教律学。20 岁时在长安实际寺随弘景律师受具足戒。道岸、弘景都是律宗的传习者。律宗是中国佛教的八大宗派之一，因注重传习和持守戒律而得名。其实际开山宗师为唐朝的道宣律师，道岸、弘景都是他的再传弟子。鉴真跟随二师学习佛教律学，造诣颇深，从而成为南山律宗的传人。之后鉴真一直在长安拜访名师，研习佛法。直至开元三年（715），才回到扬州大明寺（律宗祖庭）修行。开元二十一年（733），晋升为大明寺方丈，先后为数万人授戒。

唐朝中日在佛教上的交流颇多。日本大化革新后，人民苛税和兵役负担日益加重，为了逃避负担、寻求安宁，许多人把眼光投向了佛寺。当时的日本要出家成为和尚并不需要严格的受戒仪式，不仅不需要三师七证，没有戒师、自誓受戒也是可以的。一时间，佛教僧团迅猛增长，逐渐威胁到日本政府的财政收入。为了更好地控制佛教为己所用，日本积极地加强中日佛教的交流，试图从佛教发展更为完善的中国找到答案。因而遣派学问僧入唐学习，最终找到了有效的解决办法，那就是效法中国佛教严格的受戒制度，从佛教内部严格地控制僧侣数量，避免百姓因逃避兵税义务而随意自戒为僧。但这时就面临一个问题，日本缺乏精通戒律、能主持受戒的名僧。由此，日本佛界再次将眼光投向了中国。在日本元兴寺隆尊和尚的推荐下，日本政府于开元二十一年（733）派遣荣叡和普照两位青年和尚带领遣唐使团赴唐迎请高僧，这才有了后来的鉴真东渡。而在迎请鉴真之前，长安的道璿曾受二人之邀前往日本，但其威望和能力并未获得日本方面的认可。因而，在继续的物色中，两位遣唐使在即将回国之际将目标锁定在淮南江左有名的律僧鉴真身上。于是唐天宝元年（742），两人来

① 〔日〕真人开元：《唐大和上东征传》，中华书局 1979 年版，第 3 页载："道岸当时被誉为天下四百余州的'受戒之主'，也是唐中宗李显的授戒师。"

到扬州大明寺迎请鉴真。①

日本遣唐团来到大明寺陈明本意、发出邀请时，鉴真众弟子大多顾虑到沧海森漫、路途多舛，唯恐性命不保而踟蹰不语。此时，已经 54 岁的鉴真和尚慨然叹道："是为法事也，何惜身命？诸人不去，我即去耳。"②在鉴真舍身弘法、义不容辞态度的感染下，鉴真弟子有 21 人决定同鉴真一道前行。由此，鉴真和他的弟子们正式开始了他们的东渡历程。然而，因为唐朝政府对私自出国的严格限制、地方官员的不断阻挠以及飓风、礁石的袭阻，鉴真一行人的东渡历程波折不断，先后五次东渡均告失败，第六次东渡才终于安全抵达日本领土。在鉴真的六次东渡历程中，其最后一次东渡对于鉴真本人以及日本佛教界意义非凡，在中日佛教史上都书写下了重重的一笔。然而，对于海南来说，鉴真的最后一次东渡却远没有第五次东渡来得重要。

天宝七年（748），荣叡、普照来到扬州崇福寺拜谒鉴真，商讨再一次东渡。在经过多番准备后，鉴真一行人再度从扬州出发，扬帆东渡。不料航行途中又遇飓风，被迫在海中漂流 14 天才得以着陆于一小岛上，休息整顿后又航行 3 天竟已到了海南岛南端的振州（今三亚市）。派人报郡后，受到振州别驾冯崇债的盛情迎接和款待。冯崇债是冯冼家族的后裔，晚唐时期，冯氏家族海北的势力逐渐衰退，但在海南地区却仍旧具有较大的影响力。面对鉴真的到来，他不仅带四百多人迎接，并将其迎入自家宅内设斋供养，还认鉴真和尚为舅舅，足可见他对鉴真和尚的尊崇。随后，冯崇债将鉴真一行人安置于振州大云寺，而因佛殿坏废，就有了鉴真对海南佛教的第一次贡献——历时一年多，重修大云寺。之后，冯崇债亲派八百甲兵护送鉴真等人至万安州（今海南万宁、陵水一带），在此受到州首领大海盗冯若芳的盛情迎接供养，并在万宁东山岭讲经弘法。小住几日后，带着冯若芳准备的丰厚赠品，在别驾冯崇债的护送下，鉴真抵达崖州（今海南文昌、澄迈一带）边界。继续行进至崖州城，鉴真又得到了游奕大使张云的礼遇，将其安置于开元寺中。开元寺因一场大火而被烧坏，这

---

① ［日］真人开元：《唐大和上东征传》，中华书局 1979 年版，第 5 页载："荣叡、普照两人虽然已请了道璿，但由于道璿威望不高，所以两人于唐天宝元年（公元七四二年）即入唐十年后，又到扬州来敦聘鉴真。"

② ［日］真人开元：《唐大和上东征传》，中华书局 1979 年版，第 42 页。

就有了鉴真对海南佛教的第二次贡献——修造开元寺，建造释迦牟尼丈六佛像。然后才由澄迈县令护送出岛。

鉴真和尚为海南重修寺庙当是功德无量，但他对海南佛教最大的贡献还不是修寺造庙，而是自振州北上几乎踏遍大半个海南的过程中不断地开坛讲律、授戒度人。[①] 鉴真所处的时代，虽然佛教八派已经发展成熟，鉴真对佛教其他各派的思想也都有所涉猎，但作为南山律宗传人，他确实更关注对律宗经典的修习和传播。如同鉴真东渡日本之后一样，他在海南开坛讲学的内容虽旁及其他佛法，但仍以律宗律法持戒为主。因而，鉴真对海南佛教学理上的发展贡献并不大，他对海南佛教的贡献更多是在形式规模和心理认同感上。他在海南的弘法活动使得海南佛教徒增多，同时也使海南人民对佛教文化更为理解和接受，为佛教在海南的发展营造了很好的社会和思想氛围。《海南省志》所载，"海南佛教大体属于禅宗，惟其内容复与净土宗相似，僧侣不重戒规，故其地位亦低"[②]，恰恰说明鉴真在海南地区的传经活动没有对海南佛教文化的性质起决定性的作用，鉴真对海南佛教的贡献更多是启蒙性和促进性的。而海南佛教文化的禅宗性质更多的可能是受到整个汉传佛教发展趋势的影响。中晚唐时期，八大宗派，尤以禅宗一枝独秀。

海南佛教以禅宗为主流可能还与宋朝的一位禅宗诗僧有关，这个人就是临济宗黄龙派三世传人惠洪。禅宗是中国佛教的八大宗派之一，中唐时一分为二。由神秀统领北宗，慧能掌灯南宗。随着南宗的进一步发展，晚唐时形成了五家七宗的格局，即由南岳怀让一系开出沩仰宗、临济宗两家，临济宗又分为黄龙和杨岐两派；由青原行思一系分出云门宗、曹洞宗和法眼宗三家。宋代临济与曹洞二宗尤为兴盛，素有"临济临天下，曹洞曹半天"之说。而惠洪正是禅宗显派临济宗黄龙派的传人。

惠洪（1071—1128），俗姓彭[③]，字觉范，号德洪、冷斋，自称寂音尊者，明白庵人。筠州新昌（今江西宜丰县）人。14岁父母双亡，投宝

① ［日］真人开元：《唐大和上东征传》，中华书局1979年版，第70页。鉴真重修开元寺后的登坛传经有明确的记载："登坛授戒、讲律，度人以毕，仍别大使去。"

② 海南省地方史志办公室：《海南省志》第三卷《宗教志》，南海出版公司1994年版，第450页。

③ 关于惠洪的俗姓是有所争议的，有人认为他俗姓喻。

云禅院青色禅师座下为童僧。19 岁假借东京（今河南开封）天王寺亡僧"惠洪"名得度牒为僧。之后一直跟随宣秘禅师修习《唯识论》《成实论》，同时博览子史、工于诗作。其诗名振京城，被誉为一代"诗僧"。宋哲宗元祐八年（1093），惠洪南归投庐山归宗寺，师从黄龙宗二世真净克文禅师，日受"黄龙三关"钳锤逼拶，佛慧增进，终得开悟。后辞别真净克文禅师，四处参游访学，曾弘法于江西北禅寺、江苏清凉寺。一生笔耕不辍，著作颇丰，《冷斋夜话》《石门文字禅》《林间录》《禅林僧宝传》《临济宗旨》《智证传》等诗、佛著作仍留存于世。

惠洪一生命途多舛、境遇坎坷。惠洪在京城时多与达官贵人交好，常与丞相张商英、太尉郭天信参禅悟法，诗酒往来，交情颇深。惠洪曾因冒用僧名被削除僧籍、逮捕入狱，正是因二人力保才得以出狱再次得度，并被赐号宝觉圆明禅师。但所谓成也萧何败也萧何，也正是因为张、郭二人，惠洪才被贬南疆。宋徽宗政和元年（1111），张商英因蔡京等党派政治排挤而罢相谪任河南知府，郭天信也一度被贬。惠洪则因与二人结交而被牵连发配崖州，饱尝颠簸客居之苦。三年后终遇大赦而回归筠州，却又在两年后被狂道士诬蔑为怀素同党而深陷南昌狱中百余天。

惠洪虽遁入空门，却终免不了世俗政治之苦。但正如所有被贬谪琼的文人才士一样，某种程度上来说，中原政治斗争之苦，正是海南文化发展之福。若不是因冤被贬，惠洪又如何能与海南结下一段殊缘？惠洪在政和元年（1111）被贬崖州，政和三年（1113）才被赦免回到筠州，在海南岛谪居三年之久，对海南的文化发展做出了重要的贡献。

惠洪是临济黄龙派大师，也是禅宗史上独树一帜的人物。他一改禅宗"不立文字，直指人心"的传统，提出了"文字禅"的思想，将语言文字作为契悟佛道、彰明佛法的有力工具，即"道之标帜"。他的"文字禅"思想颇受争议，虽有部分反对者以"葛藤"为喻批其烦冗，但仍旧磨灭不了它在禅宗史上的重要意义。它改变了禅宗只重心性契合、不重文字表达的修习和传承方式，一定程度上纠正了禅宗发展到后期过分剥离文字、蔓说自放的弊端。此外，惠洪博览佛教各派学说，对禅宗五派尤其是临济、曹洞二派有精深的研究。善于把握各派要旨，并在此基础上，汇通融合。所以说惠洪在整个禅宗乃至佛教史上占据了重要的地位。而他对海南佛教的贡献正是他在禅宗史上贡献的缩影，海南佛教以禅宗为主与惠洪在海南的弘法活动也有一定的关联。

惠洪初到海南时，居住在琼州开元寺的俨师院。被贬海南蛮荒之地，路途颠沛流离，惠洪内心也十分苦楚，但仍能够排除艰辛，"日与弥勒同龛"①，精进修佛，参禅悟道。当然，惠洪也并非闭门苦修之人，即使被贬海南，他也不忘传经弘法，并与当地的好佛之士交流切磋。惠洪还在俨师院时，曾对前来请教佛法的证公和尚作出开示，并指引其北去江西寻临济宗大师灵源大士（即惟清禅师）修习佛法。②借由与当地佛教爱好者的交流与切磋，惠洪独具特色的禅宗思想得以传播开来，影响一方。惠洪并不是一个规矩僧，他爱与世俗达官显贵结交，吟诗作乐，还曾游弋于青楼楚馆之中，甚至曾可能纳妾同居，是有名的"花和尚""浪子和尚"。惠洪被贬海南期间还曾与友狎妓，并作偈自我辩白："道人何故，淫坊酒肆。我自调心，非干汝事。"③不论惠洪是否真的如其偈子所说，声色犬马只为调心，他这种典型的"酒肉穿肠过，佛祖心中留"的禅宗思想却已在海南佛教的史页上留下了印记。"海南僧侣不重戒规"④或由此而来。

惠洪对海南文化发展所做出的贡献不仅在佛教领域，他谪居海南期间曾留下许多脍炙人口的诗句、佛偈，为海南文学增光添彩。

比如，他被流放海南吃到荔枝时曾赋诗感叹：

> 口腹平生厌事治，
> 上林珍果亦尝之。
> 天公见我流涎甚，
> 遣向崖州吃荔枝。⑤

还有，他自琼北南下过陵水时亦曾赋诗：

---

① 惠洪：《石门文字禅》卷二十二《无证庵记》，明文书局 1981 年版，第 292 页载："余顷得罪，谪海外，馆于开元之上方俨师院，日与弥勒同龛，颓然听造化琢削。"

② 惠洪：《石门文字禅》卷二十二《无证庵记》，明文书局 1981 年版，第 292 页。

③ 惠洪：《石门文字禅》卷十七《政和二年余海外馆琼州开元寺俨师院遇其游行市井宴座静室作务时恐缘差失念作日用偈八首》之三，明文书局 1981 年版，第 228 页。

④ 海南省地方史志办公室：《海南省志》第三卷《宗教志》，南海出版公司 1994 年版，第 450 页。

⑤ （清）刘灏辑，张虎刚校点：《广群芳谱》，河北人民出版社 1989 年版，第 1468 页。

野径如遗索，萦纡到县门。

犁人趁牛日，蛋户聚渔村。

篱落春潮退，桑麻晓瘴昏。

题诗惊万里，折意一消魂。①

　　惠洪在海南地区的诗、偈创作勾画出了他在海南的活动范围和大致活动路线，也反映出他的内心情绪和思想状况。惠洪被贬琼州蛮荒清苦之地，内心也有失意苦闷，因而常赋诗聊以自慰。惠洪内心虽隐有落魄失意的情绪，但借由文字表达出来却多为豁然畅达之语。其在逆境中能自得其乐与其精深的禅学造诣有很大关联。这种困境不改其乐、畅然林立于世的态度对海南文化性格的定型起了很大的作用。

　　总的来说，海南佛教起源于唐朝，盛行于宋朝。唐宋时期鉴真、惠洪都对海南佛教有所影响。其后海南佛教的发展状况与流派变迁仍受中原影响较大，与中原佛教发展趋势大体一致。自中原大陆传播而来的佛教逐渐与海南本土文化融合汇通，成为海南文化一个重要的组成部分。就地域来说，佛教传入海南，主要在海南的三亚、万宁、屯昌、海口、澄迈一带传播发展，如今已成为海南地区的第二大宗教。

第二节　海南道教文化

　　道教是以"道"为世界本体和本原，以神祇仙灵信仰为核心内容，通过修炼丹道法术并利用经箓符篆来达到去除邪魔、长生快乐乃至得道成仙的宗教。道教是中国土生土长的宗教，它源于原始巫术或神仙方术与道家思想的结合。历代道教都尊奉老子为教主，并将其神化为太上老君、道德元君，改《道德经》为《道德真经》，奉为道教经典之首。历代道教虽同宗共源，终极目标一致，但在宗教表现形式、道经的选择及修行途径和方法上却有所不同，因而，道教在不断地发展过程中分化出了许多派系。

　　东汉时期，黄老道学较为兴盛，它在进一步的发展过程中逐步被神秘

---

① 韩林元：《历代名人谪琼选注》，河南大学出版社 1990 年版，第 76 页。

化，由此产生了道教的早期形式——黄老道。早期黄老道教只是具备了一定的道教色彩，却没有道教的组织形式，还不能算真正的宗教。而真正意义上的道教成形于汉顺帝汉安元年（142），张道陵在四川鹤鸣山创立了"五斗米道"，后世称"天师道"。而后，巨鹿人张角于汉灵帝时创立了太平道，尊奉《太平经》，道教的宗教组织形式和基本教义得以初步形成。之后经东晋葛洪撰文阐述道义，北魏寇谦之改革天师道修持形式，南朝宋陆修静制定斋戒仪范，道教作为宗教的整体形制才趋于完整。隋唐至宋朝，道教发展走向鼎盛，分化出众多教派，如南北天师、上清、净明、太乙等。宋以后，道教各宗派归并融合，主要有天师道（后发展为正一道）、全真道、灵宝道、清微道四大教派。其中灵宝、清微逐渐式微，正一和全真两派成为道教的主流。

　　海南道教产生于中原道教发展最昌盛的唐朝。李氏家族为了维护唐朝政权的合法性，溯宗于老子，尊崇道教，并在全国范围内大肆兴建道观、推广道教。既然是全国性的传播，当然也不会落下海南。据有关史料记载，海南在唐朝时已经有了道观的修建，其中目前在方志中所见最早的是昌化县的景昌观，建于唐高宗乾封二年（667）。① 其后，海南陆续有道观修建，至宋朝时尤为昌盛。琼州天庆观、万寿宫、城隍庙，临高永兴观，儋州玄娜观，崖州玉皇庙等一批道教活动场所纷纷建立。可见这一时期道教在海南地区的昌盛。元代道教依旧在海南平稳传播，新的道观祠庙陆续被修建。值得关注的是，这一时期兴建了很多有特色的道教活动场所，如黎母庙、天妃庙等。黎母是海南黎族人的祖先。道教的神祇崇拜和鬼神祭祀思想与黎族万物有灵的自然、祖先崇拜思想有着天然的共通之处，而且它们都属于多神崇拜。所以道教传入海南后很容易为黎族人所接受。而道教运用斋戒、打醮、禁咒、符箓等方式驱除鬼怪恶魔、维护一方平安的方式更是让黎族人新奇和尊崇。慢慢地，黎族人开始借鉴道教的宗教仪轨设置和斋祭形式，仿效道教观祠建筑风格，并结合黎族自身的祖先崇拜、将祖先神化，进而修建具有黎族色彩的道教活动场所——黎母庙。黎母庙是反映中原道教文化传入海南并与海南本土黎族文化汇通融合的活化石。天

---

　　① （清）李有益：《光绪昌化县志》卷二，海南出版社2003年版，第167页载："景昌观，《九域志》：唐乾封中置。"

妃又称天后、妈祖，原名林默，福建莆田人，因常常救世济人，广播恩泽，而被朝廷赐封、百姓爱戴，后逐渐被神化为圣母、海神。琼州天妃庙的修建融合了妈祖崇拜的原始形式和道教观祠的祭祀风格，一定程度上反映了中原道教文化与海南海洋文化的交流与融合。所以说，宋元时期，道教在海南地区广泛传播并与海南本土的黎族文化及其他外来文化交汇融合。明清时期，道教在海南的发展进一步民间化、世俗化。道教活动场所不断在县以下的村镇修建，信道者越来越普遍。"一般群众笃信道教，无论超亡禳祭、斋醮祈福，都请道上为之。"① 民国以后，由于官方的打神办学和剔除封建迷信活动，道教受到了很大的打击。海南道家发展急速衰退，一度跌落谷底。道观、祠庙等道教文化活动场所多被摧残或自然荒废，道士多只通过超度、祈福、卜卦等赚点养家糊口的小钱，正统的道教教义、仪轨等多被忘却。改革开放以来，海南道教发展逐渐有回暖的趋势，但要再度兴盛起来则是"道阻且长"。

受中原道教发展大势影响，海南道教在内容性质和宗派传承上大体与中原地区相同。海南道教亦以全真道和正一道为主流，其中，宋朝多偏向于全真道金丹南宗，元以后多信奉正一道。

宋朝海南推崇金丹南宗主要与南宗五祖白玉蟾有关。金丹南宗属于道教丹鼎派的内丹派。道教外丹派兴盛于隋唐五代时期，以《周易参同契》为基础建立系统的丹道理论、探究炼丹方法。后因炼制外丹费力又无果，外丹学逐渐向以结合《黄庭经》内修为基础的内丹学转换。两宋时期，内丹学蔚然成风，内丹理论成熟而光大，传承流派众多，如陈抟一脉、刘海蟾一脉、张伯端一脉、王重阳一脉、张三丰一脉等。其中王重阳和张伯端的派系尤为显著。王重阳在贯通儒释道的基础上于陕西终南山创立了全真道，以"全精、全气、全神"和"苦己利人"为宗旨，是道教各派中最纯粹、最严苛、最出世的修行派别。金丹南宗初祖则是张伯端，而其实际创始人是南宗五祖白玉蟾。白玉蟾受张伯端《悟真篇》影响较大，因而在创立教派时推本溯源至张伯端，中间二、三、四祖分别是石泰、薛道光、陈楠。元朝建立后，以王重阳为代表的全真道往南传播并与金丹南宗

---

① 海南省地方史志办公室：《海南省志》第三卷·宗教志，南海出版公司 1994 年版，第462 页。

交流切磋。鉴于两派有着共同的内丹理论渊源，对各自的传承系统（北全真七子、南金丹五祖）又相互认可，两派逐渐融会贯通于一体。元惠宗时两派正式合二为一，称为全真道。其中王重阳一系史称全真北宗，张伯端一系史称全真南宗。

全真南宗，或称金丹南宗或内丹南宗，他的实际创立者是海南人白玉蟾。白玉蟾，南宋著名的道士，祖籍福建闽清，宋光宗绍熙五年（1194）生于琼州（今海南琼山），何时去世尚存争议。本姓葛，名长庚，字如晦。后因母亲改嫁，遂改名白玉蟾，字众甫。号琼琯、云外子、海南翁、琼山道人、紫清道人、武夷散人、神霄散吏等。白玉蟾自幼天资聪颖，熟读诗书，深谙九经，能诗善画。10 岁时举童子科，考题为"织机"，白玉蟾赋诗"大地山河作织机，百花如锦柳如丝。虚空白处做一匹，日月双梭天外飞"。其诗旷达磅礴之意尽显，考官韩世忠却认为其文过于狂妄而未予录取。12 岁时始知有方外之学，而开始其修学问道之路。白玉蟾 16 岁时离开琼州外出求道，游历到广东惠州时遇到了高道陈楠，遂拜其为师，苦修道法。

陈楠，字南木，号翠虚子，世称陈泥丸或泥丸真人，早先曾跟从毗陵禅师薛道光[1]学习太乙刀圭金丹法诀，成为金丹南宗的四世传人。后来得到黎母山神人密授《景霄大雷琅书》，传说是可以设坛关请雷神驱妖除魔的雷神秘书。后又得到自称"吾非凡人，即雷部都督辛忠义也"的道人传授《都天大雷法》而精通五雷法术，传说能接通天地、役使鬼神、呼雷唤雨、耳闻九天、目视万里。陈楠收白玉蟾为徒后先后将内丹修炼法诀和神霄雷法密授白玉蟾，白玉蟾又授给彭耜，由此，自陈楠起金丹南派结束了其独修内丹的历史，开始兼修雷法，创设了金丹南宗以内丹为体、雷法为用的内炼金丹外用符箓相结合的修行方式。

白玉蟾跟随陈楠修行一段时间后，在师父的敦促下离开罗浮山开始四方云游，先后游历了武夷、龙虎诸山。道业虽得增进，但也常常因为他"蓬头赤足，经年不浴，终日握拳闭目，或狂走、或兀坐、或镇日酣睡、或长夜独立、或哭、或笑"[2] 的疯癫之举而不为世人甚至是同道中人所接

---

[1]　薛道光后来受到石泰点化，弃僧从道，成为道教金丹南宗三祖。

[2]　（宋）白玉蟾：《白玉蟾集》，海南出版社 2006 年版，"前言"第 2 页。

受，所以在这些地方都待不了多久。最后他在师父陈楠即将仙逝时又回到
了罗浮山，得陈楠临终传道嘱托。从此，白玉蟾开始了他传道创派的
历程。

金丹南宗前四祖张伯端、石泰、薛道光和陈楠的确立，只是金丹南宗
实际创立者白玉蟾在创立道派后推宗溯源的举措。白玉蟾之所以能成为金
丹南宗的创立者主要在于他一改前四祖道法密授独传的方式，而广招弟
子、建立教团，形成了一支真正意义上的道教宗派，并将金丹道法和神霄
雷法传播于众。白玉蟾创立的南宗教派不仅有强大的僧团体系，还有规范
的道教仪轨和戒律体系。他所著的《道法九要》《祈雨简便科仪》等不仅
为道教修行及活动提供了很好的理论规范，而且有利于道教教法理论的广
泛传播。

白玉蟾创派后兼传内丹炼制法和神霄雷法。在内丹修习方面，根据南
宗两条不同的路数，分为双修派（阴阳派）和清修派。刘永年、陈致虚
等为代表的内丹双修派强调男女阴阳和合，是结合房中术和行气术的取坎
填离的男女双修丹法。白玉蟾一系则属于内丹清修派，强调自身身体内部
的阴阳调和。所以白玉蟾有"自家精血自交媾，身里夫妻是妙哉"的说
法。可以说，在内丹修行体系上，白玉蟾一系的金丹南宗清修法与王重阳
的全真北宗较为一致。相比世俗化的阴阳双修法，这种独自清修的道法显
然更纯粹、更严苛，层次也更高一些，所以才得以成为道教的上层道法，
成为"与天地造化同途"的至秘仙道。然而白玉蟾在内丹理论趋于纯粹
化、出世化的同时，他又在使用和传授着具有浓重世俗和民间巫术色彩的
神霄雷法。这些自称传自天宫雷霆都司，运用符咒求雨祈晴、降妖伏魔、
治病除瘟、超度亡灵的雷法法术在民间获得了很大的推崇，被奉为"安
国济民、接物利生"的万法至尊。这极大地促进了金丹南宗在南方地区
的传播与发展。

白玉蟾是道教史上的重要人物，他对中原道教发展的主流产生了决定
性的影响，对海南道教的发展也是如此。白玉蟾作为祖籍福建、出生于琼
州的海南人，本身就在中原文化与海南文化的交流传播中起着重要的作
用。白玉蟾祖父葛有兴是南宋时期被派来海南督学的。他们是举家迁移至
海南的汉人，移民海南岛后在督学活动中就将中原文化带至海南，并与海
南的当地文化有所融合。而白玉蟾离琼访学中原，得道后又将所习得的中

原思想传播回故乡海南，融入海南的本土文化之中。如今海南唯一合法化的道场——文笔峰南宗祖庭（白玉蟾道场）的存在即从历史事实的层面说明了白玉蟾对海南道教文化的影响。白玉蟾的内丹修炼思想和雷法法术等都在海南有一定的传播。但相比而言，其符咒法术体系与海南文化的融合程度更高一些。因为白玉蟾的内丹修习体系无论从外在形式还是内在信仰来说，对道教徒的要求都更为纯粹和严苛。他的内丹炼制模式不仅需要正心、诚意，以极度虔诚的心积聚精气、凝结元神从而感通神灵，而且其独自清修的修持方式则关上了世俗饮食男女之情的大门，其出世程度绝非元朝以后海南正一道的仅作为谋生职业的"火居道士"① 所能比拟。这样严格的持戒标准和高难的修行要求很难为民间大众所接受，这就在一定程度上阻碍了内丹修炼道法在海南地区广泛而大众的传播，而只能是小众的流传。与此不同的是，神霄雷法的符咒法术却得到了海南地区民众的欢迎。本来中国的民间百姓就偏向于推崇能给他们带来实际效益的神力性的东西，而雷法祈雨求晴、治病降魔、超度亡灵的功效正好满足了他们强烈的心理需求。其次，带有原始巫术色彩的神霄雷法能在天然上与黎族的信仰共通。海南黎族多信奉黎母，而传说中的黎母是天上的桃花仙女在黎母山游玩时因迷恋山里美丽富饶的景色，而变化成金南蛇产下一卵，经雷神划破之后蹦出来的少女。在这个传说体系中，正是雷神划破了蛇卵，黎母才得以跃出，黎族人才得以产生。可以说，黎族人对雷神有着神圣的崇拜，而基于雷神信仰的神霄雷法体系在传入海南尤其是黎族人中时，自然不会面临太大的阻碍。另外黎族人早期也有运用占卜、测验等巫术的基础，神秘而实用的雷法符咒法术传入海南后，也很容易被海南人所接受。这也在一定程度上说明了为何元朝以后海南地区主要是以画符念咒、超亡禳祭和祈福斋醮等为主要形式的戒律松散的正一道派火居道士为主。海南道教的迅速民间化和世俗化虽然与中原道教发展大势有关，但白玉蟾雷法符咒体系的传入也埋下了伏笔。此后，海南的道教一直走的是世俗化路线，道士大多只是运用斋醮符箓来谋生的职业，而不再有纯粹的宗教信仰和严苛的修行证悟。脱下道袍和普通人相差无几，后来甚至很多道士都归

---

　　① 火居道士指在家修行的道士，可以蓄发娶妻生子，虽也要持戒奉斋，但要求远没有出家的清修道士严格。

家还俗了。海南道教在民国以来逐渐没落了。

此外，白玉蟾虽作为道教金丹南宗的创派祖师，但却是学贯儒释道的。他不仅在道法上造诣斐然，对佛教禅宗和儒门易道也颇为精通。他的道家思想融摄了禅宗的理念和理学的意旨。所以传播到海南的白玉蟾文化绝不仅仅是道教文化那么简单，它还包含了禅宗思想和儒学理念。另外，它在与海南本土文化的汇通融合中也得到了进一步的丰富和发展。实际上，关于道教传入并与海南本土文化尤其是黎族文化的融合应该是个双向的交流过程。海南本土文化吸收了道教的神法信仰和符箓法术体系，海南道教又融入了海南本土的黎母、妈祖等信仰。正是在不断地交流融合中，具有海南特色的道教体系才得以形成。当然，海南道教体系的形成，白玉蟾作用很大，但也绝非他一人功劳，据道光《琼州府志》记载，海南还曾出现过许多道士，如刘遁、白云片鹤、林道玖等。他们较之白玉蟾影响力虽较为微小，但对于海南道教的发展和道教文化的传播都起到了一定的推动作用。由此，海南道教在海南地区得以确立和发展，并逐渐与汇聚在海南地区的各大文化相互融合。

第三节　海南其他外来文化

海南文化是一个开放包容的体系。在长期的发展过程中，海南不仅融合了中原的儒释道文化，而且接纳了海外基督教、伊斯兰教等异域宗教文化，最终与自身以黎苗文化为主的本土文化融会贯通，形成了多元的海南文化格局。

海南基督教文化

基督教于公元1世纪左右创立。它脱胎于犹太教，是以圣父、圣子、圣灵三位一体的神为信仰的宗教。基督教在发展过程中向东西两派分化，直至1054年两派正式分裂。东派发展成为"正教"或称"东正教"，以君士坦丁堡为教会中心；西派发展成为"公教"或称"天主教"，以罗马教会为中心。16世纪，在马丁·路德、加尔文等人领导的教派改革运动的推动下，基督新教从天主教中脱胎而出。由此形成了基督教的三大主要分支：天主教（旧教）、正教、新教。

基督教最早传入中国是在唐太宗时期，当时传入的是一个名为聂斯托利的小教派，汉称"景教""大秦教"。这个被认为是异端的小教派独立于基督教的三大主要分支之外，在唐朝前期迅速传播开来，大到京都长安，小到地方州府都建有景教的寺院。但到了唐玄宗时期却多遭非难，然而毕竟还有官方的保护，不致受到太大的冲击。而唐武宗时倡议废佛，景教也受到波及而被禁止，逐渐走向衰微。景教虽较早传入中国，并产生了一定的影响。但其影响所波及的区域主要是在中原大陆，往南也只到福建沿海地区，对海南没有直接的影响。真正对海南产生直接影响的基督教是元以后传入的天主教和新教。

天主教在元朝时就已经传入中国，当时的罗马主教曾派遣使者来华传教。这时的天主教与早期末落而再度复兴的景教一起被称为"十字教"，并在华夏大地上传播开来。但元朝末年，统治者不再对宗教采取宽容政策，天主教逐渐没落。明中叶以后，天主教再次传入中国，正是在这次传播中，天主教才得以传入海南。天主教传入海南的确切时间是在明崇祯三年（1630），葡萄牙耶稣会神甫彼尼在琼山府城的陈氏宗祠内设教堂传教。① 明崇祯五年（1632），澳门耶稣会应礼部尚书王弘诲的儿子王保罗的请求派马尔凯斯和曼第司来海南岛传教，并给王保罗一家施洗。明末清初之际，天主教在海南的传播达到高峰，葡萄牙教会先后派大为加、林本笃，澳门耶稣会也派麦脱司等人来海南传教。法国、意大利、西班牙各国也派传教士来海南。清雍正元年（1723）至鸦片战争以前，清政府实行海禁，并在国内间歇性地发动禁教运动，外国教士大多不敢来华传教，只有极少数如澳门鸣九教区的神甫还在从事传教活动，但这种传教是比较隐蔽的、影响也是很小的。这段时间海南天主教的活动几乎处于停滞状态。鸦片战争爆发，西方各国传教士借铜枪大炮的强力支撑，以一种极为强势的姿态迅速而粗暴地将天主教文化输入海南。从此，天主教在海南地区迅速传播开来。这一时期，各国列强不断地进行着利益争夺和势力瓜分活动，法国在霸占越南后，将目光转向了海南岛。海南天主教区直至独立掌权前，长期由法国教会掌控。

---

① 海南省地方史志办公室：《海南省志》第三卷《宗教志》，南海出版公司1994年版，第476页。

　　新中国成立前，与法国人一道掌控着海南基督教教区的还有美国长老会，只是他们所掌控的是基督新教教区。这是基督教另一主要分支在海南地区传播的体现。其传播开始于清光绪七年（1881），丹麦牧师冶基善在琼山府城吴氏宗祠内设临时传教所。后美国长老会又加派康兴利、纪路文、张约逊、谢大辟、悟熙国、白辅德、徐君礼等男女传教士来海南地区传教。① 从此，由美国长老会领导和支援的基督新教扎根于海南，并迅速在海南北部地区蔓延开来。

　　无论是天主教还是新教，基督教在海南的传播影响范围主要是以海口为中心的包括临高、澄迈、定安、儋州、文昌等在内的海南北部地区。这一地区相对远离海南佛、道两教的主要道场，基督教作为迟入的外来宗教更容易渗透进这个宗教信仰相对薄弱的地区。而且这一地区又是海南的政治、文化中心，其重要的地位也使得基督教必须驻足于此。与佛教、道教、伊斯兰教等和缓传入海南的方式不同，基督教在海南传播的兴盛是伴随着坚船利炮的冲击和不平等条约的制定的。它一开始就以一种咄咄逼人的姿态强势植入。所以基督教在海南地区的传播是带着文化侵略和殖民性质的。这样一种外来文化的强势进入，必定会在一定程度上引起海南本土文化及先来文化的抵抗和反弹。实际上明末清初时，各国传教士的疯狂涌入就已经引起了海南当地人的反抗，比如明崇祯年间来海南传教的麦脱司就曾在海南民众的强烈反对下被驱逐出海南。而且随着中国人民族意识、自强和反抗意识的增强，对基督教的反抗也逐渐成为反帝国主义殖民侵略的一种方式。所以基督教在刚进入海南时，虽有政治、经济的强大支撑，但在民众心理承受上却始终面临一定阻碍。当然，后来基督教依靠足够的财力，选择以办学校、医院、福利机构等大家喜闻乐见的方式来进行隐性的传播确实也在很大程度上获得了当地百姓的信任和支持。尤其是在海南黎苗族相对落后的地区，基督教所带来的文化和医疗无疑是真正的"福音"。由此，基督教在海南发展出了一大批信徒，从而在海南的各大宗教中占据绝对优势，居于五大宗教之首。而海南也日益成为海外基督教团体

---

　　① 海南省地方史志办公室：《海南省志》第三卷《宗教志》，南海出版公司1994年版，第499页。

重点传教的地区，被纳入了海外"福音运动"的整体计划内。①

所以不管基督教在刚传入海南时是以怎样强势的姿态，带着怎样的血腥，受到怎样的反抗，这都改变不了基督教已经成为海南第一大宗教的事实。而基督教文化虽然在初入海南时受到了海南本土及先来文化的抵触，但它终究在这种冲击和摩荡中完成了与海南已有文化的融合。基督教文化也终究不可避免地成为海南多元文化的重要组成部分。

海南伊斯兰教文化

伊斯兰教又称回教、回回教、清真教、天方教等，由阿拉伯人赛义德·艾比·穆罕默德在公元7世纪初创立。伊斯兰教是以《古兰经》和真主安拉圣训为信仰的一神论宗教，其信徒被称为伊斯兰教徒或穆斯林，意为"顺从者"。它与佛教、基督教并列为世界三大宗教。

伊斯兰教在创教不久后就开始传入中国。公元7世纪中叶，在穆罕默德"学问，虽远在中国，亦当求之"的话语鼓舞下，在中国丝绸珍宝瓷器的吸引下，阿拉伯的穆斯林开始沿着海陆两条交通线来到中国，进行贸易或传教。此时正处大唐盛世，海陆交通发达。伊斯兰教传入中国主要经由两条道路，即陆上丝绸之路和海上丝绸之路。陆上丝绸之路由西汉汉武帝时的张骞首次开辟，后因匈奴阻隔而被迫中断，东汉班超又再次打通。主要路线是从京都长安往西，跨过陇山，穿过河西走廊，经玉门关和阳关到达新疆，翻越帕米尔高原经由中亚、西亚，最终抵达欧洲和非洲。主要生活在西亚、北非的信仰伊斯兰教的阿拉伯人正好处在这条陆上丝绸之路上，他们陆陆续续地顺着这条丝绸之路将伊斯兰教带入了中国。沿着这一路线而来的伊斯兰教主要在中国北部的中原地区传播。在中国南方地区的伊斯兰教传播中起着重要作用的主要是海上丝绸之路。汉代以来，对外的海上航线包括近海航线（辽宁—广西）、东海航线（山东—朝鲜、日本）和南海航线。其中最为主要的并且和伊斯兰教传入中国有关的是南海航线，即海上丝绸之路。它以中国东南沿海的广东徐闻港或广西合浦港为起点，在北部湾顺着中南半岛东南南行，到达越南南部后，沿着中南半岛西

---

① 中国社会科学院：《海南宗教生态现状及其面临的问题和挑战》，《中国民族报》2011年4月19日。

岸北行抵达泰国，而后经马六甲海峡到印度洋，再一路向西航行到达非洲、西亚以及欧洲地区。沿着这一路线而来的伊斯兰教主要在中国南部沿海地区传播，其中以广东、海南等地区为主。

伊斯兰教传入海南主要是经由南海的海上丝绸之路。海上丝绸之路在中国的目的地在广东或广西，海南则地处于这条阿拉伯、波斯穆斯林商贾往返于广东的海路交通线上。在这条海上航线中，海南沿海虽然是商船往返的必经之路，但是这些商船并没有一开始就将海南作为一个重要的贸易交易地和传教地。唐朝时大部分停泊于海南岛的阿拉伯、波斯、大食商船都是出于偶然的原因而非主观意愿，要么是被海南海盗抢掠而被迫停泊海南，要么是遭遇台风海难而漂泊海南。曾经热情接待过鉴真和尚的冯若芳即是当时有名的大海盗，他"每年常劫取波斯船二三艘，取物为己货，掠人为奴婢。其奴婢居处，南北三日行，东西五日行，村村相次，总是若芳奴婢之住处也"①。《太平广记》中也有相关记载："唐振州民陈武振者，家累万金，为海中大豪……先是西域贾飘舶溺至者，因而有焉……凡贾舶经海路，于海中五郡绝远，不幸风飘失路，入振州境内。振民即登山披发以咒诅，起风扬波，舶不能去，必漂于所咒之地而止，武振由是而富。"② 可见，当时有不少来华经商的穆斯林商人被迫流落海南。由此，这些穆斯林商人将其所信奉的伊斯兰教带入了海南。这是目前可推测的伊斯兰教在海南的最早传播。然而因为海难或被抢劫等偶然因素而流落海南的穆斯林商人毕竟是少数，而且他们都是以被俘虏、被奴役的身份栖身于海南，他们在文化交流中很难取得主动权，因此无法自在地信仰和传播伊斯兰教文化，更多的是被迫地接受当地主流的文化习俗。

占城（今越南境内）穆斯林的迁入才真正促使海南伊斯兰教徒族群化聚居，从而在海南地区产生了一定的影响。他们迁入海南的时间是在宋朝。占城原是汉朝日南郡的象林县，后象林功曹的儿子杀了县令，自号为王，建立了占城国。唐朝时，占城国力鼎盛，其凭借优越的海陆位置占据了海上丝绸之路的要道，成为海上丝绸之路重要的中转站。在宋元时期，占城国与交阯、真腊等不断发生冲突，战争频发。为了躲避战乱，寻求安

---

① ［日］真人开元：《唐大和上东征传》，中华书局 1979 年版，第 68 页。
② （宋）李昉等编：《太平广记》卷第二百八十六，中华书局 1961 年版，第 2282 页。

静祥和的生活，许多占城人开始远离故土寻找安宁之地。而当时占城处于海上丝绸之路必经之地，这些避乱的占城人多凭借这一交通优势，沿着海路向东迁徙到海南岛居住。《宋史》有载："儋州上言，占城人蒲罗遏为交州所逼，率其族百口来附。"① 光绪《崖州志》也载："番民，本占城回教人。宋元间因乱挈家泛舟而来，散居大蛋港、酸梅铺海岸。后聚居八所三亚里番村。"② 这一由占城迁徙而来的穆斯林构成了海南回族的主体，伊斯兰教文化也正是由于他们的存在才得以在海南保存和传播。

　　另外，海南还有少部分回族是自中原大陆迁徙而来的，他们早期自阿拉伯经由陆上丝绸之路迁徙至中原，后在闽粤地区发展兴盛的穆斯林的后裔。他们因经商贸易而留居海南。不过这一部分穆斯林在长期的生活中大部分已经被汉化或黎化，不再遵循回族的宗教信仰和习俗。

　　早期穆斯林散居在海南的西部沿海地区，如今则主要聚集分布于海南三亚的羊栏地区。以回辉和回新两乡为主聚集的回族奉持严格的伊斯兰教信条和戒律，不吃猪肉，不供祖先，建清真寺供奉真主，念经礼拜，不与汉人通婚等，同时还保留开斋和去圣地麦加朝拜的习俗。作为海南的伊斯兰教徒，他们有些人在长期生活中虽然也逐渐地与海南本土文化习俗相融合，比如三亚回族人所说的语言在主体上是越南占城话，而与纯正的越南占城话不同的是它又融合了海南的本土语言，形成了独具海南特色的回族语言。但是由于穆斯林严格的戒律要求、不平常的宗教习俗以及对外相对封闭、排斥的特点，他们能够在相对独立的小范围空间内保持自己文化信仰和血统的纯正性传承，能在一定程度上避免与外族及其文化的杂糅。所以穆斯林与海南本地人，伊斯兰教文化与海南本土文化虽然不可避免地有所融合，但这种融合相对来说是比较外在和细微的，大多只体现在语言习惯和生活方式上，根本性的精神信仰和文化理念层面的深层次融合不够显著。穆斯林的保守性和排他性特点决定了伊斯兰教在海南的传播只能是局部的、小众的，而目前海南只有三亚地区聚集着少量回族教徒的事实也印证了这一点，即伊斯兰教在海南的影响力是比较小的。

　　以上所说的佛、道、伊斯兰和基督教文化侧重于海南地区宗教文化的

---

① （元）脱脱、阿鲁图：《宋史》卷四百八十九，中华书局 2000 年版，第 10867 页。

② （清）张嶲等著，郭沫若校：《崖州志》卷一，中国文史出版社 2010 年版，第 34 页。

传入和融合。除此之外，海南文化作为一种兼容并收、博采众长的多元文化还包含其他形式的文化如华侨文化、垦荒文化、边疆文化、殖民文化等。其中华侨文化在海南历史文化的多元融合中亦扮演着重要的角色。海南华侨文化是中国华侨文化的重要组成部分之一。海南是继粤、闽之后的第三大华侨发源地。华侨占据海南总人口的三分之一，在海南人口结构中占据较大比重。唐以后，尤其是南宋时期，由于海上丝绸之路的繁荣，有部分海南人沿着海路去越南、泰国等地经商，有些就留在了当地，这算是海南最早的华侨。但真正意义上的海南华侨的产生还是在明清时期。尤其是近代鸦片战争以来，海南出现了"下南洋"热。大量海南人出海往南寻求出路，一部分仍旧去往越南、泰国等地区；一部分则选择了马来西亚、新加坡、印度尼西亚等地。他们在这些地方经商居住，一方面保留着海南本土文化的精髓，另一方面又受到侨居地文化的熏染，吸收和融合了当地的文化因素。所以华侨文化从来就不是单质的文化，它从诞生伊始就打上了文化交流和融合的多元文化烙印。海南的华侨文化和其他地方的文化没有太大的不同，它也是一种融汇着至少两国文化的特殊的地域文化。要说不同，海南华侨相比闽、粤华侨来说出国较晚，海外闽、粤帮派势力已然形成。早期海南华侨很难进入中上流圈，所以在侨居国主要扮演着底层打工仔的角色，多从事餐馆、杂货、理发、小商贩等职业。他们的社会地位较低，文化素质也不高，在海南与东南亚各国思想理论层面的文化交流与传播中并没有起到太大的作用。尽管如此，他们在无形中受到异域文化、习俗潜移默化的影响，他们将这种影响所带来的变化带回海南，也在很大程度上丰富了海南文化的内容。此外，海南华侨文化与由留居欧美的华侨所构成的文化不同，它主要受东南亚文化的影响，是一种东南亚华侨文化或南洋华侨文化。这种文化内容很丰富，它除了包含东南亚各国各自的本土文化外，还在很大程度上包容佛教、基督教等文化。所以华侨文化与海南地区的宗教文化不是相对待的文化概念，它们之间存在着交叉融合的关系。

总之，海南海纳百川的文化开放性和包容性，使得很多外来文化汇聚在这里，迅速在此生根发芽并与海南本土文化相融合而形成独具魅力的海南文化。而各种文化在思想理论层面的融合也在不断丰富着琼学的内容，促使琼学日益繁荣昌盛。

后　记

2012 年，我带着迷茫与憧憬，首次踏上了海南岛，来到三亚学院工作。当时除了喜欢海南的自然风光之外，对于海南历史文化竟是一无所知。一次偶然的机会，我拜读了几位流放三亚的历史人物的诗作，第一次真切感受到，自然的风光与诗人的情怀联系得如此天衣无缝，诗人笔下的风景，竟然比眼前所见更具魅力，更令人神往。在这里，既有"珠崖风景水南村，山下人家林下门"的悠然，也有"天公见我流涎甚，遣向崖州吃荔枝"的豁达；既有"身骑箕尾归天上，气作山河壮本朝"的精忠，也有"一种清芬伴明月，莫言生处在南州"的进取。深受震撼的我，觉得自己应该为海南文化做点什么。

我鼓足勇气，与三亚学院校长陆丹先生一起提出"琼学"概念，力图开辟海南历史文化研究的新路径。海南省对于历史文化的挖掘与传承，也是非常支持，三亚市社会科学界联合会与海南省社会科学界联合会先后为本书立项，在此谨表衷心感谢。本书稿也是国家社科基金项目："文化交流视野中的琼学研究"（14B2X035）的阶段性研究成果。

本书是我与三亚学院的同事们一起努力的集体结晶。全书除了由我做提纲与统稿之外，著作工作分别如下：

第一章　第一节　黄守红

　　　　第二节　陈　豫

　　　　第三节　黄守红

第二章　全　章　刘　霞

第三章　第一节　乔永梅　陈　豫

　　　　第二节　乔永梅　陈　豫

　　　　第三节　张明娟　陈　豫

　　　第四节　张明娟　陈豫

第四章　全　章　雷建飞

第五章　第一、二节　许永华

　　　　第三至六节　王蕊蕊

第六章　全　章　李志刚

第七章　全　章　刘　霞

　　书中错误与疏漏之处在所难免，若能得到专家与读者的指正，将不胜感激。

黄守红

2015 年 7 月于三亚学院